Michel Peissel, geboren 1937 in Paris, ist Ethnologe und veröffentlichte zahlreiche Fachartikel und Reisebücher. Schon früh begann er ausgedehnte Forschungsreisen. 1958 entdeckte er unbekannte Maya-Stätten, 1959 erforschte er das Mount-Everest-Gebiet. Er überquerte in einem Segelboot den Atlantik und erforschte 1964 die seit 1950 zu Nepal gehörende Region Mustang. 1968 gelang es ihm, ins Königreich Bhutan zu reisen, das ihm zehn Jahre lang den Zugang verwehrt hatte.

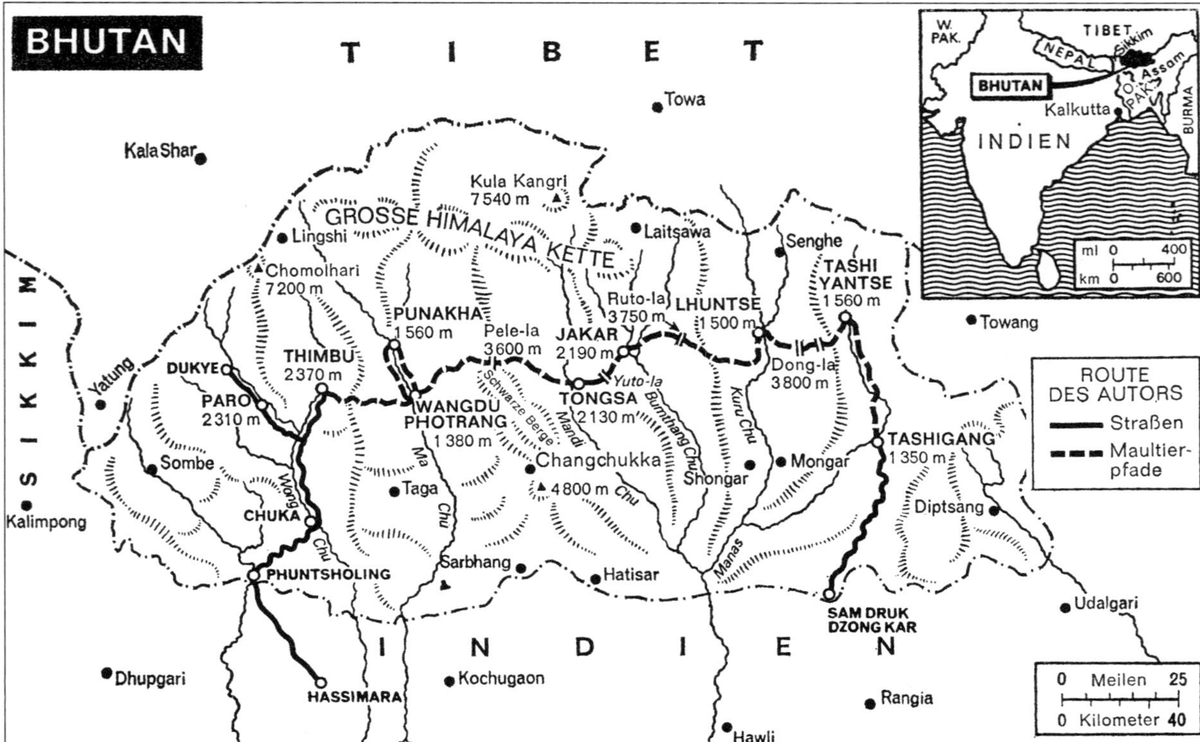

BHUTAN
TIBET
Towa
Kala Shar
Kula Kangri
7540 m
GROSSE HIMALAYA KETTE
Lingshi
Laitsawa
Senghe
Chomolhari
7200 m
TASHI
YANTSE
1560 m
Ruto-la
3750 m
LHUNTSE
1500 m
PUNAKHA
1560 m
Pele-la
3600 m
JAKAR
2190 m
Towang
THIMBU
2370 m
Dong-la
3800 m
DUKYE
Yatung
Yuto-la
PARO
2310 m
WANGDU
PHOTRANG
1380 m
TONGSA
2130 m
Schwarze Berge
Mandi
Bumthang Chu
Kuru Chu
SIKKIM
TASHIGANG
1350 m
Sombe
Changchukka
Shongar
Mongar
Taga
Ma
Chu
Wong
Chu
4800 m
Chu
Diptsang
Kalimpong
CHUKA
Manas
PHUNTSHOLING
Sarbhang
Hatisar
Udalgari
SAM DRUK
DZONG KAR
INDIEN
Dhupgari
Kochugaon
HASSIMARA
Rangia
Hawli
ROUTE
DES AUTORS
Straßen
Maultier-
pfade
0 Meilen 25
0 Kilometer 40
W. PAK.
TIBET
NEPAL
Sikkim
Assam
O. PAK.
BHUTAN
Kalkutta
INDIEN
BURMA
ml 0 400
km 0 600

Michel Peissel

Zu Fuß durchs Mittelalter

Wunderland Bhutan

SIERRA

Die Deutsche Bibliothek - CIP-Einheitsaufnahme
Ein Titeldatensatz für diese Publikation ist bei
der Deutschen Bibliothek erhältlich

REISEN · MENSCHEN · ABENTEUER

Taschenbuchausgabe, 1. Auflage 2001
SIERRA bei Frederking & Thaler Verlag, München
in der Verlagsgruppe Bertelsmann GmbH

Originaltitel: Lords and Lamas
Deutsch von Rudolf Hermstein
Titelfoto: Paul Chesley, Gettyone Stone
Umschlaggestaltung: Atelier Seidel, Altötting
Produktion: Sebastian Strohmaier, München
Satz: Uhl+Massopust, Aalen
Druck und Bindung: Presse-Druck Augsburg
Das Papier wurde aus chlorfrei gebleichtem Zellstoff hergestellt
ISBN 3-89405-128-0
Printed in Germany

www.frederking-und-thaler.de

Für Henry Hall

Inhalt

1 Eden, der Angespuckte 11
2 Sturz vom Elefanten 53
3 Der Ramjam von Punakha 96
4 Jenseits der Schwarzen Berge 134
5 Herr von Tongsa 176
6 Durchs Fegefeuer und weiter 216

Ich möchte an dieser Stelle Seiner Majestät Jigme Dorji Wangchuk, König von Bhutan, meinen Dank aussprechen für die Gastfreundschaft, die mir in seinem Namen in den Zitadellen und Festungen seines Reiches erwiesen wurde. Ihrer Majestät Ashi Kesang, der Königin von Bhutan, danke ich für ihre liebenswürdige Gastfreundschaft.

Meinen ganz besonderen Dank möchte ich Dasho Sangye, dem Ehrenwerten Stellvertretenden Hauptsekretär Seiner Majestät des Königs von Bhutan, für seine verständnisvolle Hilfe aussprechen. Mein Dank gilt auch den Herren der Dzongs von Bhutan, insbesondere den Trimpons von Tongsa, Jakar, Lhuntse und Tashigang, die ich zutiefst bewundere als weise Herrscher ihrer großen Festungen.

Den reinkarnierten Lamas und den Äbten von Bhutan, mit denen ich zusammentraf, wünsche ich, das Kleinod der Lotosblume möge ihnen fruchtbare Reinkarnation und ein langes Leben gewähren.

Vor allem aber möchte ich Tesla Dorji, der Witwe des verstorbenen Premierministers von Bhutan, und ihrer Schwester Betty-la Taring meine Bewunderung und Zuneigung aussprechen und ihnen dafür danken, dass sie beide zehn Jahre lang durch Rat und Aufmunterung dazu beitrugen, dass mein Wunsch, das Land des Drachen zu besuchen, in Erfüllung ging.

Den Bauern und Leibeigenen Bhutans bin ich zu Dank verpflichtet für die Gastfreundschaft und Hilfe, die sie mir auf meinem Weg durch ihr Land zuteil werden ließen. Tensing, meinem Diener und Gefährten, möchte ich an dieser Stelle versichern, dass ich mich stets mit herzlicher Dankbarkeit seiner Treue und Kameradschaft erinnern werde.

Michel Peissel

I

Eden, der Angespuckte

Langsam ging ich den endlosen Korridor entlang. Die mit kristallisch weißem Marmor verkleideten Wände und das kalte, träge Atmen der Klimaanlage gaben mir das Gefühl, in einer gigantischen Leichenhalle umherzuwandern. Die elektrische Beleuchtung war spärlich, und die verschlossenen Türen glänzten in lackiertem Naturmahagoni. Es war ein Uhr nachts.

Eine Abreise bei Nacht hat überall auf der Welt etwas Geheimnisvolles. Wie im Traum drückte ich unter einem blassgrünen Signal den Aufzugsknopf. Die metallenen Türen fielen klappernd zu. Langsam fuhr ich abwärts.

In der Halle glitzerte ein riesiger Kandelaber im schwachen Schein einer kleinen Lampe. Die Halle war leer. Ich ging nach rechts auf die Empfangstheke zu. Der Nachtportier fuhr hoch und grinste verlegen, während er sein Jackett in Ordnung brachte.

»335«, sagte er, drehte sich um und suchte tastend nach meinem Fach. Er blickte auf einen Zettel und las: »Abfahrt JAM Air um zwei.« Mit einer einzigen raschen Bewegung seiner schmalen Hand winkte der Bengale vier zerlumpte, ausgemergelte Gestalten herbei, auf deren schmutzigen Turbanen »Grand Hotel« stand. Sie hasteten durch eine Hintertür davon, um mein Gepäck zu holen.

Ein breiter Gang führte vom Empfang zum Portal. Mahagoni, kälter als Marmor, spiegelte unbeleuchtete Vitrinen und einen dicken Teppich mit unbeschreibbaren Mustern, die irgendwie an England erinnerten. Alles war ruhig, bis auf die schattenhaften

Gestalten, die im Vorbeigehen für einen Augenblick in den Lichtschein aus dem Hoteleingang gerieten. Weiße Gespenster, in lose Baumwollgewänder gehüllt, die wenigen lebenden Seelen in dieser nächtlichen Stadt des Todes, Kalkutta, das, wie manche behaupten, seinen Namen von Golgatha herleitet. Um mich herum schliefen acht Millionen Menschen schwitzend den qualvollen Schlaf der Hungernden, im Monsun des Fiebers und anonymer Tragik. Ich war froh, dass alles vorüber war.

Die Gepäckträger kamen barfüßig in lautloser Prozession herunter, gebeugt unter der Last meiner Habe. Sie stellten die Sachen in einer Ecke ab und blieben im Dunkeln, eingehüllt in die allgemeine Lethargie der Nacht. Ich setzte mich hin und wartete, gespannt und doch schläfrig. Über den oberen Rand der Theke hinweg konnte ich den Kopf des Nachtportiers sehen, der langsam herabsank, vom Schlaf übermannt, einem Schlaf, der sicherlich geplagt war von Träumen aus einer Welt jenseits des steifen viktorianischen Komforts des Grand Hotels, dieses weißen Marmorelefanten, der sich in die tiefsten Elendsviertel verlaufen hatte, ein frostiges Universum für sich in einer Welt der Hitze, der blasse Schatten eines toten Imperiums, ein Asyl für die Ausländer, die, von Jahr zu Jahr seltener, nach Kalkutta kamen – der Geschäfte, nie des Vergnügens wegen. Es war, als fordere Morpheus nach und nach zurück, was der Mensch ihm abgerungen, Kalkutta, ein Land, wo einst die Malaria herrschte, wo Trägheit als Produkt des Fiebers entsteht: Fieberdünste steigen aus Schlammufern auf, die den Hafen Jahr für Jahr stärker verlanden lassen und die immer seltener werdenden Schiffe aufhalten, die an den Sundarbans vorbei den Hooghly hinauffahren bis zu den Ghats des alternden, metallenen Herzens eines toten Imperiums. Kalkutta ist für das heutige Indien nicht mehr als eine weggeworfene Beinschiene für einen unheilbar Gelähmten.

Nirgends hatte ich mich je einsamer gefühlt als in Kalkutta. Ich fragte mich sogar, ob wohl Gott meinen Spuren nachgehen und mich hier finden könnte, vor der Empfangstheke des Grand Hotels sitzend, inmitten von acht Millionen anderer anonymer Seelen. Wer, so fragte ich mich, konnte jemals die schlafenden Ameisen auf diesem gigantischen Haufen zählen? Die klebrige Hitze, die von der Straße bis an die Theke hereindrang, schien mich in dieser Stadt festzuhalten, so wie sie auch alles andere in ihrer trüben, sirupartigen Wärme gefangen hielt. Ich musste husten, und das Geräusch weckte Echos in der dunklen, leeren Halle, ließ den Nachtportier aufschrecken und verebbte über dem Teppich mit den staubigen Fußspuren.

In einer Dreiviertelstunde würde ich abreisen. Meine Träume vom Fegefeuer kamen mir in den Sinn. Dies hier musste es sein, das Land der Halbtoten. Ich hatte schon immer den Himmel vorgezogen, und sogar die Hölle mit ihren züngelnden Flammen, ihrem sengenden Feuer, ihren Dämonen. Als Kind hatten mich Höllenqualen stärker angezogen als die Gleichgültigkeit, als das Fegefeuer, das eintönig graue, lautlose, in dem sich die neutralen Seelen der Gläubigen, Verblichenen, Farblosen drängen.

Die Uhr zählte die Minuten, die Stille wurde unerträglich, die dunkle Hitze noch erstickender. Es gibt Augenblicke der Klarheit – meist sind es Augenblicke der Furcht. Plötzlich erschien mir alles vergeblich, ein sinnloses Schauspiel, eine Farce; zehn Jahre lang hatte ich meinen Auftritt vorbereitet, und nun sollte plötzlich der Vorhang aufgehen. Wie lächerlich man sich in solch einem Augenblick vorkommt. Hier saß ich, in meinem grotesken beigen Tropenanzug, den ich in Rom erstanden hatte, weil er meiner Vorstellung von der Rolle entsprach, die ich spielen würde. Die Rolle eines klassischen Helden in einem abgedroschenen Stück. Ich bin kein Original, wenn ich auch immer geglaubt habe, ich sei eines.

Dies ist der Bericht über die Reise, die ich im Sommer jenes Jahres unternahm, das als das Jahr der ersten Mondumkreisung in die Geschichte eingehen wird.

Als die Uhr im Grand Hotel zwei schlug, hatten sich keine Zuschauer eingefunden; ich war allein mit meinem viel zu schweren Gepäck, dessen wahllose Zusammenstellung ich den Zufälligkeiten eines verspäteten Versuchs zu verdanken hatte, Ordnung in meine Ausrüstung zu bringen. Um 2 Uhr rührte sich nichts. Wie konnte auch eine Fluggesellschaft mit dem Namen JAM zuverlässig sein*? Wie konnte es sie überhaupt geben? Bestimmt findet man sie in keinem Adressbuch. Doch sie flog immerhin zweimal wöchentlich nach Hassimara. Ich wollte nach Hassimara, der Name versprach einen angemessenen Hintergrund für den ersten Schritt meiner Annäherung an das Königreich Bhutan, das letzte wirklich unerforschte Land der Welt.

Um drei Uhr kam der Bus. Wieder zählte ich meine Gepäckstücke und dann die ausgestreckten Hände. Der alte Bus stand im Licht. Ein Bettler hielt mir einen Arm hin, dem die Hand fehlte. Der Fahrer schwang sich in seinen Sitz und fuhr los, langsam, unglaublich langsam. Bei jedem Stoß flackerten die Scheinwerfer. Allein, umgeben von lauter leeren Sitzen, bewegte ich mich durch die Hauptschlagader des Purgatoriums, die Straße nach Dum Dum, dem Flughafen der Stadt.

Meter um Meter der fünfzehn Meilen langen Strecke tasteten die Scheinwerfer ab, und in ihrem Licht erstand zu beiden Seiten der Straße die halluzinatorische Vision von Tausenden von Leichen, in schmutzige Baumwollfetzen gehüllten Gestalten, den Körpern jener Millionen, die Nacht für Nacht auf den Pflastern Kalkuttas schlafen, in den Gossen, auf Kisten, in Rikschas gekauert, an Kühe, Pferde, Karren, Autos gelehnt, zusammengedrängt in Gruppen oder Haufen. Das schaurige Bild eines schlafenden Purgatoriums, das der Morgendämmerung harrte, die das Inferno des Alltags in dieser schmutzigen Metropole zu neuem Leben erwecken würde. Jede Nacht, so schätzt man, schläft annähernd eine

* »Jam« bedeutet im Englischen u. a. »Verkehrschaos« *(Anm. d. Übers.)*.

Million Obdachloser in den Straßen, zwischen zwei Tagen des Hungers. Einige von den Körpern, die ich sah, waren bereits ohne Leben, würden sich nicht mehr erheben. In ein paar Stunden würde man die Opfer zählen, doch als ich auf dem Weg zum Flughafen war, sahen Tote und Lebende noch gleich aus, menschliche Umrisse unter billigen Tüchern.

Sechsmal schon hatte ich vergeblich versucht, nach Bhutan zu gelangen. Sechsmal war ich in ein Flugzeug nach Kalkutta gestiegen, hatte die Stewardess angeschaut wie einer, der diesen Planeten verlässt, hatte für Touristen nur das überlegene Lächeln eines Livingstone übrig gehabt, den Zoll mit dem Schuldbewusstsein eines Mannes passiert, der die reale Welt der Polizeikontrollen hinter sich lässt. Jedes Mal hatte ich Bhutan als »Ziel der Reise« auf jenen Polizeikärtchen angegeben, die in den Flugzeugen verteilt wurden. Seit zehn Jahren war ich unterwegs nach Bhutan, und während der letzten Jahre war ich von einem sonderbaren Traum heimgesucht worden, dem Alptraum des Scheiterns. Ich brauchte keinen Astrologen, der ihn mir gedeutet hätte. Er war einfach und klar. Stets sah ich zuerst die Weltkarte, Afrika ... Asien; dann zog es mich zu dem dunklen Fleck des Himalaja, und dort konnte ich ungehindert umherstreifen, vom Mount Everest bis nach Mustang und überall hin, wo ich schon einmal gewesen war. Dann verdunkelte sich der Traum. Ich erblickte Bhutan, obskur und verlockend, so groß wie die Schweiz, das letzte kartografisch noch nicht erfasste Land Asiens, ein Land, das im Jahr 1970 geheimnisvoller und unbekannter ist als die Rückseite des Mondes. Ich wusste, dass ich dorthin, nur dorthin, nicht gelangen konnte. Ich erwachte jedes Mal mit einem Gefühl der Niederlage.

Das Schicksal, so schien es, war immer gegen mich. Als ich 1959 zum ersten Mal nach Bhutan aufgebrochen war, hatte mir der ältere Bruder des Dalai Lama, der damals in Amerika lebte, ein Empfehlungsschreiben an den Bruder des Premierministers mitgegeben. Mehr hatte ich mir nicht wünschen können, und so war ich von Boston nach Delhi geflogen, von Delhi nach Kalkutta, von Kalkutta nach dem kleinen Flugplatz Badogra. Dort hatte ich einen Jeep nach Darjeeling hinauf genommen, von wo aus man mich nach Kalimpong hinübergeschmuggelt hatte, Indiens Tor zu Tibet. In Kalimpong war ich den richtigen Leuten vorgestellt und prompt in einem anderen Jeep nach Bhutan House gebracht worden, wo ich meinen Brief Rani Chuni überreicht hatte, der Schwester des Maharadschas von Sikkim und Mutter der Königin von Bhutan sowie des Premierministers. Ich entsinne mich noch gut dieser ersten Berührung mit Bhutan. Rani Chuni, eine kleine, abweisende Frau, die jedem, der sich ihr zu nähern wagte, das Blut in den Adern erstarren ließ, trat ins Zimmer, verzog ihr Gesicht zu einem tödlichen Grinsen, bot mir ein Glas Orangensaft an und sagte: »Sie haben geringe oder überhaupt keine Aussichten, eine Antwort zu bekommen …« Sie nahm meinen Brief und fuhr fort: »Wenn Sie nach Bhutan hineinkommen würden, wären Sie der erste Franzose, dem das gelingt.« Von da an beantwortete sie jede meiner Fragen mit »nein« und geleitete mich zur Tür.

Zehntausend Meilen hatte ich im Flugzeug, mit der Bahn und im Jeep für dieses dreiminütige Gespräch zurückgelegt. Mein Brief wurde nicht beantwortet. Man tröstete mich damit, andere Leute hätten sechs Monate, zwei Jahre, zehn Jahre gewartet, ohne je hineingelassen zu werden.

Doch ich ließ mich nicht entmutigen und schloss noch am selben Nachmittag Freundschaft mit der Frau des Premierministers. Sie war eine tibetische Prinzessin und hatte großen Kummer, denn ihr Land wurde von den Chinesen heimgesucht. Mein erster Versuch, nach Bhutan zu gelangen, fiel zeitlich mit der Besetzung Lhasas durch China zusammen.

Ich war von Tesla restlos begeistert. Tags darauf nahm ich bei ihrer Schwester Unterricht im Tibetischen. Eine Woche später begleitete ich sie und eine Schar Mädchen aus Lhasa zu einem Ball, den Tesla für die ersten tibetischen Flüchtlinge gab.

Ich blieb einen Monat in Kalimpong. Tesla schrieb ihrem Gatten, Jigme Dorji, dem Premierminister, doch alles umsonst. Dann kam ein Telegramm aus Peking. Die Familie weinte. Teslas Vater, der berühmte Tsarong, der große tibetische Reformer, der engste Vertraute des Dalai Lama, war, so hieß es in dem Telegramm, »im Gefängnis gestorben«. In Wirklichkeit war er, im Alter von 72 Jahren, den Chinesen zum Opfer gefallen, er, der fortschrittlichste aller Tibeter. Ich ließ Kalimpong und meine neuen Freunde in Tränen zurück.

Drei Jahre vergingen, und Bhutan wollte mir nicht aus dem Sinn. Im Jahre 1963 kam ich wieder nach Indien und forschte nach Teslas Verbleib. Ihr Gatte, der amtierende Premierminister von Bhutan, war jetzt mehr denn je die Schlüsselfigur für einen Besuch des Königreichs. Das war meine Chance.

Ich fuhr nach Kalkutta, wo ich mit Tesla und dem Premierminister zusammentraf. Am nächsten Tag wurde mir ein großes Paket ins Hotel gebracht, ein Geschenk der Gattin des Premierministers an meine Frau: ein tibetisches Seidenkleid, eine Seidenschürze und eine Spitzenbluse. Gleichzeitig wurde eine offizielle Einladung nach Bhutan überbracht. Erfreut kehrte ich nach Katmandu zurück, wo ich mein Quartier hatte, und wartete ab. Drei Wochen später hörte ich in den Nachrichten eine kurze Meldung:

»Der Premierminister von Bhutan, Jigme Dorji«, sagte der Sprecher, »ist ermordet worden.«

Ich traute meinen Ohren nicht. Dies war das tragische Ende meines zweiten Anlaufs.

Ich kehrte nach Frankreich zurück, ging nach Mexiko und flog von dort nach London, um mich mit der Schwester des Premierministers zu treffen, erfuhr aber lediglich, dass sie und ihr Bruder ausgewiesen worden waren. Ich flog nach Indien zurück, traf abermals mit Tesla zusammen und bat sie, mir zu helfen, doch sie konnte nichts tun. Sie war in einer prekären Lage. Die Ermordung war das Zeichen dafür, dass im Augenblick die ganze Familie ihres

Gatten in Ungnade gefallen war, mit Ausnahme der Königin, ihrer Schwägerin.

Ich schrieb der Königin im Ton einer Verzweiflung, wie sie sechs Jahre vergebliches Warten mit sich bringen, doch ich erhielt keine Antwort. Manche sagten, die Post werde zensiert; schließlich war Bhutan nicht einmal Mitglied des Weltpostvereins. Ich konnte nicht länger warten. Da ich jetzt mit den Sitten und Gebräuchen in den Himalajastaaten vertraut war und Tibetisch sprach, schmiedete ich Pläne, als Mönch verkleidet nach Bhutan zu gehen und mich durchzubetteln, vielleicht zusammen mit einem tibetischen Freund. Doch in meinem Spiegel zu Hause in Europa sahen meine Nase zu lang, meine Augen zu hell, meine Haut zu blass aus. Ich könnte mein Gesicht mit Asche und Safranfarbe bestreichen, überlegte ich, wie ein Hindu-Weiser, der zu den Quellen irgendeines heiligen Flusse pilgert, doch mittlerweile vergingen weitere zwei Jahre ...

Im Jahre 1967 fuhr ich wieder nach Delhi. Diesmal war ich fest entschlossen, mein Ziel zu erreichen. Ich suchte um eine Unterredung mit Frau Gandhi, der Premierministerin, nach und trug ihr mein Anliegen mit beredten Worten vor. Außerdem sprach ich den indischen Außenminister, den stellvertretenden Premierminister, den Staatssekretär und den Chef des indischen Geheimdienstes. Ich brauchte die Unterstützung indischer Behörden für die Genehmigung, Bengalen und Assam zu durchqueren und die Innere Linie zu überschreiten, jenen bewachten Grenzstreifen, der Bhutan nach Süden von der übrigen Welt abriegelt. Drei Monate lang ging ich täglich ins Außenministerium. Jeden Tag hieß es, ich solle morgen wiederkommen. Die Ausstellung meiner Genehmigung stehe »unmittelbar« bevor. Aber sie kam nie, und ich machte mich wieder auf den Rückweg in den Westen. Ich war abermals gescheitert.

Dank meinem Interesse an Bhutan hatte ich die meisten tibetischen Gebiete im Himalaja inzwischen recht gut kennen gelernt, doch mein eigentliches Ziel hatte ich nie erreicht. Es ärgerte mich zu sehen, wie jetzt nach zehn Jahren andere Erfolg hatten, wo ich gescheitert war, indem sie als Gäste des Königs und der Königin nach Bhutan hinein durften. Sogar ein Franzose war schon eingeladen worden. Ich würde der Letzte sein, so schien es.

Der Himalaja wandelte sich sehr rasch. Jetzt wusste alle Welt, wo Nepal lag. Katmandu hatte sich zu einer Hippie-Hochburg entwickelt. Sikkim, das praktisch unbekannt gewesen war, als ich zum ersten Mal gen Osten aufbrach, war in aller Munde – seine amerikanische Königin verschaffte ihm eine Popularität, wie ich sie mir nie hätte träumen lassen. Auch die Flucht des Dalai Lama hatte Tibet bekannt gemacht. Überall hatte man Gurus, sogar in Chelsea und Greenwich Village.

Nur Bhutan blieb einsam, unbekannt. Keine Expedition hatte je seine Gipfel bezwungen oder seine Ausdehnung erforscht. Wissenschaftler konnten über seine Bevölkerungszahl nur Vermutungen anstellen; die Schätzungen schwankten zwischen 300 000 und 750 000. Auch im ausführlichsten statistischen Handbuch war nicht eine Zeile über dieses Land zu finden. Tatsächlich war Bhutan im Jahre 1968 das letzte kartografisch noch nicht erfasste Land Asiens. Ein Land der Geheimnisse, ein Königreich, das immer noch zum Teil von Mönchen regiert und von einem Monarchen beherrscht wurde, dessen Foto noch nie in der Weltpresse erschienen war, ein Land, dessen Hauptstadt nur den ganz wenigen Glücklichen zugänglich ist, die persönlich Bekanntschaft mit dem König oder der Königin von Druk schließen konnten.

Druk bedeutet Drache und ist der eigentliche Name des Königreichs. Erst die Engländer nannten es Bhutan, Land der Bhotias, der Tibeter mit anderen Worten, mit denen die Bhutanesen eng verwandt sind. Da ich nicht nach Bhutan konnte, war ich stattdessen Hunderte von Meilen in den entlegensten Winkeln des Himalaja herumgereist. Ich hatte in Klöstern am Fuß des Everest geschlafen, an kleinen Lagerfeuern in tiefen Tälern und auf öden

Ebenen in Mustang geröstete Gerste aus Holzschalen gegessen und sprach jetzt sogar Tibetisch.

Ich war ein Fremder in meinem Heimatland geworden, denn ich brauchte nur die Augen zu schließen, um die endlosen Weiten jenes Hochlands vor mir zu sehen, das man das Dach der Welt genannt hat. Auf diese Weise konnte ich im Westen die Ausläufer Kalkuttas vergessen, das Purgatorium der technisierten Länder mit ihrer Hetze und ihrem Lärm, ihren dröhnenden Maschinen, die oft die Menschen zu Gespenstern machten, die in der Gosse vor Fabriktoren lagen oder in Elendsquartieren auf den feuchten Ebenen Bengalens, in Paris, London, New York und all den gigantischen Städten dieser unromantischen Welt.

Doch ich konnte nicht vergessen, dass es jedes Mal Bhutan gewesen war, das mich in den Himalaja geführt hatte, und trotz all meiner Expeditionen kam der Albtraum immer wieder. Denn ich hatte es nicht geschafft, in das Land des Drachen zu gelangen (wie das Königreich genannt wird), in dem ich mich zum ersten Mal mit einundzwanzig Jahren als Forscher wie auf jenen Bildern von Cortez oder Kolumbus gesehen hatte.

Nun war ich wiedergekommen. Doch ich war beunruhigt, denn ich wusste, man wacht selten aus einem Traum auf, ohne dass die Wirklichkeit desillusionierend wirkt. Meine Begeisterung war dahin. Verhandlungen in Delhi und eine lange Wartezeit in Kalkutta hatten den Funken des Ehrgeizes in mir verlöschen lassen. Im Purgatorium ist die Hoffnung nur ein in der Ferne flackerndes Licht. Vielleicht hatte ich zu lange gewartet. Doch immerhin war ich wieder unterwegs.

Endlich tauchten im Licht der Busscheinwerfer keine Leichen mehr auf. Wir hatten das Tor von Dum Dum passiert, einer gigantischen Betonpiste, und fuhren auf einen ferner Hangar zu. Der Bus hielt. Von dem Betonvorfeld stiegen Hitzewellen in die Nacht auf, und die Glühbirnen in dem Schuppen verbreiteten einen kränklichen Lichtschimmer. Ich vernahm ein Heulen und sah einen Hund über das Rollfeld streunen. Ein Mann war mit dem Abwiegen von Paketen beschäftigt. Er war die ganze JAM Air: Pilot, Flughafenangestellter und Steward in einer Person. Ich setzte mich unter einen alten Zeitungsausschnitt aus einem Boulevardblatt, auf dem ein nacktes Mädchen abgebildet war, zählte meine Gepäckstücke und wartete.

Zehn Jahre lang hatte ich auf diesen Augenblick gewartet, und ich glaubte, nun nicht mehr länger warten zu können. Eine ganze lange Stunde verging. Plötzlich schoss ein Jeep über die Rollbahn. Mein Herz machte einen Sprung. Zwei junge Männer mit geschorenen Köpfen und mongolischen Zügen stiegen aus. Meine Fluggefährten. Die DC 3 war mit Zeitungen voll geladen. Ich weiß nicht, was mich mehr faszinierte, die Zeitungen oder die riesigen Wattebäusche, die in den Ohren meiner Fluggefährten steckten, vielleicht auch war es die Tür, die der Pilot zu schließen vergessen hatte und die folglich gegen den alten, verbeulten Rumpf schlug. Mit einem wenig Vertrauen einflößenden Dröhnen erhoben wir uns in die Nacht und ließen unter uns die blinkenden Lichter zurück, die die schlafenden Körper Kalkuttas bewachten. Ich bin nur in gehobener Stimmung, wenn ich mich fortbewege, und jetzt, als die Maschine auf ihren nördlichen Kurs einschwenkte, den tief hängenden Monsunwolken ausweichend, sprudelte ich beinahe über vor Optimismus.

»Die einzig bequeme Art, nach Bhutan zu kommen, ist der Hubschrauber«, hatte der Staatssekretär im indischen Außenministerium gesagt, als er mir die lang ersehnte Genehmigung zum Überschreiten der Inneren Linie aushändigte, die mir den Zugang zur Grenze von Bhutan verschaffen würde. Jetzt flog ich nach Hassimara, einer indischen Grenzstadt am äußersten Ende von Westbengalen und Assam, dem zweitbesten Zugangsort nach Bhutan. Von dort würde ich vielleicht mit einem bhutanesischen Jeep weiterkommen. Und dann würde alles vom Zufall abhängen. Mir wurde klar, dass ich diesmal keinen Schritt weiter war als vor zehn Jahren, als ich mich zum ersten Mal auf den Weg gemacht hatte, mit einem Brief vom Bruder des Dalai Lama. Diesmal hatte ich kein Empfehlungsschreiben, nur die Ausrede, dass ich früher einmal von dem verstorbenen Bruder der Königin, dem Ex-Premierminister, eingeladen worden war, dessen Familie in Ungnade gefallen war und dessen Ermordung von manchen darauf zurückgeführt wurde, dass er zu fortschrittlich gewesen war. Im Jahre 1959 hatte Bhutan weder Straßen noch Kontakte mit der Außenwelt gehabt; 1968 gehörte es noch immer keiner internationalen Organisation an, seine 47 000 Quadratkilometer mussten kartografisch aufgenommen, seine Flora und Fauna studiert, seine Sitten und Gebräuche, Völker, Stämme und Sprachen erforscht werden; doch führte schon eine Straße nach Thimbu, der neuen Hauptstadt. Wider Erwarten hatte das Flugzeug Höhe gewonnen und stieg in die Dämmerung empor, die jetzt gelb glänzend über den dichten Wolkenmassen lag, die sich endlos übereinander türmten. Unten war bis auf ein gelegentliches Blinken alles dunkel. Die Tür schlug noch immer gegen den Rumpf und ließ einen kalten Luftstrom herein, den ersten, den ich seit Wochen zu spüren bekam. Indien. Wie ich Indien verabscheue! Vielleicht deshalb, weil seine Monströsität so genau die Wirklichkeit widerspiegelt. Was wir im Westen übertünchen können, was wir ignorieren können, indem wir es in Krankenhäusern, Leichenhallen oder Irrenanstalten einschließen, zeigt sich in Indien auf der offenen Straße. Die Wahrheit über den Menschen ist jedem Inder ins Gesicht geschrieben. Gespenstisch, grausig, aufdringlich grell im Licht der Sonne zeigen sich die verkrüppelten, von Seuchen befallenen, verhungernden Skelette in aller Öffentlichkeit, um uns zu lehren, dass wir alle nur lebende Skelette sind, mehr oder weniger gut gepolstert, aber trotzdem wandelnde Gebeine. In Indien werden körperliche und geistige Gebrechen allenthalben zur Schau gestellt. Die Wahrheit ist immer peinlich, und das gilt auch für Indien. Von der absichtlichen Verstümmelung der Kinder bis zu der absurden Verstümmelung des Geistes durch Drogen ist Indien die universale Farce, die wir in gemäßigteren Zonen mit pseudowissenschaftlichen Klischees bemänteln. Es scheint, als ergösse sich die Kloake der Welt, nachdem sie die Erde umflossen hat, in Indien ins Freie, um allen die entsetzlichen Nebenprodukte unserer Humanität vor Augen zu führen. Indien ist nicht nur die Sünde der Inder, sondern auch unsere eigene. Leben in seiner hässlichsten Form, die Grenze der Ausbeutung des Menschen durch den Menschen, die ganze verlorene Würde einer Rasse, die auf allen vieren uriniert, dies alles ist oft eine Lektion in Demut. In Indien nur werden wir erinnert, dass Verzweiflung eine Sünde ist.

Das Flugzeug dröhnte dahin, das Geräusch verlor sich in diesen Himmeln dräuender Regenwolken.

Drunten auf der Erde brach die Dämmerung an, breitete sich aus über das mit Wasser vollgesogene Land des großen Deltas, wo der Ganges und der Brahmaputra ihre Fluten vermengen, Tausende von Meilen von der Quelle entfernt, Wasser aus demselben Gebirgsmassiv, gesammelt zu beiden Seiten des heiligen Berges von Tibet, Kailas. Wasser und schlammige Felder spiegelten den Lichtschein durch die Wolken. Meine bhutanesischen Fluggefährten hielten sich an den Händen. Ob sie schon einmal geflogen waren? Dachten sie an ihre Dörfer, denen sie sich jetzt näherten? Bald würden beide einen sechs- oder siebentägigen Fußmarsch zurücklegen müssen, um an den Ort zu gelangen, den sie ihre Heimat nannten. Ich hatte sie sofort gern gehabt, denn sie gehörten zu der Welt, die zu sehen ich gekommen war. Sie waren echte Bhutanesen. Sie sahen so komisch aus mit den Wattebäuschen, die ihnen aus den Ohren quollen, den makellos weißen Hemden und schmalen, olivgrünen Hosen, die sie trugen; wie uniformierte Schüler einer Missionsschule.

Das Flugzeug ging tiefer. War es schon Hassimara? Die JAM Air bietet dem wissbegierigen Fluggast keinen Flugplan. Aber Fluggäste, das muss man erwähnen, sind auch eine seltene Fracht. Sitze für Zweibeiner werden eigens angeschraubt.

Jalpaiguri bei Tagesanbruch. Ein Name auf der Landkarte war jetzt eine Folge von Kanälen und überfluteten Feldern mit einem schmalen Grasstreifen, auf dem wir eine holperige Landung vornahmen. Wir kletterten aus der Maschine. Ich kam mir lächerlich vor in meinem beigen Anzug. Ich trat auf die Bhutanesen zu, worauf sie die Watte aus ihren Ohren entfernten. Ich lächelte, sagte etwas auf Tibetisch, doch sie verstanden mich offenbar nicht. Aber ich ließ nicht ab, und sie schienen überrascht, verärgert, ein wenig misstrauisch. Merkwürdig, dachte ich; von den Tibetern war ich solches Verhalten nicht gewöhnt. Einer von ihnen antwortete. Er sprach tibetisch. Seine Miene hellte sich auf, doch er blieb reserviert. Er erklärte, sie seien Leibwächter des Paro Penlop.

»Aha«, sagte ich. »Vor zwei Tagen habe ich in Kalkutta mit dem Paro Penlop gesprochen.«

Jetzt lächelten sie freundlich, beruhigt.

Ich erinnerte mich plötzlich an die peinliche Unterredung mit dem jungen Halbbruder des Königs von Bhutan. »Er ist vierundzwanzig, aber er sieht viel älter aus«, hatte Teslas Schwester Betty-la mich gewarnt.

Das Gespräch war ein totaler Misserfolg gewesen. Ich war verlegen; er nicht weniger, aber er ließ es sich keinen Augenblick anmerken. Er stand bloß unbeweglich da, sein rundes, stumpfes Gesicht ausdruckslos, und sprach sanfte, nichts sagende Worte. Da ich auf keine Resonanz stieß, redete ich drauflos, sprach von meinem Interesse an einem Besuch von Bhutan, von meinem Wunsch, so lange wie möglich dort zu bleiben, vielleicht sogar länger als den einen Monat, für den ich die Genehmigung hatte. Er antwortete nicht. Wir starrten uns gegenseitig an, und ich glaube nicht, dass ich mich jemals unbehaglicher gefühlt hatte, seit Rani Chuni mit nein auf jede der Fragen geantwortet hatte, die ich, der Zweiundzwanzigjährige, mit der Vermessenheit meiner Jugend ihr zu stellen gewagt hatte. Nach drei endlosen Pausen hatten wir beide ein

Einsehen und gaben uns einen Ruck, und ich entschuldigte mich. Wofür? Für nichts, nur um zu gehen.

Zeitungen wurden aus dem Flugzeug geworfen. Kleine Kulis tanzten um die großen Bündel herum, spielten das Spiel, wer es als Erster wagen würde, eines davon aufzuheben. Der Pilot verschwand in einem Schuppen, und als er zurückkam, gingen wir alle zur Tür und kletterten wieder hinein. Ich machte eine spaßige Bemerkung, und der eine der Bhutanesen lachte. Der andere sah mich ausdruckslos an wie der Paro Penlop: er hatte sich schon wieder die Watte in die Ohren gestopft. Diesmal wurde die Tür geschlossen, und wir starteten unter Gedröhn und Gepolter zum, wie mir schien, letzten Flug der JAM Air.

Vier Minuten später flogen wir im Kreis über einen bengalischen Dschungel, einen brodelnden Gischt aus hohen Bäumen, dann ein jähes Niedergehen, und wir waren unten. In genau einer Minute wurde die Tür geöffnet und die Zeitungen ausgeladen, und schon ging es weiter. Auf diese Weise erreichte das gedruckte Wort irgendein namenloses Rollfeld auf seinem Weg in irgendwelche namenlose Dörfer. Wer konnte hier wohl lesen, fragte ich mich. Und selbst wenn sie lesen konnten, was kümmerte es diese Leute, was in der Welt draußen vor sich ging?

Wir gewannen Höhe, und dann hüpfte mir das Herz vor Freude. Zu unserer Linken tauchte der Himalaja auf. Es war, wie wenn man um eine Ecke biegt und sein eigenes Haus erblickt, wie wenn man in einer Menschenmenge seine Frau entdeckt. In diesem Augenblick wurde mir klar, wie sehr ich diese Berge in all den Jahren in Europa und Amerika vermisst hatte. Ich konnte meine Erregung nicht mehr bezähmen. Flüsternd sagte ich mir selbst alle möglichen Glückwünsche. Alles andere war vergessen. Endlich dämmerte es mir, dass diese Berge Bhutan waren. Wir flogen auf gleicher Höhe mit den niedrigeren, von üppigem Grün bedeckten Vorbergen. Das wellenförmig ansteigende Bergland mit seinen endlos sich fortpflanzenden Kuppen, durchschnitten von dunkelgrünen Tälern, ging hier in das Hellgrün der Ebenen über, das sich ab und zu plötzlich zu einem Weiß von Felsen und Kieseln wandelte, wenn wir über das steinige Bett eines der Wildwasser flogen, diese Flüsse, die gleichsam explodieren, wenn sie die Niederungen erreichen, und sich befreit auffächern, froh, den einengenden Wänden schmaler Felsschluchten entronnen zu sein. Dschungel wechselte jetzt ab mit spärlich bewaldeten Feldern und Teepflanzungen. Wir waren über den Duars. Dies war Indiens Teegürtel, der sich entlang der Südgrenze Bhutans von Darjeeling bis nach Shilong erstreckt, zwischen Bhutan und dem Brahmaputra. Schon der bloße Name Duars vergegenwärtigte mir Bhutan. Dieser Landstrich lag einst unter dem Schatten der gefürchteten Bhutanesen und musste ihnen mit Waffengewalt entrissen werden. Jeden Winter, wenn die Monsunhitze nachgelassen hatte, pflegten hier die großen Gebirgskrieger aus dem Lande des Drachen herabzukommen, um die Frauen zu schänden, die Ernte zu rauben und Tribut zu erheben. Sie kamen stets ungestraft davon, da niemand sich in ihre Gebirgsfeste hinaufwagte. Selbst die bis aufs Blut gereizten Briten wagten nie einen Vorstoß in diese Berge, obwohl zahllose britische Untertanen von Männern aus dem Lande des Drachen entführt wurden. Wenn die Briten Protestnoten schickten, blieben diese unbeantwortet, genau wie mein eigener Brief hundert Jahre später. Die erzürnten Briten schickten einen Regierungsbeamten, der das Problem aus der Welt schaffen sollte – den Ehrenwerten Sir Ashley Eden, Bevollmächtigter Gesandter Ihrer Majestät der Königin Viktoria. Die Bhutanesen gaben diesen gespreizten Dandy der Lächerlichkeit preis, zwangen ihn, einen demütigenden Vertrag zu unterzeichnen, und malträtierten ihn im Übrigen derart, dass Sir Ashley Eden bei Nacht und Nebel aus Bhutan fliehen musste, um das nackte Leben zu retten. Der Vertrag wurde für nichtig erklärt, mit der Begründung, er sei unter Druck unterzeichnet worden. Die Krone war gedemütigt worden, ein ungeheuerlicher, unvorstellbarer Vorgang, für den es nirgendwo in den Annalen der britischen Kolonialherrschaft eine Parallele gab. Die Vergeltung, so drohten die Briten, werde fürchterlich sein. »Die Behandlung [die Ashley Eden erfuhr]... war so schmählich, dass die britische Regierung nicht dulden kann, dass die Regierung von Bhutan ungestraft davonkommt«, schrieb Seine Exzellenz John Lawrence, Vizekönig und Generalgouverneur der Besitzungen Ihrer Britannischen Majestät in Indien, in einem Ultimatum im Jahre 1864. Doch die Bhutanesen blieben ungerührt. Sie erbeuteten zwei Gebirgskanonen und besiegten ein britisches Kommando. Und die britische Vergeltung? Nun, die fand nicht statt. Im Jahr darauf stimmte derselbe Vizekönig einem Vertrag zu, demzufolge »in Anbetracht der Tatsache, dass die Regierung von Bhutan ihr Bedauern über ihr früheres Fehlverhalten zum Ausdruck gebracht hat...« die Briten in Zukunft 50 000 Rupien jährlich an Bhutan als Entschädigung für die Duars zahlen würden, die jetzt von Großbritannien annektiert wurden. Die Bhutanesen gaben die beiden Kanonen zurück. Die Geprellten aber waren wieder die Briten, denn die Duars waren nie im rechtmäßigen Besitz Bhutans gewesen. Kein britischer Soldat wagte sich in die Berge, um den armen Eden zu rächen, der »angespuckt« und »höchst schimpflich« behandelt worden war. Bhutan, dem unartigen Kind, vergaben die britischen Beamten großherzig, nachdem es über sein früheres Fehlverhalten »sein Bedauern zum Ausdruck gebracht« hatte. Bhutan seinerseits schloss einfach seine Grenzen für die Briten und hielt sie geschlossen, während es seinen jährlichen Tribut von Indien bezog. Im Jahre 1910 erreichte der erste Erbkönig von Bhutan im Verein mit den Fürsten der großen Festungen des Landes, dass die jährliche »Entschädigung« auf 100 000 Rupien erhöht wurde. Bhutan hielt seine Grenzen weiterhin für alle westlichen Eindringlinge geschlossen, kassierte aber treu und brav seinen Tribut.

Im Jahre 1949, nachdem Indien unabhängig geworden war, schlossen die Regierung von Indien und die Regierung von Bhutan einen Freundschaftspakt, demzufolge ein Teil der Duars (die nie zu Bhutan gehört hatten) an Bhutan zurückfiel und die jährliche Entschädigung von bisher 100 000 Rupien auf das Fünffache erhöht wurde. Weder die Briten noch die Inder waren den Bhutanesen gewachsen. Warum? Meine Kontakte mit Tibetern gaben mir einen ersten Anhaltspunkt, meine Begegnung mit Rani Chuni einen weiteren. Das war eines der Rätsel, die zu lösen ich gekommen war. Schließlich hatte ich jetzt ein persönliches Interesse an Bhutan. War ich nicht selbst zehn Jahre lang über die bhutanesische Diplomatie wütend gewesen? Bhutan ist wahrhaftig ein Land der Diplomaten. Welcher Staat sonst könnte von sich behaupten, es sei ihm gelungen, ein Jahrhundert lang Jahr für Jahr eine Entschädigung für Gebiete zu kassieren, die ihm nie gehört haben, und dann die Entschädigungssumme auf das Fünffache hinaufzutreiben? Im Jahre 1962 wurde die Summe abermals erhöht, auf eine Million Rupien.

Das Flugzeug ging langsam tiefer. Diesmal hoffte ich, es würde Hassimara sein. Wir landeten auf einer riesigen Betonpiste.

Meine Befürchtungen stellten sich wieder ein. Würde man mich wirklich hineinlassen? Ich wagte es nicht zu glauben. Zehn Jahre hatten mich gelehrt, indischer Polizei und bhutanesischen Diplomaten nicht zu trauen. Hassimara.

Es war also Hassimara. Das wilde Gras versuchte das Gelände zurückzuerobern, das der Beton geraubt hatte. Es ist etwas Eigenartiges mit dem Gras auf Flughäfen. Es sieht überall gleich aus, vom Kennedy-Airport über Reykjavik bis Hassimara.

Die Szenerie war nicht so grandios, wie ich gedacht hatte. Als ich mit einem Seufzer der Erleichterung und mit dem Wunsch, der Maschine den Rücken zu tätscheln, herauskletterte, war ich mit einem Mal wie gelähmt von der fürchterlichen Hitze, obwohl es erst halb acht war. Eine Gruppe wartender Inder musterte mich feindselig. Ich hielt mich an die Bhutanesen. Teekisten wurden neben zwei aggressiv aussehenden Männern aufgestapelt. Nichts geschah. Dann wurden Zeitungen und Kartons ausgeladen, und nach einer Ewigkeit kamen meine Gepäckstücke zum Vorschein, vollzählig. Ich war in Schweiß gebadet. Jenseits des Unkrauts konnte ich außer ein paar Bäumen nichts sehen, kein einziges Gebäude. Ich stellte mich zu den anderen in den Schatten unter die Tragfläche.

»Wohin wollen Sie denn?«, fragte mich ein ausgesprochen widerlicher Typ. »Ihr Passierschein für die Innere Linie?«

Mir klopfte das Herz. Obwohl ich nichts verbrochen habe, bekomme ich unwillkürlich ein schlechtes Gewissen, wenn man mich nach meinen Papieren fragt. Ich holte den Passierschein für die Innere Linie hervor, diesen sakrosankten Fetzen Papier, der mich berechtigte, bis an die Grenze von Bhutan zu fahren. Bestimmt werden sie etwas auszusetzen haben … Dann musste ich alles, was darauf stand, auswendig hersagen, und aufpassen, dass ich keinen Fehler machte.

»Und was wollen Sie dort?«

»Touristische Studien.«

»Was meinen Sie?«, fragte der Mann. »Sind Sie Tourist oder Student?«

»Ja«, sagte ich.

»Wie wollen Sie studieren und was wollen Sie in einem Monat studieren?«

»Die Sprache«, sagte ich hoffnungsvoll.

»Und Sie sind in Paris geboren?«

»Ja.«

»Und Sie sind am 11. Februar geboren?«

»Ja.«

»Wohin wollen Sie jetzt?«

»Phuntsholing«, nieste ich, voller Stolz, dass ich den Namen richtig herausgebracht hatte.

»Ihr Gepäck«, sagte der Mann streng. »Wie viel hat diese Kamera gekostet? Sehr teuer?«

»Ja, Sir«, bestätigte ich, um gleich darauf hastig hinzuzufügen: »Nein, nicht sehr teuer, sehr alt.«

Die Sonne war heiß, meine Bhutanesen entfernten sich langsam, und ich wurde allmählich nervös.

»Aber ich sage doch, es hat noch keinen Absturz gegeben.« Ein hoch gewachsener Mann mit Sommersprossen, bleichen Armen, rosablauen Knien und einem etwas steifen Gebaren versuchte mit einem breiten Grinsen von seinen roten Ellbogen und Knien abzulenken. Zwei Engländer und eine Frau, unverkennbar ebenfalls Engländerin, hatten sich auf dem Beton eingefunden. Teepflanzer, amüsante Teepflanzer. Einer stand vor dem Abflug. Er hieß John. JAM Air hatte also noch keinen Absturz zu verzeichnen gehabt, wie ich hörte. Vielleicht war meiner ein Eröffnungsflug gewesen, dachte ich. Ich hatte die offene Tür noch nicht vergessen.

»Sie sind Franzose!«, sagte der Inder, als spreche er mit meinem Gepäck.

»Ein alter, billiger Franzose«, wollte ich hinzufügen, in der Hoffnung, das Verhör würde ein Ende nehmen. Ich wusste, dass ich nie nach Bhutan kommen würde. »Sag Joan, sie soll mal schreiben«, sagte der Mann mit den Knien. Meine Bhutanesen waren verschwunden. Die Teekisten wurden verladen. Mein beiger Anzug war feucht, mein Haar triefte vor Schweiß. Höchst unwillig gab mir der Beamte der Sicherheitspolizei meine Dokumente zurück und ließ mir das Vergnügen, sie wieder in Ordnung zu bringen. Drei Männer mit Turbanen nahmen mein Gepäck und gingen auf den Rand der Piste zu, wo das Unkraut wucherte. Ich folgte ihnen, einem Hitzschlag nahe. Fünfzig Meter, und ich hatte es geschafft. Urplötzlich schien mir Hassimara ein netter Ort. Ein Tor, ein Schuppen, vier Jeeps mit der gelben Aufschrift BHT auf hell orangefarbenem Grund. Bhutanesische Jeeps. Ich fand meine beiden Freunde wieder, an die ich mich verzweifelt klammerte. Hatte die Regierung keinen Jeep für mich geschickt? Nein! Könnte mich einer meiner Freunde nach Puntsholing mitnehmen? Ja, das ginge.

Die Gepäckstücke wurden verstaut. Ich machte mich über den Sicherheitsbeamten lustig.

»Ja, ich bin Franzose. Ich bin ein Tourist auf Studienreise. Ja, ich weiß, ich bin der erste Tourist auf Studienreise, der nach Bhutan fährt, aber ich habe einen Passierschein für die Innere Linie, was wollen Sie noch mehr.«

Die Innere Linie, was für eine Bezeichnung! Ich kam mir vor, als hätte ich irgendein Paradies für Eingeweihte betreten. Ich hätte ein Spiritual in Pidgin-Englisch singen können, zum Ruhme Hasimaras innerhalb der geheiligten Linie, nur schien es nach der Hitze zu urteilen eher die Hölle zu sein; außerdem konnte ich nicht vergessen, wie dem Engländer die Shorts über den Knien gehangen hatten. Vielleicht wurde ich langsam schwul. Mir war sonderbar zumute, soviel stand fest.

Meine Augen waren jetzt weit geöffnet. Die Bhutanesen verstanden jetzt mein Tibetisch. Es war eine kurze Fahrt. Ich saß auf dem »Vordersitz« – alles hatte jetzt eine tiefere Bedeutung. Dies war ein großer Tag, der Tag, von dem ich geträumt, an den ich schon nicht mehr geglaubt hatte, der Tag, an dem ich nun bald die bhutanesische Grenze überschreiten würde. Kontrollpunkt. Wir waren kaum einen Meter gefahren, und schon fing alles von vorne an.

»Sie heißen?«

Ein Bambus-Schlagbaum wurde geöffnet.

Die Straße lief durch Teepflanzungen, die eigentlich »Teegärten« genannt werden. Gepflegte Büsche, gestutzt wie in einem prächtigen Park, standen in anmutigen Reihen unter einzelnen hohen Bäumen. Ich dachte an mein Kindermädchen Nanny. Teepflanzungen verbanden sich in meiner Erinnerung irgendwie mit ihr. Dies endlich war das englische Indien, dem man sogar vertrauen kann, wenn man es in der Teetasse hat. Kleine schwarzweiße Pfähle trugen kleine rote Dreiecke, die Verkehrszeichen meiner Kindheit. Es gab keine dreckigen Kühe, nur guten Tee und, hinter einer Kurve, das wahre Traumhaus der Kipling-Verehrer: ein strohgedecktes Cornwall-Häuschen auf Pfählen, mitten in der Pflanzung.

»Schau doch, Nanny! Es gibt sie wirklich, die zivilisierten Tropen.« Ich hatte zehn Jahre gebraucht, um das zu entdecken.

Schade nur, dass alles so zahm aussah, der ordentliche Pfad, die Büsche, die strohgedeckte Hütte, die Verkehrszeichen, die schmale, glatte, geteerte Straße, und all das, obwohl Bhutan nur ein paar Meilen entfernt war. Ein paar Meilen weiter begann das »verschlossenste Land der Erde«, das »letzte kartografisch nicht erfasste Land Asiens«, »wilder und unerforschter als Neuguinea und der Amazonas«: all dies einen Steinwurf weit von einer strohgedeckten kornischen Hütte. Ich musste an die behaarten Knie denken. Dann eine Straßensperre, noch ein leichter Herzanfall, nochmals die Papiere ordnen, und der Jeep fuhr weiter. Die Teepflanzungen hörten auf, und vor mir lagen verträumte grüne Hügel in der Morgensonne. Ich reckte mir den Hals aus. Ja, das war Bhutan. Jetzt zählte ich buchstäblich die letzten Meter.

Die indische Grenze.

»Tourist auf Studienreise.«

Man ließ mich ohne viel Aufhebens passieren. Ich war enttäuscht.

»Sind wir in Bhutan?«, fragte ich auf Tibetisch.

»Nein! Bald.«

Mein Freund zeigte mir ein kleines weißes Gebäude mit einem dunkelroten Dach, das Kloster der Königsmutter. Noch zwanzig Meter. Ein Tor. Ja, es war tatsächlich ein Tor, mit einer Bambusstange davor. Das war der Eingang nach Bhutan. Darüber stand geschrieben: »Bhutan/Phuntsholing«. Ich entsinne mich, dass ich »15. August« vor mich hin sagte. Ich konnte es nicht fassen. Ich war doch noch nach Bhutan gekommen. War es möglich, dass ich zehn Jahre lang zu dumm gewesen war, das Ziel schon früher zu erreichen? Ich war enttäuscht. Als ich 1959 Rani Chuni zum ersten Mal sah, war die Straße nach Bhutan ein Maultierpfad, der von Kalimpong aus quer durch das tibetische Chumbi-Tal führte. Sogar Nehru musste einen beschwerlichen Ritt auf Ponys und Jaks auf sich nehmen, um die Sommerhauptstadt Thumbi zu erreichen. Jetzt hatten die Chinesen den Maultierpfad gesperrt, und die Technik hatte entschieden, dass Phuntsholing der Grenzübergang sein sollte. Die Dinge hatten sich gewandelt. Wo und wie sehr?

»Das Gästehaus?«, fragte ich. Der Fahrer führte mich zu einem grün gestrichenen, von Blumen umrahmten Tor, das zu einem kleinen, chaletartigen Bungalow führte. Die Veranda ruhte auf roten, geschnitzten Säulen ähnlich denen der tibetischen Klöster. Niemand lief mir entgegen, um mich zu begrüßen. Zweifel überfielen mich.

Von der Veranda des leeren Bungalows schaute ich auf Phuntsholing, Bhutan. Vögel sangen in der Morgensonne, strahlend gelbe und orangefarbene Iris blühten in einem schmucken Garten mit einer gepflegten Rasenfläche. Eine makadamisierte Straße lief an dem Bungalow vorbei und verschwand nach einer Biegung in den Bergen, die sich jetzt steil über das Dorf erhoben. Dieses bestand aus sauberen Armeebaracken und einem kleinen Basar aus Hütten, wie man ihn in Indien findet. Es sah alles wie in England aus, sonderbar – aber schließlich war Cornwall nur einen Steinwurf entfernt. Es war warm, aber nicht drückend. Nepalesen und Inder gingen gemächlich die Straße entlang. Ein kleiner Nepalese in westlicher Kleidung kam aus der Küche. Der Verwalter des Bungalows. Er zeigte mir ein Zimmer. Er fragte mich, ob ich Gast des Königs oder der Königin sei. Ich gab keine Antwort, denn ich war mir nicht sicher. Ich ließ mein Gepäck in einem netten Zimmer mit einem Moskitonetz über dem Bett abstellen. Ich ahnte nicht, dass genau in diesem Zimmer Jigme Dorji, der Premierminister, ermordet worden war; man hatte ihn durchs Fenster erschossen, während er mit seinem Bruder und seiner Schwägerin

Karten spielte. Mord schien so gar nicht in diese friedvolle, zahme Umgebung zu passen, die von den leisen Echos der Glückwünsche vibrierte, die ich mir selbst dafür aussprach, dass es mir zu guter Letzt doch noch gelungen war, nach Bhutan hineinzukommen. Zu diesem Zeitpunkt wusste ich nicht, dass die Schwierigkeiten erst noch kommen sollten. Ich war zu müde, um an irgendetwas zu denken, und so legte ich mich schlafen.

Die Grillen zirpten friedlich, als der Nepalese mit dem Tee hereinkam. Draußen brannte die Sonne erbarmungslos auf den Rasen herab. Die Vögel schliefen. Ein Jeep knatterte vorbei und war noch zu hören, als er schon lange außer Sichtweite war. Alles war still. Es war Mittag, und ich hatte noch keinen Bhutanesen gesehen. Ich musste mich, so überlegte ich, auf der Stelle nach Thimbu begeben, zur königlichen Festung Tashichho Dzong.

Dort lebte der König, der Druk Gyal-po, während die Gyal-mo, die Königin, in Paro lebte, dem Heimatort des Paro Penlop. Dasha Duncho war laut Auskunft des Paro Penlop der Mann, an den ich mich wenden musste. Die Lage war verzwickt, denn um mit ihm sprechen zu können, musste ich zuerst den Trimpon (Herr über das Gesetz) von Phuntsholing aufsuchen. Aber ich traf nur einen Bengalen an, den stellvertretenden Herrn über das Gesetz, einen Mann namens Data, der ebenfalls unbedingt wissen wollte, ob ich ein Gast des Gyal-po, der Gyal-mo oder der Gyal-ru, der Königsmutter, sei. Ich nickte unsicher. Ob ich dann ein Gast von Ashi Degi oder Ashi Choki sei. Ich starrte ihn verwirrt an. Die beiden waren die Schwestern des Königs. Als ich das verstanden hatte, erklärte ich, ich sei ein Freund des verstorbenen Sohnes des Doom von Ha, Jigme Dorji (federloser Blitz), des ehemaligen Premierministers. Keine Reaktion. »Dann können Sie keinen Jeep bekommen«, sagte man mir.

Das Beste, was ich tun konnte, war, von meiner Begegnung mit dem Paro Penlop zu berichten. Erst dann lächelten die Leute, doch schließlich war der Paro Penlop nur der Halbbruder des Königs, und er hatte mir nicht einmal zugelächelt. Allmählich begann ich mich selbst dafür zu interessieren, wessen Gast ich war. Ich hatte nicht die blasseste Ahnung, nicht einmal eine Einladung, nur einen Brief, den die indische Regierung mir ein Jahr nach meiner Unterredung mit Frau Gandhi und zehn Jahre nach der Begegnung mit Rani Chuni nach Spanien geschickt hatte und in dem stand, ich könne jetzt nach Bhutan fahren. Wer, so fragte ich mich, war mein Protektor? Wer steckte hinter meiner Reisegenehmigung nach Bhutan? Die Lösung dieses Problems wurde lebenswichtig, als es Zeit fürs Mittagessen war. Die JAM Air hatte meinen Appetit angeregt.

»Sind Sie ein Gast des Königs oder der Königin oder seiner Mutter oder seiner Schwestern?«, fragte der nepalesische Hausverwalter wieder, und dann noch: »Wer wird Ihre Rechnungen bezahlen?«

»Ich werde selbst zahlen«, sagte ich mit einem Lächeln, denn ich glaubte, nun endlich den Grund für all die Fragerei zu kennen. Doch der Nepalese runzelte sofort die Stirn, durchquerte den Vorraum des Bungalows und hantierte an einem Feldtelefon. »Dasho Duncho.« Er hatte den königlichen Palast angerufen, die Glückliche Festung der Religion, um mit dem Zweiten Generalsekretär zu sprechen, dem einzigen ranghohen Beamten am Hofe des Drachen, der Englisch sprach. Er, und nur er allein, so schien es, konnte entscheiden, ob ich ein Mittagessen bekommen sollte oder nicht. Aber er war nicht da.

Ich hatte großen Hunger, aber der Nepalese dachte nicht daran, mir etwas zu geben. Plötzlich sah ich einen Bhutanesen, einen kräftigen, untersetzten Menschen in einem weiten *ko*, dem landesüblichen Gewand. Er kam die Stufen des Bungalows herauf, und der Nepalese verbeugte sich sogleich, die Hände in respektvoller Begrüßung vor das Gesicht haltend. Ohne die Watte in den Ohren und so prächtig gekleidet, hatte ich meinen Fluggefährten zunächst gar nicht erkannt. Da er mit mir den Fährnissen der JAM Air ausgesetzt gewesen war, war er, das wurde mir jetzt klar, mein einziger Freund; und in dieser Eigenschaft, als Freund eines Leibwächters des Paro Penlop, bekam ich nun endlich auch etwas zu essen. Ich war erleichtert, dass wenigstens Seine Majestät der König nicht behelligt worden war. Ich entsann mich, was ein Freund mir gesagt hatte, bevor ich losfuhr: »Bevor du den König nicht gesehen hast, bist du ein Niemand.« Mochte Phuntsholing auch aussehen wie ein normales englisches Garnisonsstädtchen, mochten auch die Inder gerade erst eine strategisch wichtige Straße für die Bhutanesen, die erste, die die Glückliche Festung der Religion mit der Außenwelt verband, fertig gestellt und ein Feldtelefon installiert haben, das den König und seine Familie mit dem übrigen Hof verband – Bhutan war nun einmal Bhutan, und die Wirtschaft gründete sich eben auf Ehren und Privilegien. Geld war bedeutungslos. Nur der Rang zählte, und bis ich selbst einen erwerben konnte, würde ich – das wurde mir schnell klar – behandelt werden, wie der Portier im Waldorf Astoria einen Bettler behandelt. Mein Geld konnte ich jetzt wegwerfen, aber um etwas in den Magen zu bekommen, musste ich irgendwie Eindruck schinden. Was immer geschah, ich musste die Leute in meiner Umgebung auf dem schnellsten Wege davon überzeugen, dass ich kreditwürdig war, musste entweder beweisen, dass ich in königlichen Gnaden stand, oder aber verhungern.

Für einen Freund eines Leibwächters des Paro Penlop erhielt ich nur ein kärgliches Mahl: gekochten Reis mit Chilis.

Am Nachmittag kamen drei sehr hoch gestellte Persönlichkeiten zum Bungalow herauf. Stattliche, würdevolle Männer mit offenen, freundlichen Gesichtern. Sie lächelten höflich. Sie sprachen alle Tibetisch, rechneten es mir aber kaum als Verdienst an, dass ich eine der ihren verwandte Sprache beherrschte. Sie hatten nur ein Ziel vor Augen: herauszufinden, wessen Gast ich sei. Da ich es ihnen nicht sagen konnte, gingen sie wieder, verwirrt und überrascht, nachdem sie mich gefragt hatten, wie es komme, dass ich überhaupt in Bhutan und in dem Bungalow sei, und vor allem, dass man mir zu essen gegeben habe. Ich kam mir vor wie ein Schuljunge, der etwas ausgefressen hat. Der Reis blieb mir im Halse stecken. Ich fragte mich inzwischen allen Ernstes, was um Himmels willen ich hier überhaupt zu suchen hatte. Einer der Edlen half, meine Lage zu klären:

»Sie sind kein Gast der Königin«, sagte er sehr bestimmt.

Man kam zu dem Schluss, dass ich Dasho Duncho in der Glücklichen Festung der Religion würde aufsuchen müssen, da er allein enträtseln könnte, wer ich sei. Was die Fahrt zur Festung betraf, so gab es für mich keine Möglichkeit, ein Beförderungsmittel zu bekommen, denn alle Jeeps gehörten dem König und standen nur denjenigen zur Verfügung, die seine Gäste waren. »Es könnte sein, dass ein Lastwagen nach Thimbu fährt«, sagte einer der Herren. »Aber Sie werden zahlen müssen.«

An diesem Tag kam kein Lastwagen mehr. Am folgenden Tag auch keiner. In der Zwischenzeit hatte es niemand der Mühe für Wert erachtet, mich aufzusuchen oder mit mir zu sprechen, abgesehen von dem Leibwächter. Mir kam der seltsame Ausdruck *persona non grata* in den Sinn.

An diesem Abend schaute ich in einen Spiegel. Sah ich wie ein *Dasho* (Herr) aus? Hatte ich das Äußere eines königlichen Gastes? Wer war ich, fragte ich mich. Vielleicht niemand? Nichts Besonders Berühmtes oder Bedeutendes, ja im Grund überhaupt nichts. Zum zweiten Mal erinnerte ich mich, dass die Bhutanesen den Ehrenwerten Ashley Eden angespuckt hatten.

Am zweiten Tag kam der hoch gewachsene und distinguierte Onkel des Paro Penlop in den Bungalow. Ich wurde sofort über seinen Rang aufgeklärt. Als er ankam, war er von einer Gruppe sehr kultivierter junger Männer umgeben, zweifellos der Elite der Aristokratie des Drachen. Sie waren in olivgrüne *kos* gekleidet, die sie mit makellosem Faltenwurf umgaben, trugen die besten

Schuhe aus London und lange graue Strümpfe, die ihnen bis an die nackten Knie reichten. Lachend und lärmend ergriffen sie Besitz von dem Bungalow, rauchten und unterhielten sich mit drei hübschen, sehr intellektuell wirkenden bhutanesischen Mädchen, die ebenfalls rauchten. Sie fragten, wessen Gast ich sei, ignorierten mich fortan und zogen sich in einen angrenzenden eleganteren Bungalow zurück, der der Königin selbst gehörte, wo sie die ganze Nacht sangen. Keiner hatte daran gedacht, mich einzuladen. Ich fühlte mich gedemütigt. Aufgrund meiner bisherigen Erfahrungen im Osten hatte ich mich daran gewöhnt, die Freundlichkeiten, mit denen in diesen Ländern Angehörige der weißen Rasse allenthalben überschüttet werden, beinahe als selbstverständlich anzusehen. Ich wünschte mir sehnlichst, ein paar Freunde zu gewinnen, aber niemand beachtete meine Annäherungsversuche. Niemand interessierte sich dafür, dass ich zehn Jahre lang versucht hatte, nach Bhutan zu kommen, dass ich in diesem Zeitraum 300 000 Meilen nutzlos zurückgelegt hatte, nur um eines Tages hier sein zu können, dass ich Tibetisch gelernt hatte, um mit den Menschen zurechtzukommen, dass ich all dies aus reinem Interesse, mit meinem eigenen Geld getan hatte, dass ich keine anderen Motive hatte, mein Leben in der Maschine der JAM Air riskiert hatte und zu Fuß über tausend Meilen durch die rauesten Gegenden des Himalaja gezogen war, alles nur, weil ich in dieses Land verliebt war.

»Sie sind nicht so freundlich wie die Tibeter«, hatte Betty-la gesagt. Wie Recht sie hatte! Oder vielleicht doch nicht? Hatte ich nicht auch schon gelegentlich Leute geringschätzig behandelt, die eine niedrigere Stellung einnahmen als ich? War ich nicht in meiner vertrauten Umgebung auch ein wenig versnobt? Hier lag ich nun und beichtete meinem Moskitonetz, suchte die Schuld bei mir. Innerhalb von zwei Tagen hatte ich, zum ersten Mal seit Jahren, einen Minderwertigkeitskomplex bekommen. Mein beiger Anzug wirkte billig. Meine ganze Erscheinung war schlampig, mein Auftreten zu linkisch, und meine Kamera verlieh mir jenes professionelle Aussehen, das ich so verabscheue. Ich war kein Gast der Königin. Das war ein ernstes Vergehen, für das ich mich würde verantworten müssen.

Am dritten Tag hielt um sieben Uhr morgens ein Lastwagen vor dem Rasthaus, ein großer, neuer Mercedes mit der Aufschrift »Regierung von Bhutan« auf der blauen Motorhaube. Die Nummernschilder waren tibetisch beschriftet. Der Fahrer war ein schmieriger Nepalese. Die Straße zog sich 141 Kilometer lang in Haarnadelkurven dahin, für die wir zehn Stunden brauchen würden. In Phuntsholing war ich erst an der indischen Grenze gewesen. Bhutan ist ein Königreich im Himalaja, und ich musste noch in den Himalaja vordringen. Zehn Stunden saß ich mit weit geöffneten Augen da und wurde durchgerüttelt, neben mir der Fahrer, der weder Englisch noch Tibetisch sprach. Während dieser Stunden wurde mir klar, was Bhutan zum letzten unerforschten Land Asiens machte.

Nirgends steigen die Berge des Himalaja so abrupt empor wie zwischen den Duars und Bhutan. Hundert Meter hinter dem Bungalow nahm der Laster die erste Kurve und begann, im niedrigen Gang, zu klettern. Nach kaum anderthalb Kilometern hatte die Temperatur sich verändert, und die Ebenen von Bengalen und Assam lagen als dunstiger Teppich unter uns. Bald umspielten uns die ersten Nebelschwaden. Eine Kurve nach der anderen durchfahrend, erstiegen wir langsam die ersten Sprossen der gigantischen Leiter, die, auf einer Strecke von weniger als 100 Kilometern, in Luftlinie gerechnet, aus der drückenden Hitze der Niederungen zu den schneegekrönten Siebentausendern an Bhutans Nordgrenze zu Tibet aufsteigt.

Bald war ich von Dschungel, Nebel und wieder Dschungel umgeben, während wir weiter in den niedriger gelegenen, zerklüfteten südlichen Gürtel Bhutans vorstießen. Ein Reich der feuchten Hitze und des Fiebers, ein Königreich beherrscht von Tigern,

Elefanten, Schlangen und Affen. Wenn man draußen in der Welt auch schon von den Dschungeln Bengalens und Assams gehört hat, so ist doch nur den wenigsten bekannt, dass diese, so fürchterlich sie auch sein mögen, nur den Auslauf von Bhutans südlichen Dschungeln in die Ebenen des Brahmaputra hinaus darstellen. Weit eindrucksvoller ist die Fortsetzung dieses Dschungels nach Bhutan hinein. Man nimmt zu Recht an, dass Bhutan das Land mit der größten Dichte wild lebender Elefanten auf der ganzen Welt ist. Der gesamte südliche Landesteil ist ein natürliches Reservat, größer als irgendeines in Afrika, in dem die wilden Tiere umherstreifen und sich vermehren, unter dem Schutz der buddhistischen Lehre, nach der es eine große Sünde ist, Leben zu vernichten.

In Bhutan stoßen zwei Welten aufeinander. Denn der Einflussbereich von Tibet, dem Land des Schnees, überlappt sich hier mit der warmen Welt der Tropen. Dieser erste Dschungelgürtel, der das südliche Drittel bedeckt, wird bewohnt von nepalesischen Siedlern, davongelaufenen Arbeitern aus den Teepflanzungen der Duars und Splittern der nepalesischen Bevölkerungsexplosion im Gefolge der Eroberung der Ghurka-Könige. Hier findet man nur wenige oder gar keine Bhutanesen, da das Klima zu heiß ist für eine an gemäßigte Zonen gewöhnte Rasse. Auf diesen dem Süden und dem ewigen Dunst über Indien zugewandten Berghängen findet man verstreut lebende Siedler. Die kleine, verwilderte Menschenrasse der Nepalesen klammert sich an diese Berge, unbemerkt und anonym. Sie sind furchtsame Flüchtlinge im Lande des Drachen, dessen gewaltige Herrscher jenseits des Dschungelgürtels wohnen.

Nebelfeucht und überschattet von gigantischen, mit Schlingpflanzen überwucherten Bäumen, quälte sich die Straße in immer neuen Kurven bergan. Als wir den ersten Kamm erreicht hatten, schlossen sich die Berge hinter uns, und wir waren auf allen Seiten von einer eindrucksvollen Flut gleichmäßiger bewaldeter Gipfel umgeben. Hier und da erhob sich am Horizont ein vom Blitz getroffener, abgestorbener Baum wie die verdorrte Hand eines Riesen. Keine Menschenseele, kein Dorf war zu sehen. Nichts schien hier unter freiem Himmel zu leben. Tiere wie Siedler waren Bewohner des Schattens. Nur die Wasserfälle hin und wieder schienen lebendig, und diese wurden immer zahlreicher. Manche waren sehr hoch, und ihr Brausen war weithin zu hören; manche schossen aus dem Dschungel hervor und stürzten dreißig Meter in die Tiefe, um wieder vom grünen Ozean der Täler geschluckt zu werden.

Ich wurde daran erinnert, dass wir uns in der Monsunzeit befanden, als die Straße selbst zum Fluss wurde, überschwemmt von Tausenden kleiner Bäche und Rinnsale, die das Unterholz ausschwitzte. Dieser Dschungel ist der feuchteste der Welt. War nicht Cherrapunji in Assam nur wenige Kilometer entfernt? Dort fallen in Ausnahmejahren während des Monsuns bis zu neunzehn Meter Regen. Zweifellos regnet es ein paar Kilometer weiter oben in den Dschungelbergen von Bhutan genauso viel. Dreizehn Meter ist der Durchschnitt, während die übrige Welt ihre Niederschläge nach Millimetern misst. In Cherrapunji fallen innerhalb von drei Monaten dreizehn Tonnen Wasser auf einen Quadratmeter. Genug, um ein vierstöckiges Haus zu überfluten. All dieser Regen fällt von den Blättern auf die Erde und läuft sofort ab, und aus Rinnsalen werden Flüsse und schließlich tosende, schäumende Wildwasser, die sich durch den Fels graben, hinaus in die Ebenen, die unausweichlich von dieser Sturzflut überschwemmt werden, Jahr für Jahr. Ich bewunderte die indischen Ingenieure, die aller Wahrscheinlichkeit zum Trotz eine Straße durch dieses Inferno gesprengt hatten. Es war eine ständig von Erdrutschen bedrohte Straße, an deren Fertigstellung noch immer Tausende von Nepalesen arbeiteten. Alle dreißig Kilometer etwa sahen wir sie mit bloßen Händen an widerspenstigen Felsblöcken zerren. Diese Blöcke würde man schließlich über die Felsabstürze hinabwerfen, unter der Wucht ihres Aufpralls würden Bäume krachend zersplittern. Kein Wunder, dass die Mönche glaubten, es sei eine Sünde, eine Straße zu bauen. Und sprechen wir im Westen nicht auch von »Wunden«, die der Natur geschlagen werden, wenn eine neue Straße eine einstmals harmonische Landschaft durchschneidet?

Ich hatte schon viele Gebirgsstraßen gesehen, doch nirgends eine, die sich mit dieser hätte messen können, denn nirgendwo im Himalaja sind die Vorberge so steil und so gewaltig wie in Bhutan. Es grenzte an ein Wunder, dass der Bau dieser Straße möglich gewesen war. Sie hatte Millionen Rupien und Tausende Menschenleben gekostet, und sie war aus militärisch-strategischen Erwägungen gebaut worden, als Premierminister Jigme Dorji angesichts der chinesischen Aggression in Tibet schließlich doch, wenn auch widerstrebend, ein kleines Zugeständnis an den technischen Fortschritt gemacht hatte.

Nachdem wir drei über 2500 Meter hohe Pässe überquert und gigantische, unbewohnbare Berge mit phantastischen Wäldern hoher Eichen und Walnussbäume hinauf- und wieder hinabgefahren waren, erreichten wir das eigentliche Hochland von Bhutan, die höheren Regionen, wo Kiefern an die Stelle der anderen Arten traten. Wie Recht die Briten gehabt hatten! Bhutan war nach menschlichem Ermessen für eine Armee unzugänglich. Selbst heute besitzt die auf ihrem unstabilen Unterbau über unglaubliche Schluchten führende Straße kaum strategischen Wert. Sie hatte sich an zahllosen Stellen gesenkt und konnte durch einen einzigen Steinschlag unpassierbar werden.

Die Szenerie hatte sich gewandelt. Hitze war nicht mehr zu spüren, der Nebel war kalt, eiskalt sogar. An einer Stelle lief die Straße an einem Wildbach entlang, dessen Wasser nach Gletschern roch. Ich hatte jetzt die mittlere Sprosse der Leiter erreicht, die von den Ebenen Indiens nach Tibet aufsteigt. Kalkutta war nur noch ein nächtlicher Traum, Lhasa war der Pol, nach dem sich dieses Universum ausrichtete. Das wurde klar, als die ersten Gebetsfahnen und die ersten Tschorten auftauchten, Monumente für die Universalität Buddhas. Einmal fuhr der Lastwagen um eine Kurve und mitten in eine Karawane beladener Maultiere hinein. Einer der Treiber, eingehüllt in einen weiten Ko aus selbstgesponnener brauner Wolle, starrte den Wagen entsetzt an und rannte schreiend die Böschung hinauf. Offenbar hatte er noch nie ein Lastauto gesehen.

Auf den Gipfeln der nahe gelegenen Berge breiteten sich allmählich mit einzelnen Tannen bestandene Weiden aus. Einige Zeit folgten wir dem gewundenen Lauf eines Flusses mit weiß schäumenden Wassern, dann ragte plötzlich der erste Dzong vor uns auf. Wie kann ich beschreiben, was ich in diesem Augenblick empfand? Bis dahin hatte ich trotz des Grenzübertrittes nicht das Gefühl gehabt, in das eigentliche Bhutan vorgedrungen zu sein, doch jetzt rieb ich mir die Augen. Auf einem Grat sah ich deutlich die massiven Umrisse einer Festung. Ihre kahlen, leicht geneigten Mauern ragten auf wie eine Fortsetzung des Felsens, auf dem sie stand, stolz und aufrecht, das Tal beherrschend, ein stiller und Ehrfurcht gebietender Wachposten der Herren des Drachen. Die Festung hatte mich überrascht. Bis dahin hatte ich nur Dörfer gesehen. Die tibetische Architektur der Festung, edel und nüchtern, erinnerte mich daran, dass ich hier ein Land von Kriegern betrat, von unbeugsamen Männern, die das in Tälern umherkriechende Volk verachteten, eine ganz andere Rasse als die verhungerten Seelen im Purgatorium von Indiens Delta.

Wir sahen jetzt häufiger Pferde, gezogen oder gestoßen von stämmigen Bhutanesen, die unter schweren Lasten gebeugt waren und ihre Lasttiere mit Zurufen dirigierten. Die Maultiere scheuten vor dem Lastwagen, so dass wir die klingelnden Karawanen langsam passierten. Mein Herz schlug schneller, als ich die süße Musik dieser Glöckchen wieder hörte. Wie viele Tage war ich zu ihrer Melodie umhergezogen? Würde ich den Zauber ihrer Begleitung auch in Bhutan wieder auskosten können? Mehr denn je ärgerte ich mich über das Lastauto und über die Straße, die Schuld waren, dass die Bräuche und Traditionen von drei Jahrtausenden über Nacht veraltet waren.

Ich war erschöpft, aber freudig erregt, als der Fahrer mir schließlich in Zeichensprache zu verstehen gab, dass wir jeden Augenblick Thimbu erreichen würden. »Achtung beim Überholen!« »Das Leben ist kurz – fahr vorsichtig!« Die beiden Verkehrsschilder, vom indischen Kolonialismus übernommen, standen am Straßenrand. Lächerliche Slogans, geschrieben für Leute, die bestenfalls die Schrift des tibetischen Kanons lesen konnten. Botschaften, die für die Bhutanesen genauso mysteriös sein mussten wie jene geheiligten, unverständlichen Mantras, die jedermann aufsagte. »Achtung beim Überholen!« Wie abstoßend! Ich schämte mich für die Straße, die auf diese Weise das Land meiner Träume besudelte. Viele Bhutanesen, darunter alle hunderttausend Mönche des Landes, missbilligten das revolutionäre Straßenprojekt, während Jigme Dorji, der Initiator der diabolischen Unternehmung, eine Straße zu bauen, im Bungalow von Phuntsholing für die ehrgeizige Neuerung mit seinem Leben bezahlte.

Ich hatte Thimbu erreicht, ohne es zu merken. Nun erst erfuhr ich, dass es im Reich des Drachen keine einzige Stadt, nicht einmal ein großes Dorf gibt. Die Hauptstadt existiert einstweilen nur als Plan des Königs. Im Augenblick bestand sie nur aus der Glücklichen Festung der Religion und einer morastigen Fahrspur, dort wo die Straße aufhörte und vier im Bau befindliche große bhutanesische Häuser standen, die Ecksteine einer Stadt, der ersten, die Bhutan haben würde. Die gesamte Einwohnerzahl von Thimbu, des mit Abstand größten Ortes von Bhutan, betrug viertausend, wovon dreitausend in der gigantischen Festung lebten, die allein inmitten der Terrassenfelder stand, die sich zu den von Nadelwäldern gekrönten Bergeshöhen hinaufzogen, die das winzige Tal umschlossen.

Der Dzong, die Festung von Thimbu, war riesenhaft; er stand

Der Dzong von Thimbu

am Eingang des Tales, seine pagodenartigen, mit neuem Wellblech gedeckten Dächer glänzten im Licht der untergehenden Sonne. Die Festung hatte zweitausend Räume, dreißig Kapellen und drei Kathedralen und wurde bei Nacht mit Butterlampen erleuchtet. Dort führen über dreitausend Menschen ein Leben, wie wir es im Westen nur noch aus Geschichtsbüchern und Erzählungen aus der Vergangenheit kennen.

Ehrfürchtig schaute ich auf die Festung, enttäuscht auf die Baracken. Nun endlich war ich also angekommen. Um mich herum erhoben sich friedliche, anmutige Hügel, deren zivilisierte Kiefern stellenweise bis auf den Talboden hinabreichten. Hoch über mir glitzerten in der Abendsonne die weißen Flecken von sechs Klöstern. Eindrucksvoller war die gewaltige Festung, fast unwirklich in ihren riesigen Ausmaßen, mit ihren Hunderten von schwarzen Fenstern in weißen, befestigten Mauern, die von massiven, rechteckigen Türmen mit goldenen Spitzen eingerahmt waren.

Man findet in Bhutan keine Hotels, denn es gibt hier keine Besucher oder Touristen, sondern nur Gäste. Das Gästehaus in Thimbu verfügt über drei Schlafzimmer. Eines davon bewohnte ich. Ich war kein Gast. Vielleicht lag darin mein Problem. Sodann war da die Straße, die mir missfiel, außerdem die Baracken, das Wellblech, die von Mast zu Mast gespannten Telefondrähte und das Heulen der Jeeps. Königliche Jeeps, die für mich verboten waren. Wieder musste ich Erklärungen abgeben, oder besser gesagt, mich für die Tatsache verantworten, dass ich kein Gast der Königin war, oder des Königs, oder von Ashi Degi, Ashi Choki, der Mutter des Königs, der Gyal-ru. Pasang, der für die Betreuung der königlichen Gäste verantwortliche Beamte, hörte mir mit nachsichtigem Interesse zu. Sein Jeep stand mit laufendem Motor vor der Tür. Donnerkeile waren mit Goldfarbe auf die Wände meines Zimmers gemalt, und ein roter Sisalteppich lag auf dem Fußboden. Ein bequemes Bett, Stühle und ein Schreibtisch starrten mich höhnisch an. Als Neuankömmlinge mussten sie sich sonderbar fühlen in diesem Land, wo die Stellung des Lotus der einzige Stuhl und mit Drachen verzierte Teppiche jedermanns Bett sind. Drei Zimmer in der ganzen Hauptstadt, und eines davon hatte ich.

»Ah!«, sagte Pasang, als ich meinen Lebenslauf heruntergeleiert hatte. Die nächsten zwei Tage bekam ich ihn nicht zu sehen. Er ließ mich mit dem Koch allein, und ich bekam gekochten Reis mit Chili. Es war Freitag, und ich erfuhr, dass ich Dasho Duncho, den Stellvertretenden Hauptsekretär, nicht vor Montag sehen könne. Bis dahin würde ich mich, das war mir klar, am besten an den Koch halten. Er würde mir wenigstens zu essen geben. Ich sehnte mich verzweifelt nach Gesellschaft, jemandem, der mich aufheitern würde, denn ich war enttäuscht, fürchterlich enttäuscht. Das Gästehaus war leer. Ich trank meinen Tee und packte dann zum ersten Mal seit Wochen meine Säcke aus, die ich mit den unwahrscheinlichsten Dingen vollgestopft hatte: Bells Grammatik der tibetischen Umgangssprache, eine skizzenhafte, ungenaue Karte von

Bhutan, die zehn Jahre zuvor mein Bruder gezeichnet hatte – ich kannte keine bessere –, ein Paar braune Reitstiefel, ein Produkt der inzwischen angestaubten Handwerkskunst von Morrison und Tuttle, Stiefelmacher der Vizekönige, die nun gezwungen waren, einen Steinwurf weit vom Grand Hotel Spülsteine zu verkaufen, und schließlich die zwei Tassen aus feinstem Sèvresporzellan, die das einzige Geschenk darstellten, das ich Seiner Majestät dem König des Landes des Drachen für angemessen erachtet hatte – vielleicht konnte ich sie gegen eine Tasse tibetischen Tee eintauschen. Ich hoffte, Seine Majestät würde Gefallen an meiner völlig unoriginellen Gabe finden. Außerdem hatte ich Parfum für die Königin, für Ashi Degi, Ashi Choki und für die Königinmutter sowie zwei handbemalte Seidentücher und eine Silberschale mitgebracht. Vielleicht würden diese Präsente mir die Türen öffnen?

Mein in Rom gekauftes Zelt aus grüner Leinwand sah sonderbar und ziemlich unterentwickelt aus in dem Gästehaus, dessen Badewanne funkelnagelneu war – obwohl das ohne Zusammenhang war. Ein Gegenstand, für den ich das tibetische Wort nicht kannte – Badewanne. Bhutan hatte meine tibetische Grammatik überholt. Badewannen kennt man in Tibet nicht.

Der Koch war ein netter Nepalese. Sein Gehilfe, Norbu, war ein Sherpa aus Nepal, der mir eine lange Geschichte erzählte, wie schwer er es im Leben gehabt habe, und dann fabulierte, er sei auf dem Everest gewesen. Außerdem war da noch ein junger, mit Husten behafteter Bhutanese, ein Hilfskoch, der in dem zentral gelegenen Speisezimmer schlief, dessen Wände mit Tugenden bemalt waren – silbernen. Der König hatte den Hilfskoch nach Indien geschickt, damit er Englisch lerne. Die Schuhe Pasangs, des jungen Adligen, der sich um die königlichen Gäste kümmern musste, hatte der König aus der Schweiz mitgebracht. Einer Bekanntmachung zufolge, die unter einem mit einer weißen Zeremonialschärpe geschmückten Porträt seines Großvaters hing, hatte der König außerdem angeordnet, dass in den Festungen oder Gästen seines Reiches keine alkoholischen Getränke verabreicht durften. Wie gut, dass ich Teetassen mitgebracht hatte. Mir fiel plötzlich ein, wie anders alles gewesen war, als ich, nachdem ich den Gebirgszug des Annapurna erstiegen und überschritten hatte, den Gyal-po von Lo, den König von Mustang, mit einer Flasche Whisky beschenkt und ihm erklärt hatte, dies sei eine Medizin für die Seele. Zumindest war dort die Welt flach gewesen, so glaubte jedenfalls der König, und niemand hatte mich ermahnt, »vorsichtig zu fahren«, als ich mir am Rand schwindelnder Abgründe entlang meinen Weg suchte. Und was das Überholen anging – das war bei dem langsamen Trott meiner Jaks unmöglich gewesen. Was mich aber hier in Bhutan in helle Wut versetzte, war, dass nicht einmal ein Jeep zu meiner Verfügung stand. Gekochter Reis und Chilis bedeuteten, dass ich kein königlicher Gast war. Der bunt schillernde Kolumbus auf der Suche nach neuen Horizonten, als den ich mich sah, war enttäuscht. Plötzlich hasste ich die Straßen, das Bad und die Jeeps, die mein privates Königreich verunzierten. Neidvoll dachte ich an die ersten Besucher Bhutans.

Zwei portugiesische Missionare, die von Kalkutta nach Tibet aufgebrochen waren, Pater Stefan Cacella und Johan Cabaral, hatten Bhutan im Jahre 1626 durchquert. Sie hinterließen nicht einmal einen Bericht über ihre Wanderung, doch immerhin hatten sie das Vergnügen gehabt, zu Fuß zu gehen. Fast anderthalb Jahrhunderte vergingen, bevor wieder ein Ausländer bhutanesischen Boden betrat, und dieser legte nur sieben Meilen zurück und verließ das Land wieder. Ein paar Jahre später, 1774, kam der rätselhafte Schotte Bogle auf dem Weg zum Pantschen Lama durch Bhutan. Ich hatte eine Vorliebe für Bogle; er sprach Tibetisch, heiratete sogar eine Tibeterin und hatte Kinder mit ihr, obwohl seine Erben später versuchten, diese Verbindung aus der Familienchronik zu tilgen. Nach Bogle kam Turner, der denselben Weg nahm, den ich entlanggefahren war. Er erreichte die Glückliche Festung der Religion im Jahre 1783 und hinterließ einen kurzen Bericht über seinen Besuch, der sich, abgesehen von Thimbu, nur auf Punakha und Paro erstreckte. Dann kam mein alter Freund Boileau, Captain Robert Boileau Pemberton, im Jahre 1838. Ich sagte »Freund«, aber ich könnte mir vorstellen, dass, wären wir zusammengetroffen, ich ihn nicht gemocht hätte. Und er mochte schließlich auch Bhutan nicht. Er war Offizier, und abgesehen von dem vorzüglichen Stil seines Berichts und der Tatsache, dass er »zufällig« der Erste war, der Bhutan in nennenswertem Ausmaß erforschte, muss ich ihn als entfernten Freund einstufen. Er brach mit 25 Sepoys, einem Botaniker, Dr. William Griffith, und dem Fähnrich Muirson Blake auf. Er schreibt, einschließlich der Träger und der Ordonnanzen habe seine Reisegesellschaft insgesamt etwa 120 Personen gezählt. Die Tatsache, dass er nur einen Mann verlor, bestätigt, was er so beredt versichert, dass nämlich »kein besserer Beweis erbracht werden kann für die wunderbare Leichtigkeit, mit der die menschliche Konstitution sich den ganz anders gearteten Bedingungen atmosphärischen Einflusses anpassen kann«.

Er schweigt sich darüber aus, wo und unter welchen Umständen er jenen Mann verlor, der nicht in der Lage war, sich dem atmosphärischen Einfluss anzupassen. Man war eine große Gesellschaft, und keiner sprach eine der Landessprachen. Die Eingeborenen selbst werden in seinem Bericht als recht unangenehme Gesellen geschildert. Er schreibt: »Die Gewohnheiten aller Klassen sind auf abstoßendste Weise unreinlich, und der Mann [ich zitiere noch immer]... und der Mann, der aus freien Stücken ein Mitglied ihrer Gesellschaft zwischen sich selbst und dem Wind dulden würde, müsste schon mit überdurchschnittlicher Nervenkraft begabt sein.«

Merkwürdigerweise hatten nur Pemberton und Sir Ashley, »der Angespuckte«, Unangenehmes von den Bhutanesen zu berichten.

Während ich allein in dem Bungalow von Thimbu saß, fragte ich mich, auf wessen Seite ich selbst mich schließlich schlagen würde. Würde ich es mit Bogle und Turner halten, oder mit Ashley und Boileau? Ich fragte mich, ob es mir gelingen würde, mich »anzupassen«. Schon jetzt hegte ich Groll gegen jene, die mir die kalte Schulter gezeigt hatten: Rani Chuni, der Paro Penlop, die jungen Adligen in Phuntsholing und Pasang in Thimbu; dabei war ich eben erst angekommen.

Ich sehnte mich nach Gesellschaft. Ich war einsam, zurückgeworfen ins Purgatorium. Ich hatte meine Illusionen verloren. Es war, als sei ich aufgewacht, um zu entdecken, dass der Nachtmahr, der mich bedrückt hatte, in Wirklichkeit nur ein dummer Traum war, einer, in dem ich die Rolle des Narren spielte. Ich war eben zu romantisch veranlagt, aber jene grässlichen Verkehrsschilder hatten mich ernüchtert. Ich war plötzlich klarsichtig, ruhig und gefasst. Mir lag nichts mehr an Donnerkeilen, nun, da man sie per Jeep erreichen konnte. Meine Reise nach Thimbu hatte sich, nach zehn Jahren vergeblicher Versuche, als zu leicht erwiesen. Ich bezweifelte jetzt, ob Bhutan jemals meinen Träumen gerecht werden würde.

Da stieß ich in meinem Gepäck auf die von Jean Claude White verfasste Nummer des *National Geographic Magazine* aus dem Jahr 1914. Das ganze Heft war seinen »Erlebnissen und Reisen im unbekannten Bhutan« gewidmet, seiner »Erforschung des bisher fast unbekannten, doch höchst interessanten Staates Bhutan«.

Nach Boileau war er der einzige Besucher Bhutans, der das Land einigermaßen gründlich kennen lernte. Er tat dies von 1905 bis 1907, als politischer Agent Sikkims.

Nach ihm kam niemand mehr, bis die Straße fertig gestellt war, das heißt, niemand außer den ganz wenigen, die als Gäste der königlichen Familie kamen, und diese Leute hatten nicht viel von dem Land gesehen, sondern sich vorwiegend in der Umgebung von Thimbu und Paro aufgehalten. Ich schaute auf Whites Karte.

Dünne schwarze Linien markierten seine Reiserouten. Sie brachen auf halbem Wege ab. Er hatte also nie das ganze Land durchquert.

Mein Entschluss stand fest. Ich würde versuchen, ganz Bhutan zu durchqueren, in entlegene Gegenden vorzustoßen, die kein Mann aus dem Westen je gesehen hatte. Ich würde die Straße verlassen, meilenweit, tagelang zu Fuß gehen. Ich konnte meine Erregung kaum bezähmen. Nun, da ich in Thimbu war, würde meine Reise erst richtig beginnen. Trotz der Straße war noch nie eine Expedition aufgebrochen, um das Landesinnere zu erforschen und zu studieren. Wenn ich mich beeilte, würde ich vielleicht nicht zu spät kommen. Ich konnte noch immer der Erste sein. Nachdem so meiner Eitelkeit Genüge getan war, schaute ich mir die Karten von Pemberton und White genauer an.

Bhutan lag da, geformt wie ein Fisch, durchschnitten von sechs tiefen Tälern, die durch sechs hohe Pässe voneinander getrennt waren, der höchste 3800 Meter hoch. Die Flüsse all dieser Täler hatten ihre Quellen im ewigen Schnee der gewaltigen Gipfel. Der höchste Berg, der Kula Kangri, soll 7540 Meter hoch sein, höher als irgendein Gipfel in Amerika, Europa oder Afrika. Nordbhutan ist eine einzige glitzernde Masse unbezwungener, kartografisch nicht erfasster Berge. Kein Sherpa hatte je einen weißen Sahib dorthin geführt. Nach Westen hin gabelt sich das Tal des Wong in drei einzelne Täler: das Tal von Ha, das Tal von Paro und das Tal von Thimbu. Das waren, wie ich inzwischen wusste, die Täler der Straßen. Ich würde ihnen kurze Besuche abstatten, so wie es jeder königliche Gast oder jeder Tourist wird tun können, sobald es erst einmal in Bhutan mehr als drei Schlafzimmer für Gäste gibt. Dann würde ich in das Tal von Punakha vordringen, der alten Hauptstadt, zu der noch immer keine Straße führt, und von dort aus würde ich die Ri-nak überqueren, die Schwarzen Berge, ein gigantisches Massiv, das Bhutan in zwei Teile schneidet, den westlichen Landesteil vom unbekannten Osten trennt. Von da an widersprachen sich die Namen auf meinen Landkarten (ein gutes Zeichen). Dort, auf der anderen Seite der Schwarzen Berge, war die große Festung Tongsa, dann kam das Tal von Bumthang [Hunderttausend Ebenen], dann weitere geheimnisvolle Täler, die nur von Pemberton im Jahre 1838 begangen worden waren. Ich würde eine Route im Norden wählen, auf dem Hochland nahe der tibetischen Grenze. Am liebsten hätte ich mich auf der Stelle aufgemacht. Wiederum genoss ich die quälende Ungewissheit. Würde man mich dorthin gehen lassen? Wenn Thimbu einerseits das Ende der Straße war, so war es andererseits der Beginn eines Pfades, des Pfades, der mich in die unerforschten Berge führen würde, die Pemberton als die »unzugänglichsten« Gegenden des Himalaja bezeichnet hatte. Ich konnte nur hoffen, dass ich in der Lage sein würde, mich den »anders gearteten Bedingungen des atmosphärischen Einflusses« anzupassen. Schließlich hatte ich nicht diesen weiten Weg zurückgelegt, nur um ein Bad zu nehmen. Unter dem Husten des bhutanesischen Kochs schlief ich ein. Die Blitze glommen fahl über meinem Kopf, als Nebel sich auf das einsame Tal von Thimbu senkte, der Hauptstadt des Landes des Drachen.

2
Sturz vom Elefanten

Am Montagmorgen machte ich mich zu Fuß auf den Weg zum Dzong. Die Sonne schien mild, und Nebelschwaden verhüllten abwechselnd die weißen Zellen der das Tal überschauenden Klöster. In Thimbu herrschte reges Leben: Karawanen, Mönche, Bauern, Soldaten. Die Männer trugen alle Kos, jene lose übereinander geschlagenen Rockmäntel, die durch einen Gürtel zusammengehalten werden und bis auf die Knie herabfallen, die Nationaltracht der Bhutanesen. Manche waren schwarz, manche olivgrün, doch in der Mehrzahl waren sie rot, gelb und lebhaft grün gestreift und mit weißen Mustern verziert. Diese Gewänder verliehen den Soldaten ein mittelalterliches Aussehen, das einen Kontrast zu den modernen Maschinengewehren bildete, die sie trugen, ohne im Geringsten darauf zu achten, in welche Richtung die Mündungen zeigten.

In zwei Tagen einsamer Meditation hatte ich mich mit Bhutan versöhnt. Die Jeeps ärgerten mich jetzt nicht mehr so sehr, da ich wusste, dass sie alle dem König gehörten und die Fahrer genau wie die Jeeps selbst importiert werden mussten, weil bisher noch kein Bhutanese die magische Kombination von Kupplung, Bremse und Gaspedal zu meistern vermochte. Es gab mehr Ponys als Fahrzeuge: die Letzteren waren weniger als hundert an der Zahl. Den ganzen Sonntag hatte das Tal widergehallt von den Gesängen und Freudenschreien der Bogenschützen, denn an drei verschiedenen Stellen hatten die Männer ihre Talente im bhutanesischen Nationalsport erprobt: die Adligen in der Nähe des Dzong, die Soldaten

Soldaten der Königlich Bhutanesischen Armee, die mit modernen Waffen ausgerüstet ist

bei den Hütten tibetischer Flüchtlinge und die Bauern weiter unten im Tal. Trotz der Straße hatte sich in Bhutan nichts verändert (so schien es jedenfalls), und nach und nach erfasste ich den Reiz und das Geheimnis dieser Menschen, die durch die jahrhundertelange Abgeschiedenheit in diesen Bergen geformt waren und nichts ahnten von dem Universum jenseits ihrer Gebirgsketten.

In der Nähe des Dzong begegnete ich jungen und alten Mönchen, die scharenweise spazieren gingen, in rotes und kastanienbraunes selbstgesponnenes Tuch gehüllt, unter dem sie ärmellose Hemden aus rot und golden gemustertem Brokat trugen. Sie gingen zu zweit oder in Gruppen, lächelten, wenn sie mich erblickten, und schwatzten weiter. Boileaus Beobachtungen zum Trotz fiel mir als Erstes auf, wie sauber sie alle waren, ganz im Gegensatz zu den tibetischen Mönchen, deren Kutten zwar genauso aussahen, aber in der Regel verdreckt waren. Anders als in Indien herrschte in Thimbu eine Atmosphäre ruhigen Wohlstands, die am deutlichsten in dem auffallend gesunden und kräftigen Aussehen der bhutanesischen Männer zutage trat. Ein gesünderes Volk hätte man sich nicht denken können. Die robuste Konstitution dieser Menschen springt sofort ins Auge, zumindest, um Boileau zu zitieren, »für jeden, der einen von ihnen zwischen sich selbst und dem Sonnenlicht duldet«.

Die Bhutanesen vereinen in sich offenbar die besten körperlichen Merkmale der Tibeter mit einer langen, schmalen Nase und hellerer Haut; sie haben Augen wie Mandeln, jedoch ohne Mongolenfalte. Trotzdem war es für mich zu früh, um verallgemeinernde Betrachtungen anzustellen, denn ich ahnte noch nicht einmal die Dimension dieses Landes, das, wie ich bald feststellen sollte, nicht als kleines, unbedeutendes Königreich angesehen werden kann, sondern eine Nation von beachtlicher Größe darstellt.

Der Dzong von Thimbu war eines der größten Bauwerke, die ich je gesehen hatte, und kann, was seine Größe und Symmetrie betrifft, am ehesten mit dem Escorial verglichen werden. Er ist ein gigantisches Rechteck, eine Masse nüchterner tibetischer Architektur, mit endlosen Fensterreihen in drei Stockwerken, von denen das unterste sich mehr als neun Meter über dem Erdboden befindet. Die Seitenmauern setzen sich in riesigen rechteckigen Türmen fort, die weitere drei Stockwerke hoch aufragen und pagodenartige Dächer haben. Diese Dächer widersprachen leider Boileaus Bemerkung, die mit Holzschindeln gedeckten Dächer, die in Bhutan Tradition seien, würden leicht undicht, denn sie waren mit Wellblech gedeckt. Im Jahr vor meiner Ankunft war der Dzong vergrößert worden, wobei man überall – außer bei den Dächern – die traditionellen Bautechniken angewandt hatte. Nicht ein einziger Nagel war in dem gigantischen Gebäude aus Holz, tibetischem Zement und Stein verarbeitet worden. Nach dem Potala in Lhasa und einer weiteren bhutanesischen Festung, Tongsa, ist dies bestimmt das größte Bauwerk in Zentralasien, wenn nicht sogar in Asien überhaupt.

Winzig vor dieser gigantischen Kulisse, die zu gewaltig war, um mit einem Blick erfasst zu werden, waren Tausende von Arbeitern emsig wie Ameisen damit beschäftigt, mit Körben und Schaufeln das Plateau einzuebnen, auf dem die Festung sich über dem Fluss erhob. Zwei bewaffnete Wachtposten mit weißen Schärpen standen an einem der beiden Eingänge, zu denen man mich geschickt hatte, eine hölzerne Loggia aus hellroten Säulen, die mit Goldreliefs verziert waren, in denen sich Drachenmuster mit den Emblemen des Buddhismus vermengten.

Hier lebten nicht nur der König, sein Hof, seine Beamten, seine Diener und Sklaven, sondern auch das Oberhaupt der bhutanesischen Kirche und über tausend Mönche. Keine Frau durfte innerhalb dieses großen Heiligtums schlafen, das nicht nur ein riesiges Kloster und eine gigantische Festung war, sondern auch die Hauptstadt, die Gyalsa, der Sitz des Drachenkönigs, des letzten absoluten Monarchen der Welt, der Wohnsitz des strengen, doch zugänglichen Oberhauptes einer Nation, die unter strikt klösterlicher Herrschaft lebt. Bhutan ist noch immer ein religiöses Land. Bis 1933 teilte der König mit dem reinkarnierten Lama, dem Oberhaupt der bhutanesischen Kirche, die Macht. Diese Lamas, die so genannten Dharma Lamas, hatten seit undenklicher Zeit über Bhutan geherrscht, das ursprünglich eine Föderation von Klöstern gewesen war. Mit der Zeit bevorzugten die religiösen Herrscher bestimmte Mitglieder ihrer Familien, so dass sich neben den Mönchen eine Elite von Laien-Administratoren entwickelte. Bis 1907 wählten diese Laien jeweils für drei Jahre einen säkularen Führer für ganz Bhutan. Der Deba – so wurde er genannt – war der Herrscher. Jede Festung versuchte, ihren Fürsten wählen zu lassen und an der Macht zu halten. Das führte zu zahlreichen Kriegen, bis im Jahre 1907 der weltliche Herrscher der Festung von Tongsa sich selbst zum erblichen Deba und König von Bhutan einsetzte, der neben dem Lama, dem Dharma Raja, die Regierungsgeschäfte führen sollte. Im Jahre 1933 schließlich entledigte sich der Vater des jetzigen Königs des religiösen Herrschers, indem er dessen Reinkarnation ein Ende setzte. Jedenfalls hat es seit damals keinen Dharma Raja mehr gegeben, und die Fürsten von Tongsa herrschen jetzt als alleinige Gebieter unter beratender Mitarbeit der Äbte des Landes sowie der Fürsten seiner wichtigsten Festungen.

Es ist Vorschrift, dass alle, die die Festung Thimbu oder irgendeine der zweiunddreißig anderen Festungen des Landes betreten, eine weiße Schärpe umlegen, die mit ihren Falten die rote Schärpe der Mönche und Lamas symbolisieren soll. Ich war nicht in der Lage, diese Vorschrift zu befolgen, aber niemand fand das sonderbar. Schließlich hatte der König ein Edikt erlassen und zum Gesetz erklärt, demzufolge es verboten war, »dass die Einwohner dieses Landes die Haartrachten oder die Kleidung des Westens nachäffen« [das Wort stammt nicht von mir]. Die Bhutanesen waren, das hatte ich schon festgestellt, ein stolzes Volk, und deshalb war ich genauso stolz auf meinen blauen Anzug.

Ich bog in den riesigen Hof ein, der säuberlich mit gewaltigen Quadern hellgrauen Steins gepflastert war. Junge Mönche saßen am Fuße eines gewaltigen Bauwerks, Uchi genannt, des religiösen Zentrums der Festung, das in der Mitte des Hofes über vierundzwanzig Meter hoch aufragte. Seine strenge weiße Fassade wurde aufgelockert durch hellblau, gelb und rot bemalte Fenster. Ich betrachtete diesen Turmtempel, als ich plötzlich sah, wie all die jungen Mönche davonstoben, und das Gebimmel eines Glöckchens vernahm. Gleichzeitig trat aus einer Ecke ein Mönch in das Sonnenlicht hinaus, dem ein hoher Abt folgte. Der Mönch läutete mit der Linken ein Glöckchen und schwenkte in der Rechten eine bösartig aussehende Peitsche. Vor diesen beiden Zeichen ergriff jedermann die Flucht. Im Handumdrehen war der Hof wie leergefegt: der Abt sollte nicht von seinen jungen Schülern gesehen werden.

Ich starrte auf die Peitsche, bevor mich ein Bedienter, der ein weißes Schwert und eine weiße Schärpe trug, zwei Treppen hinaufführte. Er zog einen Vorhang zur Seite, hinter dem sich eine Tür verbarg, die unterhalb einer Darstellung des Drachen von Bhutan mit Messing verziert war, und führte mich in das Vorzimmer von Dasho Duncho, dem Stellvertretenden Hauptsekretär Seiner Majestät des Königs von Bhutan.

Nachdem ich vier Tage lang von allen Leuten, denen ich begegnete, herablassend behandelt worden war und bemerkt hatte, welche Ehrerbietung den Adligen zuteil wurde und welche Panik das Erscheinen eines hohen religiösen Würdenträgers verursachte, war ich außerordentlich nervös. Ich fürchtete mich ein wenig vor dem Gespräch mit dem Mann, der nicht nur die Macht hatte, über meinen Aufenthalt in Bhutan zu entscheiden, sondern sogar die Macht zu bestimmen, ob ich etwas zu essen bekommen sollte oder nicht. Überdies machten meine nun insgeheim gehegten Pläne, das Innere von Bhutan zu erforschen, einen erfolgreichen Verlauf der bevorstehenden ersten Begegnung zu einer zwingenden Notwendigkeit. Da ich kein Gast der Königin war, galt meine Neugier der Frage, ob ich überhaupt jemandes Gast oder aber bloß unwillkommen war. Meine Lage war recht verzwickt, und wie um sie noch zu verschlimmern, plagte mich aus unerfindlichen Gründen just in diesem Augenblick ein Leiden, das ich später der großen Höhe zuschrieb. Ich konnte ab und zu auf dem rechten Auge nicht sehen.

Ein nepalesischer Sekretär des Dasho, der ein wenig Englisch sprach, bat mich zu warten. Aus dem Raum konnte man auf den Fluss hinabschauen, durch unverglaste hölzerne Fensterrahmen, die auf eine an die Gotik erinnernde Weise charakteristisch für Bhutan waren.

»Sie können jetzt eintreten«, wurde mir bedeutet.

Ich ging drei Stufen hinauf, schob einen Vorhang beiseite und befand mich in einem größeren Raum mit einem plumpen Schreibtisch und zwei westlichen Stühlen. Hinter dem Schreibtisch stand ein kleiner jovialer Mann mit rundem Gesicht und freundlichen Augen. Er kam mir mit ausgestreckter Hand entgegen, während ich die landesübliche Verbeugung machte und dabei die Hände vors Gesicht hob.

Während ich meine Begrüßung korrigierte, bemerkte ich das einen Meter lange silberne Schwert mit goldenen Verzierungen, das recht bedrohlich vom Gürtel des Dasho herabhing. Um die Schultern hatte er eine rote Stola geschlungen – rot ist die Farbe hoher Beamter –, das Gegenstück zu der weißen, die jedermann im Dzong zu tragen verpflichtet war.

Ich stotterte ein paar höchst ehrerbietige Worte auf Tibetisch und machte dabei zweifellos keine gute Figur. Der Stellvertretende Sekretär lächelte und hieß mich in der Sprache Shakespeares willkommen, einem Englisch, das frei war von dem in Indien so verbreiteten walisischen Akzent.

»Bitte nehmen Sie doch Platz«, sagte der Dasho, entledigte sich seiner lästigen Waffe und zog seinen Ko hoch, so dass unbehaarte Knie und die typischen kräftigen und muskulösen Beine der Bhutanesen zum Vorschein kamen. Er setzte sich neben mich. Mein Auge irritierte mich, aber ich vergaß es bald, als der kleine Mann sich den Rücken rieb, während er sich hinsetzte, und, nachdem er mir ein Kompliment über mein Tibetisch gemacht hatte, beiläufig erklärte:

»Ich fühle mich in letzter Zeit nicht besonders gut.« Pause. »Seit ich von diesem Elefanten gefallen bin.« Ich dachte mir zunächst nichts dabei und machte irgendeine schmeichelhafte Bemerkung über Bhutan. Dann erschrak ich plötzlich. »Vom Elefanten gefallen?«, konnte ich mich nicht enthalten zu fragen. »Wie ist das möglich?«

»Ach, eine dumme Geschichte«, sagte der Dasho, als habe er sich lediglich den Knöchel verstaucht.

Ich malte mir in den abenteuerlichsten Farben aus, wie es sein müsse, vom Elefanten zu fallen, und war sogleich voll Mitgefühl. Schließlich war ich oft genug vom Pferd gefallen und konnte mir nur allzu gut vorstellen, was ein Sturz von einem Elefanten bedeuten musste.

»Oh, der Elefant war Schuld«, sagte der Dasho, denn ich hätte ja womöglich den Unglücksfall auf eine unzureichende Unterweisung in den Fertigkeiten eines bhutanesischen Gentleman zurückführen können. »Der Elefant war nicht richtig gezähmt«, fügte er hinzu, um das Thema abzuschließen. Ich sah mir seinen Rücken an und erwartete beinahe, ein großes Loch zu entdecken, dann suchte ich in seinem Gesicht nach einer Schramme oder irgendeinem anderen Anzeichen, das typisch wäre für einen so ungewöhnlichen Unfall.

Nachdem dieses Thema beendet war, versuchte ich herauszufinden, wessen Gast ich war. Es zeigte sich sehr bald, dass ich niemandes Gast war. Dass ich nach Bhutan eingereist war, sei ganz auf meine eigene Verantwortung geschehen; es handle sich um eine Art Fehler auf Seiten der Inder, um die Bhutanesen in Verlegenheit zu bringen. Auf jeden Fall sei ich herzlich willkommen. Das Problem sei nur, so erfuhr ich, dass Bhutan noch nicht für die Betreuung ausländischer Gäste gerüstet sei. Das Gästehaus sei klein, und diesen Monat empfange die Königin eine Reihe persönlicher Gäste, fünf insgesamt, und dabei gebe es in Thimbu nur drei Zimmer. Die Gäste der Königin seien bereits unterwegs, weshalb es wohl das Beste sei, wenn ich ein paar Tage in Thimbu bliebe und bei ihrem Eintreffen nach Paro weiterreiste. Mir wurde bald klar, dass dieses »Bettchen wechsle dich« der Preis sein würde, den ich dafür zahlen musste, kein Gast zu sein.

»Wenn Sie dann Thimbu und Paro gesehen haben …«, sagte der Dasho. Er hätte den Satz gar nicht zu vollenden brauchen. »… werden Sie beinahe alles gesehen haben, was es zu sehen gibt.«

Mit anderen Worten, nach etwa einer Woche würde ich diplomatisch klug handeln, wenn ich das Land wieder verließ.

Natürlich hatte ich nicht die geringste Absicht, diplomatisch vorzugehen. Nach zehn Jahren vergeblichen Wartens und sechs Fahrten an die Grenze Bhutans dachte ich nicht daran, nur ein verlängertes Wochenende in Thimbu und Paro zu verbringen, schon gar nicht jetzt, da diese Orte für königliche Gäste so leicht per Straße zu erreichen waren.

»Und Bumthang?«, fragte ich nach kurzem Schweigen ins Blaue hinein.

»Ah, Bumthang«, sagte der Dasho und rieb sich den Rücken, »das ist mein Heimatort. Ja«, fuhr er fort, »dort ist es ganz anders als hier, so schön. Ein kühles Hochland.«

»Jakar?«, forschte ich weiter, neue Hoffnung schöpfend.

»Ah, Jakar [der weiße Vogel]«, sagte der Dasho lächelnd.

»Tongsa?«, wagte ich zu fragen.

Keine Antwort.

»Ließe sich ein Besuch im Bumthang nicht ermöglichen?«, drängte ich.

Dasho sah mich an wie der Paro Penlop. »Schauen Sie sich erst mal Thimbu an, fahren Sie dann nach Paro, und dann werden wir weitersehen.«

Ich verwünschte innerlich den störrischen Elefanten, während ich mich immer mehr für den Dasho erwärmte.

Bevor ich mich verabschiedete, erwähnte ich meine Reisen in Nepal und Mustang und betonte dabei, dass es dort nicht einmal einen Bungalow gebe, dass ich *tsampa* gegessen, und zwar gern gegessen habe, und dass ich auch unter größten Entbehrungen absolut glücklich sei. Was mich betreffe, so sei ich allergisch gegen Übernachtungen in Gästehäusern. Der Dasho lächelte und wiederholte, ich solle ihn nach meiner Rückkehr aus Paro wieder aufsuchen.

Ich fragte ihn, ob ich mit dem König sprechen könne, erfuhr aber, dass er sich nicht wohl fühle. Der Drache litt unter Herzbeschwerden. Mein Geschenk, dachte ich – und was war mit Ashi

Degi und Ashi Choki? Der Dasho beendete das Gespräch. Ich sah ein, dass ich nicht mehr viel ausrichten würde, erhob mich und ging. Ich hatte jetzt wenigstens einen Freund in Bhutan. Ich machte mir Sorgen um seine Gesundheit. Wie konnte er auch vom Elefanten fallen!

Vom Stellvertretenden Sekretär führte man mich zum Tsidpon (Herr des Rechnungswesens), dem Finanzminister. Er war der einzige Mann im ganzen Königreich, der mein größtes Problem beheben konnte. Ich musste ein paar Reiseschecks einlösen. Anscheinend war ich der erste Mensch, der jemals Devisen nach Bhutan eingeführt hatte. Tatsächlich war ich, da ich kein Gast war, auch der erste Fremde, der überhaupt Geld brauchte, in einem Land, wo das Geld noch immer mit Misstrauen betrachtet wird und Gastfreundschaft in überreichem Maße denen zuteil wird, die als Gäste kommen.

Unter einem »Lebensrad« im Büro des Ministers befand sich ein sehr kleiner Safe, und auf seinem Schreibtisch lag neben seinem Schwert ein kleines Häufchen Briefmarken, die neuesten, die im Auftrag Bhutans von irgendeiner ausländischen Firma gedruckt worden waren, die zusammen mit dem Bhutanesen von der philatelistischen Besessenheit des Westens profitierte, ungeachtet der Tatsache, dass Bhutan nicht dem Weltpostverein angehörte und dass in den meisten Landesteilen noch immer kein Bedarf an Briefmarken bestand. Ich war auch ein wenig überrascht, als ich sah, dass dieser neueste Satz bhutanesischer Briefmarken den Titel »Meisterwerke der Welt« trug. Es handelte sich um farbige Miniaturreproduktionen von Werken van Goghs und anderer westlicher Maler, hergestellt in plastischem Reliefdruck auf Karton, so dass die einzelnen Pinselstriche zu erkennen waren! Zweifellos gehören diese im Auftrag Bhutans gedruckten Briefmarken zu den modernsten und originellsten der Welt. Zu meinem Bedauern erfuhr ich, dass ich sie nicht in Bhutan kaufen konnte.

Der Safe war leer bis auf eine kleine Rolle indischer Rupien, die mir im Tausch gegen Reiseschecks ausgehändigt wurden. Der Minister sagte mir, dass Bhutan in Kürze Banknoten drucken würde, dass aber im Augenblick noch eine kleine Nickelmünze mit dem Porträt des Großvaters des Königs und den acht Emblemen des Buddhismus neben der indischen Rupie, der in allen Himalajastaaten gängigen Währung, das einzige in Umlauf befindliche Zahlungsmittel sei.

Nach drei weiteren Tagen in Thimbu brach ich nach Paro auf, jedoch nicht ohne vorher dem Dzong einen eingehenden Besuch abgestattet und einen ersten Blick in jene unglaubliche mittelalterliche Welt getan zu haben, die ich vielleicht bald würde erforschen dürfen. Ohne Bedauern trennte ich mich von den Holzhütten der Flüchtlinge, die den größten Teil der Hauptstadt bildeten, einer Stadt, die vorerst noch ein Traum war, obwohl schon ein paar Baracken und Benzintanks am Fuße der kolossalen Glücklichen Festung der Religion errichtet worden waren.

Differenzen, nach deren Art zu fragen indiskret wäre, haben die Königin veranlasst, vom König getrennt zu leben. Sie hat sich dafür entschieden, in Paro zu leben, in einem Palast am Fuß der Festung dieses Tals, knapp fünfzig Kilometer von Thimbu entfernt. Ich war nun nach Paro unterwegs, diesmal in einem Jeep, dessen Benützung mir ausnahmsweise gestattet worden war. Man hatte mir gesagt, im Gästehaus von Paro sei ein Zimmer frei; deshalb »müsse ich fahren«, hatte Pasang erklärt, da mein Zimmer in Thimbu anderweitig benötigt werde.

Zuerst fuhr ich das Thimbu-Tal hinunter bis zur Mündung eines Nebenflusses, von wo aus ich dieses Seitental hinauffuhr, das sich bald zu einer schmalen, von Gebirgsgras und Felsblöcken gesäumten Schlucht verengte. Nach etwa zwanzig Kilometern weitete die Schlucht sich schließlich zum Tal von Paro.

Dieses Tal ist ohne Zweifel eines der romantischsten und schönsten, die ich je gesehen habe. Im ersten Moment glaubte ich

Der erste Innenhof des Dzong von Paro

mich in die kleine, idealisierte Welt eines nicht besonders einfallsreichen Geschichtenerzählers versetzt. Eines germanischen Geschichtenerzählers, der von den Alpen und vom mittelalterlichen Britannien berichtet. Paro wirkte wie eine kindliche Illustration zu den *Canterbury Tales.* Das Tal beherrschend, stand auf einem Hügel eine riesige Festung, die nur über eine einzige Zugbrücke zugänglich war, über die, wie im Märchen, Reiter ritten. Ein kühler Bach, von Trauerweiden und majestätischen Nadelbäumen überschattet, floss reißend am Fuße der Festung vorüber. Über das Flüsschen führte eine kleine, überdachte Brücke mit weißgetünchten Torhäusern an beiden Enden. Die Geländer der Brücke waren bunt bemalt, rosa, blau und gelb. Über dem großen Dzong erhob sich eine weitere Festung, die noch militärischer aussah und deren abgerundete Türme an die Zeit der Ritterkriege erinnerten.

Am Fuße des Dzong und im Schutz seiner mächtigen Mauern

stand der kleine Palast der Königin, ein vierstöckiges Gebäude, das einer Pagode ähnelte, aber weder exotisch noch asiatisch wirkte. In einer Flussschleife mit grasbewachsenen Ufern gelegen, war der Palast von zwei konzentrischen, jeweils ein Rechteck bildenden weißgetünchten Mauern umgeben, deren erste einen gepflasterten Hof umschloss, in dem hübsch gestutzte Orangenbäume wuchsen.

Die zweite, äußere Mauer umschloss eine von Weiden gesäumte Wiese, und hier standen zwei kleine Pavillons, ähnlich jenen, die man am Rand mittelalterlicher Turnierplätze zu errichten pflegte und von denen aus die Herzenskönigin ihren Bogenschützen zusah. Und genau dies war auch der Zweck, für den diese kleinen Pavillons errichtet worden waren, denn der schmale Rasenstreifen war der für das Bogenschießen vorgesehene Platz innerhalb des Palastes. Die äußere Mauer war von einem »magischen« Wald von Weiden umgeben, zwischen denen muntere Bäche inmitten von Büschen wilder Iris dahinplätscherten. Jenseits des Waldes und teilweise an ihn anschließend markierten weitere Weiden den Bogenschießplatz des Dorfes, dessen Gras in der Mitte abgemäht war, während es an beiden Enden leicht anstieg, um die fliegenden Pfeile aufzuhalten. Hier standen die Zielscheiben, weiße Holzbretter, auf die mit Pastellfarben die Ringe gemalt waren. Das ganze Tal war erfüllt vom hellen und dunklen Grün der spärlich mit Bäumen bewachsenen Terrassen und der schimmernden Reisfelder, in die hier und dort kleine Weiler eingestreut waren, aufgelockerte Gruppen von drei, vier oder fünf Häusern, Bauernhäusern, die wie Hütten aus der Tudorzeit wirkten, mit ihrem Fachwerk aus dunklen Balken und weißgetünchtem Mörtel. Die Dächer all dieser Häuser waren wie die der Festung, der Brücke und des Palastes mit Holzschindeln gedeckt, die mit Steinen beschwert waren. Zusätzlich belebt wurde die Szene, obwohl dies gar nicht notwendig war, vom Rosa und Weiß der Tschorten, dieser viereckigen Monumente der Universalität Buddhas. Rauch stieg aus den Tudorhäusern auf, Ponys mit hellen Sätteln trotteten hintereinander die Pfade zwischen den Weiden entlang, während sich zu beiden Seiten des Tales Kiefernwälder die Hänge hinaufzogen, dazwischen die weißen Tupfen der Klöster, die nur noch von den schneeglänzenden Gipfeln an Helligkeit übertroffen wurden, die die tibetische Grenze markierten. Einen exotischen Anstrich erhielt die Szenerie durch die Gebetsfahnen, die in Gruppen oder Reihen überall aufgestellt waren und wie riesige weiße Federn aussahen, in den Boden gesteckt, um die Szenerie durch ihr schmetterlingshaftes Geflatter zu beleben. Bogenschützen in fröhlich bunten Gewändern, Mönche in roten Roben und ebenso lustig gekleidete Kinder schlenderten gemächlich allenthalben umher, von der Zugbrücke der Festung zu der überdachten Brücke, um die Tschorten herum, die Fußpfade entlang und über die Wiesen, auf denen Ponys sich unter die Rinder mischten. Langsam ging ich durch dieses bezaubernde Tal zu dem Gästehaus hinüber.

»Sie sind kein Gast der Königin«, erklärte mir der verschlagene Verwalter mit einem boshaften Glitzern in den Augen, kaum dass ich vor dem Haus angelangt war.

Nachdem er mich auf diese Weise gleich in die Schranken gewiesen hatte, führte er mich in ein schmutziges Zimmer in einem verfallenen Bungalow. Später merkte ich, dass ich diesen Bungalow mit ihm teilte. Ich war mittlerweile auf den Rang eines Dienstboten gesunken. Als ich an diesem Abend über die charakteristische unfreundliche Aufnahme nachgrübelte, die mir von Bhutanesen aller Schichten zuteil geworden war, begann ich zu verstehen, welcher Mechanismus der Haltung der Bhutanesen gegenüber Fremden zugrunde lag.

Jeder und alles in Bhutan, so wurde mir nun klar, wird von aller Welt in Beziehung zum König gesetzt. All seine Untertanen gehören tatsächlich ihm, ihre Existenz und ihre Bedeutung im Leben wird mit ihrem Verhältnis zum König gleichgesetzt. Dieses

Verhältnis kommt im Rang jedes Einzelnen deutlich zum Ausdruck. Man ist entweder ein Sekretär des Königs oder der Königin oder der Verwalter der Bungalows des Königs oder der Verwalter seiner Rasenflächen, seiner Pferde oder seiner Felder. Man gehört dem König, und so werden alle sozialen Erwägungen durch den Rang des Einzelnen innerhalb der offiziellen Hierarchie bestimmt. Von diesem Rang hängen alle formellen Stellungnahmen ab, von ihm leiten sich alle Privilegien her. Jede Handlung, von der Art, sich zu kleiden, bis zu den Fragen, wie man lebt oder wohin man sich begibt, was man tut oder sogar was man isst, wird durch den Rang geregelt. Da dies ein Land ohne ein funktionierendes Währungssystem ist, bedeutet Geld nichts; auf dem persönlichen Rang beruhende Privilegien sind die Quelle all jener Annehmlichkeiten, die in unserer westlichen Welt gemeinhin als Nebenprodukt des Geldes angesehen werden.

Das soziale System Bhutans unterscheidet sich kaum von jenem, das noch bis vor hundert Jahren in Europa vorherrschte. Wir haben in unserem Wortschatz alle Ausdrücke, die man zur Beschreibung dieses Systems benötigt. Doch mir wurde klar, dass wir im Westen einige Begleiterscheinungen dieses Systems vergessen haben.

Die durch Titel sanktionierten Ränge in einer mittelalterlichen Gesellschaft wie der Bhutans sind recht unstabile Attribute, die ganz vom König und seinen Launen abhängen. Der höchste Herzog ist nichts im Vergleich zum König selbst, und die Ehrerbietung, die man ihm schuldet, richtet sich nach seinen persönlichen Beziehungen zum König. Der Rang des Einzelnen wird stets davon abhängig gemacht, wie hoch er in der Gunst des Königs steht und wie sich dieser ihm gegenüber verhält. In gleicher Weise wird auf allen Stufen der sozialen Hierarchie der Rang eines Menschen danach bemessen, welche Haltung höher gestellte Personen ihm gegenüber einnehmen. So wurde früher ein Herzog, der gerade mit dem König gespeist hatte und zu dem der König freundlich gewesen war, von jedermann bis hinab zum ärmsten Bauern mit mehr Respekt behandelt als ein Mann, der den gleichen formellen Rang besaß, aber nicht so hoch in der Gunst des Königs stand. Das erklärte auch die Notwendigkeit, bei Hofe zu erscheinen, dieser Börse der gesellschaftlichen Stellung des Einzelnen.

Es war nur natürlich, dass ich als Außenseiter, als Fremder in einem Land, wo Fremde praktisch unbekannt sind, gezwungenermaßen in dieses System einbezogen wurde. Während in vielen anderen Ländern der Weiße automatisch eine privilegierte (oder auch unterprivilegierte) Stellung genießt, einfach weil er Weißer ist und ohne Ansehen seiner persönlichen Eigenschaften, ist in Bhutan – das nie eine Kolonie war oder mit der Welt der Weißen in Berührung kam – diese Einstellung unbekannt, und deshalb wollte jeder als Erstes von mir wissen, welches Verhältnis ich zum König oder zur Königin hatte. Das war es, was sie meinten, wenn sie mich fragten, ob ich ein königlicher Gast sei. Wenn ich nun sagte, ich sei kein Gast des Königs, was technisch gesehen in unserem westlichen Sinne zutraf, so wurde das allgemein so aufgefasst, dass ich eine Art Gesetzloser sei, weil in Bhutan jedermann irgendetwas in Bezug auf den König sein muss. Indem ich sagte, ich sei kein Gast des Königs, stempelte ich mich praktisch selbst zu einem Menschen ab, der illegal die Grenze überschritten hat, zu einer Art Eindringling, der keine Motive für einen Aufenthalt in Bhutan und deshalb auch kein Anrecht auf irgendwelche Annehmlichkeiten oder Dienstleistungen hat. Jetzt wurde mir klar, dass ich, wenn man mich fragte, ob ich ein Gast des Königs oder der Königin sei, antworten musste, ich sei der Gast des Sekretärs des Königs, da dieser ja für mich verantwortlich war, weil er mir die Genehmigung erteilt hatte, Bhutan zu besuchen und mich im Lande aufzuhalten. Nur so konnte ich hoffen, eine Stellung innerhalb der Hierarchie des Landes zu erobern. Nachdem mir diese Zusammenhänge klar geworden waren, hatte ich es viel leichter in Bhutan.

An meinem ersten Abend wanderte ich im Paro-Tal umher, bevor ich mich allein zu einem langweiligen Abendessen ins Gästehaus zurückzog.

Der Trübsinn und die Einsamkeit, unter denen ich litt, seit ich mich in Phuntsholing von dem Watte-Leibwächter des Penlops von Paro getrennt hatte, hatten mich an den Rand der Verzweiflung gebracht. Ich wandte mich deshalb an die einfachen Diener und freundete mich bald mit zweien von ihnen an; und obwohl mein Rang höher war als der ihre, überwanden wir bald die formellen Schranken des Respekts und gelangten zu einem freundschaftlichen Verhältnis. Ich konnte mich überzeugen, dass die Bhutanesen, wenn sie erst einmal ihre offizielle Förmlichkeit abgelegt haben, genauso sind wie die Tibeter: lustig, amüsant und völlig ungehemmt. Trotzdem war ich sehr erleichtert und erfreut, als ich einen europäischen Landsmann kennen lernte, obwohl ich auf meinen früheren einsamen Reisen nie dieses Bedürfnis verspürt hatte.

Wir schlossen augenblicklich Freundschaft, nicht so sehr aufgrund der Tatsache, dass die gemeinsame Abstammung zwei Menschen derselben Herkunft an einem fernen Ort automatisch einander näher bringt, sondern vor allem, weil ich in Michael Aris, dem jungen Privatlehrer der Kinder des Königs, einen Menschen fand, der meine eigene Leidenschaft für Tibet, die Tibeter und ihre Kultur teilte.

Dank Michael Aris und einem Brief, den ich schrieb und in dem ich meine Beziehung zum Bruder der Königin, dem ehemaligen Premierminister, erwähnte, erhielt ich zwei Tage nach meiner Ankunft in Paro eine Aufforderung, mich um sieben Uhr abends zum Diner bei der Königin einzufinden.

Überall sonst auf der Welt hätte mich ein solches Ereignis nicht so sehr verwirrt und erregt, doch hier in Bhutan, nach allem, was ich bisher über die Macht des Königs erfahren hatte, und in dem Bewusstsein, dass ein Lächeln des Monarchen die Karriere eines

Mannes sichern oder ruinieren konnte, war ich zugleich erfreut und beunruhigt. Im Gästehaus war es, als hätte ich mich plötzlich in eine Persönlichkeit verwandelt, und die Leute nahmen zum ersten Mal Notiz von mir. Mir standen sogar ein Eimer heißes Wasser und ein Jeep zu. Ich hatte für solche Anlässe einen Smoking mitgenommen, aber Michael Aris sagte mir, das sei nicht nötig. Ich wusste, dass die Königin nichts mit anderen orientalischen Monarchinnen gemeinsam hatte, die ich gesprochen, gesehen oder von denen ich gehört hatte. Dieses Wissen verdankte ich Tesla, der Gemahlin des verstorbenen Premierministers, und meinen wenigen Kontakten mit der tibetischen Aristokratie. Die Frauen in Bhutan und in Tibet sind das genaue Gegenteil der orientalischen Frau, wie man sie sich gemeinhin vorstellt. Sie werden nie hinter Schloss und Riegel gehalten oder gezwungen, sich mit einer untergeordneten Rolle zu begnügen. Im Gegenteil, die Tibeter sind wahrscheinlich die einzigen Asiaten, die den Frauen einen sehr hohen Rang und eine aktive Rolle in der Gesellschaft zugestehen. Tibetische Frauen haben schon entscheidend die Politik mit beeinflusst und führen normalerweise den Haushalt mit mehr Autorität als die Männer. Vielfach werden im tibetischen Himalaja ganze Dörfer von Frauen verwaltet, und es gibt nichts Furcht erregenderes als eine mächtige, intelligente Frau, es sei denn, sie ist außerdem schön, wie die Königin von Bhutan. Für einen Augenblick kam die beunruhigende Erinnerung an Rani Chuni wieder, die Königinmutter, an ihren eiskalten Blick, ihre unerschütterliche Ausgeglichenheit. Dann dachte ich an Betty-la mit ihrer Grazie und ihrem Charme, an Tesla mit ihrer Eleganz und ihrem *savoir vivre,* mit denen sie auch die gewandtesten westlichen Gastgeberinnen in den Schatten stellen und auch der anspruchsvollsten französischen *Maîtresse de maison* den Rang ablaufen könnte. Ich war deswegen ein wenig beunruhigt. Ich erkannte, dass ich im Begriff war, ein Stückchen weiter nach Bhutan hinein vorzudringen, ein Stückchen nur, denn insgeheim träumte ich davon, dass diesen einengenden Gästehäusern noch vieles andere folgen würde. Ich war nicht gekommen, um mich bei Hof verwöhnen zu lassen oder mit Mitgliedern der königlichen Familie zu sprechen, aber ich war trotzdem ziemlich nervös, als ich in einem Jeep zur Residenz der Gyal-mo hinauffuhr.

Es war ein warmer Abend. Die kleinen Lagerfeuer von Karawanen flackerten am Rande der Wege im Tal, und Altarlichter schimmerten aus den Fensterchen von Klöstern, Betstuben und Privathäusern. Der Mond schien bleich und modellierte in schwarzem Relief die Berge, die das dunkle Tal einschlossen, es mit der ganzen Wucht der Himalaja-Gipfel erdrückten, die uns auf allen Seiten umgaben.

Wie eindrucksvoll und bedeutend die Königin auch sein mochte, wie klein und unbedeutend, so dachte ich, waren doch sie, ihr Hof, ihr Land und unser Planet im Universum. Ich dachte an das Purgatorium Kalkutta, das kein Mondlicht einließ, nicht den Zauber von Tau und Nebel, das in seiner Hitze schmorte, und ich fragte mich, ob ich nicht an einen anderen Planeten dachte. Nur die Wissenschaft bestätigte mir, dass all diese Orte tatsächlich auf derselben sich drehenden Kugel lagen, doch in meiner Vorstellung gab es Hunderte von Planeten, auf denen ich gelebt hatte, manche von einem blassblauen Meer umschlossen, von Palmen auf Korallensand umsäumt, andere ausgesetzt auf endlosen Schneefeldern, festgenagelt von hageren Kiefern, miteinander verbunden durch die eisbedeckten Straßen, die sich quer durch Kanada ihren gewundenen Weg bahnen, andere, wie New York, aus Beton und Backsteinen, mit senkrecht abfallenden, felsgleichen Gebäuden und Flüssen, die unaufhörlich von Hochseeschiffen durchpflügt werden. War ich in all diesen Welten ein und derselbe gewesen? Gab es außerhalb meiner selbst irgendwelche Verbindungen zwischen ihnen? Ich fühlte, dass ich so viele Leben gelebt, wie ich verschiedene Gegenden der Welt besucht hatte. Nichts aus meinen vergangenen Welten war hier, an diesem Abend, von geringstem Belang. Ich war aus jeglichem Zusammenhang herausgelöst, meine Vergangenheit bedeutete nichts, ja ich hatte sogar das Gefühl, ich würde ein neues Leben anfangen, ohne Freunde, ohne Ehrungen, ohne Abstammung, ohne Rang – denn ich konnte schwerlich der Königin sagen, dass ich nicht ihr Gast sei.

Der Jeep fuhr durch den Torbogen in der äußeren Mauer und eine von Weiden gesäumte, gepflasterte Auffahrt entlang und hielt vor dem Eingang der inneren Mauer. Barfüßige Diener mit Kienspan-Fackeln tauchten unheimlich aus der Dunkelheit auf. Im tanzenden Licht der Flammen durchquerte ich den gepflasterten Innenhof. Die flachen Steine glänzten, die Orangenbäume paradierten an mir vorüber, und der kleine Palast wuchs vor mir aus dem Boden. Im nächsten Augenblick befand ich mich in einem leeren Raum, der sich zu einer dunklen Treppe öffnete. Als ich um mich blickte, sah ich an die zwanzig barfüßige Männer an den Wänden stehen, königliche Bediente, die aufmerksam der Wünsche Ihrer Majestät harrten. Ein Stockwerk über mir war die Königin. Ich rückte meine *kadda*, meine *Ashi kadda* zurecht (Ashi bedeutet Prinzessin, und eine *Ashi kadda* ist die dem Adel vorbehaltene, kunstvolle Version der weißen Zeremonialschärpe).

Der Privatsekretär der Königin, ein rundlicher Tibeter in einem weißen Ko aus feiner Seide, kam herunter, um mich zu Ihrer Majestät zu geleiten. Die königlichen Bedienten, von denen einer einen riesigen Kupferkelch trug, in dem duftende Wacholderzweige brannten, blieben zurück, während ich dem Privatsekretär in einem schwach erhellten Korridor folgte; der Fußboden war mit Teppichen ausgelegt, und an den Wänden glänzten Muster in Rot und Gold. Ein leichter Duft, der an Weihrauch erinnerte, schlug mir entgegen, und ich vernahm gedämpftes Stimmengewirr und roch den Rauch amerikanischer Zigaretten. Plötzlich stand ich im Wohnzimmer des Palastes. Das warme Licht von Kerzen und Öllampen lag flackernd über einer Versammlung von etwa zwanzig Leuten, die auf prächtigen Teppichen und Leopardenfellen saßen, die über niedrige Kissen vor kleinen, vergoldeten, bankartigen Tischchen gebreitet waren. Dies waren die Gäste der Königin: drei distinguiert wirkende Lamas in langen, scharlachroten Roben, wie drei Kardinäle auf dem Werk eines alten Meisters, vier Europäer, persönliche Freunde Ihrer Majestät, einer ihrer englischen Sekretäre, der wie Michael Aris bhutanesische Kleidung trug, und zwei junge bhutanesische Adlige. Ihre sanften Stimmen wurden leicht gedämpft von den Teppichen, den Fellen und den dunkelroten Holzpfeilern, auf denen eine bemalte und vergoldete Decke ruhte. Die dekorierten Wände, die halb im Dunkeln lagen, gaben dem Raum eine Atmosphäre von Komfort und luxuriöser Anmut, die so gar nicht zu der marmornen Kälte passen wollte, die man gemeinhin mit Königspalästen verbindet.

Als meine Augen sich an das Halbdunkel gewöhnten, sah ich die Königin, die, so schien es mir, ein wenig abseits von ihren Gästen am einen Ende des Raums vor einem vergoldeten Tischchen saß, auf dem zwei Gläser standen. Neben ihr saß ein Mönch, dessen fein geschnittene Gesichtszüge der Inbegriff der Heiligkeit waren. Sie bedeutete mir, näher zu treten, und ich verbeugte mich und überreichte meine Schärpe, während ein Diener mir die Geschenke abnahm, für die sich die Königin mit einem Lächeln bedankte, während sie mich bat, an ihrer Seite Platz zu nehmen. Ihre Majestät hatte mir meine Kadda als Zeichen der Freundschaft zurückgegeben.

Einen Augenblick lang war ich sehr verlegen, denn ich hatte plötzlich nicht nur die Königin von Bhutan, dem Land meiner Träume, vor mir, sondern auch eine überaus schöne Frau. Ihre Majestät trug ein tibetisches Gewand, ein langes, schmales, ärmelloses Kleid. Das Mieder war aus heller Seide und hatte einen offenen Ausschnitt, die darunter getragene Bluse hatte weite, fließende Ärmel. Anders als die Frauen von Bhutan, die nach Landessitte kurz geschnittenes Haar trugen, war die Königin im tibetischen Stil frisiert; ihr langes Haar war geflochten, und die Zöpfe bildeten einen Kranz, in der Art, wie sie deutschen Mädchen so wenig schmeichelt, den Orientalinnen mit ihren feinen Zügen jedoch ganz vortrefflich zu Gesicht steht. Dieses Zugeständnis an die tibetische Kleidung und Haartracht erinnerte daran, dass die Königin teilweise sikkimischer Abstammung war, denn ihre Mutter Rani Chuni war die Schwester des früheren Maharadschas von Sikkim, und in Sikkim herrschen in der Aristokratie tibetische Sitten und Trachten vor. Die gesamte Aristokratie der Himalajastaaten ist vielfach untereinander verschwägert, und in Modefragen ist Lhasa das große Vorbild. Der Teint der Königin war von jener porzellanartigen Tönung, wie man sie im Westen eher mit den Japanerinnen in Verbindung bringt, doch ihre Gesten und ihr entwaffnend aufrichtiges Lächeln hatten nichts von jener gekünstelten Gelassenheit, die so charakteristisch für Japan ist. Die anmutige Erscheinung der Königin konnte jedoch nicht ganz ihren starken Charakter verdecken, der, wenn er herausgefordert wurde, sicherlich genauso unbeugsam und Furcht erregend sein konnte wie der ihrer Mutter.

Als ich kaum ein paar banale Worte mit der Königin gewechselt hatte, war mir bereits klar, dass uns etwas verband: die Leidenschaft für Bhutan. Ich beschrieb Ihrer Majestät meinen langen Weg nach Bhutan und schilderte ihr, wie ihr Land mich dazu gebracht hatte, alle tibetischen Gebiete des Himalaja zu bereisen. Ihre Majestät sprach ebenso wie ihre Schwägerin Tesla und ihr verstorbener Bruder, Jigme Dorji, perfekt Englisch. Sie konnte sogar ein paar Worte Französisch und sagte mir, sie sei oft in Frankreich gewesen; allerdings wusste ich, dass die Schweiz das von ihr bevorzugte europäische Land war. Tatsächlich ähnelt die Schweiz Bhutan in vielerlei Hinsicht: in ihrer Landschaft sowie in einigen Aspekten ihrer politischen Lage. Die Königin sprach mit beredten und enthusiastischen Worten über alles, was sich in Bhutan zutrug, sowie über die kleine technische Revolution, die gerade unter der weisen Herrschaft ihres Gatten begann. In Thimbu hatte man Wein angebaut, und der Versuch verlief offenbar zufriedenstellend. Thimbu und Paro stellten sich auf Autos und Lastwagen und deren Bedeutung für die öffentliche Wirtschaft um. Wir kamen auch auf die Geschichte Bhutans zu sprechen, die für die meisten westlichen Wissenschaftler noch immer in einem geheimnisvollen Nebel verborgen liegt. Die Königin und der fromme Mönch an ihrer Seite klärten mich auf über Schlachten, die im siebzehnten Jahrhundert gegen die Tibeter geschlagen und gewonnen wurden sowie über Abschnitte der erbitterten Fehden, die bis vor so kurzer Zeit zwischen den einzelnen Dzongs gewütet hatten, als noch jedes der einzelnen Täler versucht hatte, die anderen zu unterwerfen. Wie im Traum ließen der (tibetisch sprechende) Mönch und die Königin ein Bild der faszinierenden Vergangenheit vor mir erstehen, einer Vergangenheit, die so eng mit der Gegenwart verknüpft war und der großen Festung von Paro, die durch die Fenster des Palastes der Königin im Mondlicht glänzte, eine lebendige Bedeutung verlieh. Im Laufe der Unterhaltung fiel häufig der Name von Punakha, das ja bis vor kurzem die Hauptstadt gewesen war. Namen wie Tongsa, Jakar und Tashigang, alles Festungen in Ostbhutan, wurden erwähnt, Namen, die für mich das ganze Geheimnis der unzugänglichen Landesteile heraufbeschworen, die hinter den hohen schwarzen Bergen lagen. Ich erklärte, ich hoffe auf die Genehmigung, diese Orte zu besuchen, doch meine indirekte Bitte wurde mit Schweigen quittiert.

Nach einer Weile verließ ich meinen Platz an der Seite der Königin, doch erst nachdem mir etwas zu trinken angeboten worden war. Ich entschied mich für Orangensaft, obwohl ausgezeichneter Whisky serviert wurde. An der Seite der Königin trank ich diesen Orangensaft von den südlichen Bergen Bhutans und dachte, dass dies meine Rache für jenes bittere Glas sei, das Rani Chuni mir vor zehn Jahren angeboten hatte. In diesen zehn Jahren hatte ich wenigstens gelernt, was es heißt, Geduld zu haben, und auf einmal wusste ich, dass all das sich gelohnt hatte.

Die Königin erhob sich, zum Zeichen, dass wir uns alle zu Tisch begeben sollten. Die anheimelnde Ungezwungenheit der Gesellschaft, der Charme der Königin und ohne Zweifel auch der Whisky trugen dazu bei, dass eine Atmosphäre der Intimität entstand. Nichts, so schien mir, war an diesem Abend exotisch oder ungewöhnlich, während doch in Wirklichkeit alles unfassbar war, von der Einrichtung bis zu den Gästen, unter denen sich auch ein älteres dänisches Paar sowie ein franko-amerikanischer Kunsthändler befanden, intime Freunde der Königin, Menschen, deren Anwesenheit hier mir genauso bemerkenswert schien wie die Falten in den Roben der hohen Äbte. Das Diner fand – notgedrungen – bei Kerzenlicht statt, und wir saßen dabei auf Stühlen, die abgesehen von dem Whisky und von Messer und Gabel das einzige sichtbare Zugeständnis an westliche Sitten darstellten. Ich hatte das Glück, neben dem liebenswürdigen japanischen Botaniker zu sitzen, der seit zwei Jahren unter der Protektion der Königin in Paro lebte und die Flora und die Landwirtschaft Bhutans studierte. Er war, so fand ich heraus, der einzige Ausländer, der weit im Königreich herumgekommen war. Ich erfuhr von ihm eine Menge über Mittel- und Ostbhutan, Gebiete, von denen ich hoffte, sie besuchen zu dürfen. Mehr denn je träumte ich davon, in diese verbotenen Täler einzudringen, wo es laut Pemberton zahllose Festungen und höchst interessante Klöster gab. Der japanische Botaniker schilderte mir in den düstersten Farben, wie schwierig in Ostbhutan das Gelände und wie anders die Leute, die Architektur und ihre Dialekte seien.

Als ich den Palast verließ, hatte ich keinen sehnlicheren Wunsch als den, Paro und Thimbu hinter mir zu lassen und allein in Richtung Osten aufzubrechen. Doch es fiel mir nicht leicht, meine ersten Befürchtungen zu zerstreuen, dass man mir nie erlauben würde, dies zu tun. Obwohl die Königin freundlich zu mir gewesen war, stand ich doch noch lange nicht unter ihrem persönlichen

Schutz, und tatsächlich war es alles, was die Königin je für mich tat, dass sie mich einlud, mich einer Gruppe ihrer Gäste anzuschließen, die am folgenden Tag zu einem Besuch des Felsenklosters Taktsang aufbrechen würde.

»Sie werden gute Ponys und viele Diener zur Verfügung haben«, versicherte mir Michael Aris und beschrieb mir dann das phantastische Gefolge, das die Königin auf ihren Reisen begleitet. Eine Woche vor meiner Ankunft hatte er sie ins Ha-Tal begleitet, jenes Tal, das dem von Paro am nächsten und am weitesten zur Westgrenze hin liegt. Auf dieser Exkursion hatte der königliche Geleitzug zwei Tage gebraucht, um eine Strecke von zweiundzwanzig Kilometern zurückzulegen. Die Königin und ihre Gäste wurden von nicht weniger als hundert Beamten und Bediensteten begleitet. In jedem Dorf schlossen sich Gruppen von Bauern dem Zug an. Prächtige Zelte wurden für die Übernachtungen errichtet, und eigens um diese Zelte aufschlagen zu können, war Land gerodet und mit Blumen bepflanzt worden. Bei Tag war die königliche Reiseroute von kleinen Bäumen gekennzeichnet, die im Wald gefällt und in die Erde gesteckt worden waren, um den Weg der Reisegesellschaft zu beschatten. Mönche in feierlichen Roben kamen von ihren nahe gelegenen Klöstern, um die vorbeiziehende Königin zu grüßen. Überall, wo sie hinkam, gab ihr Erscheinen Anlass zu einem Fest.

Ich war deshalb nicht überrascht, als zehn Bediente und genauso viele Pferde und Maultiere sowie einer der persönlichen Diener Ihrer Majestät mich und einige Gäste der Königin das Paro-Tal hinauf und an den Fuß einer steilen Felswand brachten, wo ein langer Aufstieg zum Tigernest-Kloster begann. Jean Claude White hatte dieses Kloster im Jahre 1906 besucht, und ich kann seiner Schilderung kaum etwas hinzufügen: »Der Haupttempel steht praktisch in einer Spalte eines senkrecht abfallenden Felsens von über sechshundert Meter Höhe. Es ist fraglos die malerischste Gruppe von Gebäuden, die ich je gesehen habe … Man erreicht das

Kloster nur über einen schmalen Pfad und eine Folge von Stufen, wo ein einziger Fehltritt einen dreihundert Meter tief abstürzen lassen würde.«

Mein Besuch war kaum anders verlaufen, außer dass die Königin angeordnet hatte, man solle ganz besonders gut auf uns Acht geben, und dass beim Aufstieg jede halbe Stunde eine Pause eingelegt und gekühlter Orangensaft gereicht wurde. Im Kloster wurde uns dann ein aus vier Gängen bestehendes Mahl vorgesetzt: chinesischer Reis mit Eiern, verschiedene Sorten Fleisch und Huhn mit Curry sowie ausgezeichnete Pfirsiche. Aber das Picknick erinnerte mich zu sehr an einen Sonntagsausflug in einem westlichen Land, und meine Gefährten zerstörten all die Ruhe und Anmut, die die wahre Bedeutung von Taktsang ausmachten, eines der Anbetung gewidmeten Ortes, eines Tempels, der auf Luft gebaut ist, um dem Menschen zu helfen, über die Zerbrechlichkeit des Lebens zu meditieren.

Während meines fünftägigen Aufenthalts in Paro zog ich jeden Morgen los, um ein anderes Kloster oder eine andere Festung aufzusuchen; meist ging ich allein, nur manchmal ritt ich auf einem von einem mürrischen jungen Burschen begleiteten Pony. Auf einer dieser Exkursionen besuchte ich die große Festung Dugye Dzong. Vor zwanzig Jahren war diese mächtige Festung, die am Ausgang des Paro-Tales liegt und den Zugang nach Bhutan vom tibetischen Chumbi-Tal her bewacht, einem Brand zum Opfer gefallen. Alles, was übrig geblieben ist, sind die verfallenen, mit Zinnen versehenen Türme und die mächtigen Mauern auf der Spitze eines zackigen Felsens, der sich am Talausgang über die Ebene erhebt. Fünf Rundtürme schützen einen von dem Gipfel des Felsens herabführenden überdachten Gang, durch den man früher von der Festung zu einem Brunnen auf dem Talgrund hinuntersteigen konnte. Riesige Trauerzypressen umstanden die Festung und beschatteten ein paar chaletartige Häuser, die Leibeigenen und königlichen Bediensteten gehörten. Natürlich besichtigte ich auch den Dzong von Paro selbst, ein gigantisches, uneinnehmbares, rechteckiges Bauwerk, das zahllose Kapellen und Versammlungshallen birgt. Die Baukunst war von höchster Vollendung, insbesondere in der großen Halle. Gegen Ende des sechzehnten Jahrhunderts erbaut, rühmt sich diese gewaltige Festung einer Halle, die nach White »größer als die im Potala von Lhasa« ist, und ich musste ihm beipflichten, dass ich bis dahin nie so ein majestätisches Bauwerk gesehen hatte.

Nach sechs Tagen machte ich mich auf den Rückweg nach Thimbu und kehrte dem Märchental von Paro, der schönen Königin, der eindrucksvollen Zugbrücke, der Festung, den majestätischen Türmen des Dugye Dzong und der traumhaften Silhouette des Tigernests den Rücken. Bogenschützen trugen am Fuße der Festung einen Wettkampf aus, als ich mir, nicht ohne große Schwierigkeiten, einen Jeep zurück nach der Hauptstadt besorgte.

Nach der Ankunft in Thimbu suchte ich abermals den Stellvertretenden Hauptsekretär des Königs auf. Sein Rücken schmerzte immer noch von seinem Sturz vom Elefanten, und er erklärte, er sei im Begriff, sich ins Landesinnere zu begeben. Wieder brachte ich meinen Wunsch vor, Ostbhutan zu besuchen, und um meiner Forderung Nachdruck zu verleihen, erwähnte ich hoffnungsvoll, ich habe die Sache der Königin gegenüber zur Sprache gebracht. Mein Mut sank, als Dasho Duncho mir erklärte, ich könne es natürlich nicht wissen, aber ich würde schon die Tatsache verstehen und entschuldigen müssen, dass es keine Gästehäuser, Hotels oder sonstige Einrichtungen für Touristen gebe und eine Reise durch das Landesinnere deshalb völlig unmöglich sei. Sogleich versuchte ich wieder, diese Befürchtungen zu entkräften, indem ich ihm meine Abneigung gegen Gästehäuser, Hotels und Touristen schilderte und meinte, ich sei nicht nur bereit, sondern brenne darauf, mich zu Fuß mit einem Diener auf den Weg zu machen und zu nächtigen wo auch immer.

»Ich habe ein Feldbett«, erklärte ich hoffnungsvoll. Der Dasho lächelte. »Und ein Zelt«, fuhr ich fort. »Und Medikamente und einen Primuskocher, einfach alles.« Ich dachte, nun hätte ich ihn so weit, doch mit der Hartnäckigkeit eines Menschen, der ein so dickes Fell hat, dass er auch einen Sturz vom Elefanten übersteht, schien er immer noch der Meinung zu sein, dass von einer Reise nach Ostbhutan überhaupt keine Rede sein könne. Ich hatte kaum mehr Hoffnung, als ich mein Glück mit einer melodramatischen Schilderung meiner Fahrten nach Mustang versuchte. Als ich geendet hatte, rückte der Dasho wortlos sein Schwert zurecht.

»Nur Bumthang«, beschwor ich ihn. »Nach Tongsa und Bumthang. Ich könnte Ihr Heimatdorf besuchen!«

Das entlockte ihm eine schwache Reaktion. »Ich werde die heißen Quellen aufsuchen«, sagte der Dasho, »vier Tagesmärsche von meinem Dorf.«

Heiße Quellen. Ich dachte an Vichy. Dann überlegte ich: Wie angenehm! Es musste ein Heilbad sein, das für Stürze vom Elefanten gut ist...

»Sie werden einen Koch brauchen«, sagte der Dasho. »Das wird schwierig sein. Sehen Sie, niemand in Bhutan weiß, wie man für einen Europäer kochen muss; auch haben wir hier keine Sherpas wie in Nepal.«

»Mir wäre jeder recht«, sagte ich und dachte daran, dass sogar ein Sherpa, der jahrelang eine britische Expedition begleitet hat, nicht zu kochen versteht, sondern bestenfalls die Kunst erlernt hat, Konservendosen aufzumachen. Plötzlich fiel mir ein, dass es in Thimbu einen Sherpa gab – einen der Köche im Gästehaus.

»Könnte er nicht mit mir gehen?«

Auf diesen Vorschlag hin hellte sich die Miene des Dasho wider alles Erwarten auf; er würde sehen, ob es sich arrangieren ließe, dass der Mann mich begleitete.

»Außerdem werden Sie einen *kashag* brauchen.«

»Einen *kashag?*«, fragte ich. (Im Tibetischen bedeutet *kashag* Regierung.)

Der Dasho sagte erklärend: »So nennen wir einen Geleitbrief, ein Empfehlungsschreiben an die Herren der Festungen, die Sie unterwegs besuchen werden. Ohne ihn können Sie nirgendwohin gehen.«

Ich verließ ihn in höchster Aufregung. Es schien, dass ich tatsächlich die Erlaubnis zum Aufbruch bekommen würde; vielleicht in ein paar Tagen, hatte der Dasho gemeint. Als ich wieder im Bungalow war, fiel mir ein, dass der Dasho selbst Thimbu in den nächsten Tagen verlassen wollte. Was aber, wenn er es nun vergäße?

Er vergaß es nicht, denn zwei Tage später wurde ich in sein Büro gerufen. Ich begab mich eilends in den Dzong. Die Festung war für mich inzwischen das geworden, was sie für alle Bhutanesen war, das Symbol der Macht, der Sitz aller Autorität im Lande. Ich betrachtete sie ehrfürchtig und etwas ängstlich, etwa so, wie man ein Polizeiauto am Straßenrand anschaut. Der Dzong vereinigte in sich alle Elemente, aus denen das Königreich Bhutan aufgebaut war. Hier, in den dunklen, halb unter der Erde liegenden Räumen, wurden Häftlinge gefangen gehalten, mit den Füßen an die Mauern gekettet, in stählerne Fesseln gezwungen, vermodernd im Namen der Gesetze des Königs, erlassen in Übereinstimmung mit den Moralvorschriften furchtbarer tantrischer Gottheiten.

Ich passierte die Wache, stieg die Treppen hinauf und trat durch den Vorhang. Durch das Fenster konnte ich Mönche sehen, die zu ihren heiligen Pflichten eilten, Leibeigene, die schweigend ihre schwere Arbeit taten, Ordonnanzen mit Schwertern, Geistliche mit roten Schärpen – der ganze Dzong war von fieberhafter Betriebsamkeit erfüllt.

Der Dasho lächelte, als ich eintrat. »Ich habe den Kashag«, sagte er und überreichte mir einen Umschlag. »Hier sind außerdem die telegraphischen Mitteilungen, die ich an die Dzongs von Wangdu Photrang, Punakha, Tongsa und Jakar [Bumthang] geschickt habe.«

Ich las die Telegramme:

»Mr. Peissel, ein französischer Staatsangehöriger und unabhängiger Besucher Bhutans, wird unser Land bereisen und Ihren Dzong besuchen. Gewähren Sie ihm bitte jede Unterstützung, deren er bedarf.«

Ich wollte meinen Augen nicht trauen. Der Dasho gab mir dann einen Kashag-Brief: »Den müssen Sie allen Trimpons [Herren über das Gesetz] vorweisen, deren Residenz auf Ihrer Reiseroute liegt.«

Der Brief, in tibetischer Sprache abgefasst und mit dem königlichen Siegel versehen, das zwei Drachen zeigte, die einen symbolischen Blitz einrahmten, lautete wie folgt:

»Mr. Peissel ist französischer Staatsangehöriger und ein freier Besucher Bhutans. Bitte stellen Sie ihm Beförderungsmittel zur Verfügung. Er hat Anspruch auf ein Reitpferd oder ein Maultier für sich selbst sowie die nötigen Lasttiere oder Träger. Bitte unterstützen Sie ihn auf seiner Reise und stellen Sie ihm Vorräte und Nahrungsmittel zu Regierungspreisen zur Verfügung.«

»Ohne diesen Brief würden Sie im Innern des Landes weder etwas zu essen noch ein Reittier bekommen«, erklärte der Sekretär. »Die einzigen erhältlichen Nahrungsmittel sind die in den regierungseigenen Kornspeichern der Dzongs, und die Bauern geben für Geld keine Lebensmittel ab.«

Nun besaß ich den Zauberstab, den Geleitbrief, jenes Dokument, das die Tibeter *lam jig* nennen und ohne das jegliches Reisen im Himalaja unmöglich ist. Weil er keinen *lam jig* hatte, wanderte Sven Hedin neun Jahre durch die Wüsten Tibets, legte dabei

Tausende von Kilometern zurück und umging Regierungsstützpunkte, nur um schließlich doch immer wieder umkehren zu müssen, ohne sein Ziel, Lhasa, erreicht zu haben. Ohne einen *lam jig* ist man im Himalaja so gut wie tot. So ist es nun einmal in einem straff verwalteten Königreich, in dem Fürsten von ihren Festungen herab regieren.

Das erklärt, wie es Bhutan und Tibet gelungen ist, alle Ausländer so erfolgreich abzuwehren und geheimnisvolle Königreiche zu bleiben, nur von jenen ganz wenigen Glücklichen besucht, die sich einen Geleitbrief zu verschaffen wissen, oder jenen, denen es gelingt, sich in Verkleidung ins Land zu schleichen und umherzuwandern, ohne erwischt zu werden. Denn es gibt tatsächlich nur wenige oder gar keine Königreiche in Asien, die so gut verwaltet werden wie Tibet oder das Land des Drachen, und ich wusste bereits, dass es unmöglich war, mich der Aufmerksamkeit der Fürsten des Landes zu entziehen, die alle von mir erwarteten, dass ich mein Beglaubigungsschreiben vorwies, sobald sie meiner ansichtig wurden. Anstelle unseres westlichen »Wie geht es Ihnen?«, fragte man im Himalaja: »Wer sind Sie?« Der Kashag, der jetzt auf dem Schreibtisch Dasho Sangyes lag, war mein Pass, den ich jeden Augenblick brauchen und ohne den ich nicht einmal etwas zu essen bekommen würde.

Ich wollte schon vor Freude einen Luftsprung vollführen, als mir einfiel, dass ich ja das ganze Land durchqueren wollte, um auch nicht ein Eckchen von Bhutan auszulassen. Schließlich, so sagte ich mir, habe ich zehn Jahre gewartet und kann es mir jetzt nicht leisten, meinen Forscherdrang in irgendeiner Weise zu zügeln. Ich dachte daran, dass Diplomatie in Bhutan hoch im Kurs stand, und erklärte Dasho Sangye mit einem listigen Lächeln:

»Wenn ich erst einmal in Bumthang bin, habe ich Bhutan schon zur Hälfte durchquert. Könnte ich nicht, anstatt hierher zurückzukehren, ebenso gut nach Tashigang und in die Provinzen im äußersten Osten weiterreisen?«

Dasho Sangye rieb sich den Rücken. Offenbar konnte er meiner Logik nicht ganz folgen.

»Wenn ich von Bumthang aus weiterginge«, erklärte ich, »würde ich nach Tashigang nicht länger brauchen als für den ganzen Rückweg hierher. Ich könnte dann über die Südostgrenze Bhutans und über Assam nach Indien zurückkehren.«

Eine Pause trat ein, dann lächelte der Stellvertretende Hauptsekretär. »Sie müssen sich darüber klar sein, dass dies eine sehr lange und beschwerliche Reise wäre.«

Ich stimmte ihm zu. »Nun, ich bin natürlich nicht sicher, ob ich es bis nach Tashigang schaffen würde, aber ich könnte es ja versuchen«, fügte ich kleinlaut hinzu.

Ich war mir durchaus bewusst, dass ich nichts Geringeres plante, als im ödesten, rauesten und unbekanntesten Teil des Himalaja zu Fuß mehr als sechshundert Kilometer zurückzulegen.

»Sie müssen daran denken, dass wir jetzt Monsun haben. Die Straße ist sehr nass, und die Flüsse sind stark angeschwollen.«

Ich hatte ganz vergessen, dass es Monsunzeit war und was dies für die Maultierpfade, die kleinen Wege und die mächtigen Wildwasser bedeutete, die von den Bergen herabstürzten und Felder und Dörfer, Brücken und Wege mit sich rissen, während sie mit blinder Gewalt die Täler hinabschossen. Ostbhutan, so hatte man mir gesagt, war der feuchteste Teil des ganzen Himalaja, und ich dachte an Cherrapunji, neunzig Kilometer von Bhutans Westgrenzen entfernt, wo in besonders schlimmen Jahren innerhalb von drei Monaten zweiundzwanzig Tonnen Wasser auf jeden Quadratmeter fielen. Glücklicherweise wusste ich zu diesem Zeitpunkt noch nicht, dass der Monsun von 1968 der schlimmste und heftigste des Jahrhunderts werden sollte. Zweiundzwanzig Tonnen Wasser, und ich besaß nicht einmal einen Regenschirm! Ich wagte gar nicht daran zu denken, wie sich das auf die sechshundert Kilometer Fußwege auswirken könnte, auf denen ich die unwegsamsten Berge des westlichen Himalaja ersteigen und überschreiten wollte.

»Ja«, sagte ich, »aber könnten Sie nicht trotzdem, für alle Fälle, auch Tashigang auf meine Genehmigung setzen?«

Wider alles Erwarten trug der Dasho Duncho auch die Namen Lhuntse und Tashigang in meinen Kashag ein. Es war nicht zu übersehen, dass er nicht glaubte, ich würde jemals so weit kommen. Ich freute mich riesig; obwohl ich meine Zweifel hatte, ob es mir gelingen würde, allein das ganze Land zu durchqueren, wusste ich jetzt wenigstens, dass ich die Erlaubnis dafür hatte.

»In der Festung von Tashigang«, sagte der Dasho Duncho, »gibt es eine Funkstation. Wenn Sie bis dorthin kommen, werde ich dafür sorgen, dass Sie über die Ostgrenze Bhutans nach Indien ausreisen können.«

Siedend heiß fiel mir ein, dass mein Passierschein für die »Innere Linie« in fünfzehn Tagen ablaufen würde, lange bevor ich hoffen konnte, das ganze Land durchquert zu haben, ja bevor ich auch nur Bumthang erreicht haben würde. Innerlich bebend erwähnte ich diesen Umstand, doch es schien jetzt, dass ich in Dasho Duncho einen echten Freund gewonnen hatte. Die Bhutanesen, so wurde mir klar, waren nicht wie die Inder. Bürokratie hatte sich in den Dzongs des Drachenkönigs noch nicht breit gemacht.

»Sie können bleiben, so lange Sie wollen«, sagte der Dasho lächelnd. »Wir sind ein unabhängiges Land.« Es goss in Strömen, als ich aus dem Dzong trat, und wieder hatte ich keinen Jeep; doch ich spürte kaum den Regen auf meinem Gesicht, den Regen, der meinen blauen Anzug, meine Schuhe und meinen Körper durchnässte. Erregung und ein klein wenig Beklemmung bemächtigten sich meiner, während ich meinen Brief sorgsam in der Innentasche verstaut davontrug. Jetzt hatte ich, so jedenfalls glaubte ich, alle politischen und diplomatischen Schranken überwunden. Plötzlich stand ich vor der Aufgabe, von bloßen Träumen zur Tat zu schreiten.

Im Gästehaus angekommen, zog ich mich aus und legte mich aufs Bett. Meine Gedanken jagten einander; alles schien verändert. Plötzlich sah ich mein Gepäck. Ich konnte kaum glauben, dass es Wirklichkeit war – ich war im Aufbruch, drauf und dran, mich in dieses geheimnisvolle Labyrinth, das innere Bhutan, zu begeben, dem echten Bhutan meiner Träume, jenem dunklen Fleck auf der Landkarte, den ich so oft in meinen Albträumen betrachtet hatte, jenes verbotene Land, das mich zehn Jahre lang Tag und Nacht verfolgt hatte. Der Regen trommelte auf das Blechdach des Bungalows. Bald würde ich nur noch die dünne Leinwand meines Zeltes über dem Kopf haben, dachte ich, und gleich einem kleinen Schiffchen würde ich mich auf einen monströsen Ozean dschungelbedeckter Gipfel, tiefer Schluchten und schäumender Wildbäche hinauswagen, würde auf Felsvorsprüngen dahinkriechen, Rinnen hinab, endlose Hänge hinauf, wie eine Ameise inmitten eines versteinerten Unwetters umherlaufen, durchtränkt von wahren Sturzbächen von Regen. Und jetzt kamen mir zum ersten Mal Zweifel, ob ich in der Lage sein würde, mich den »ganz anders gearteten Bedingungen atmosphärischen Einflusses« anzupassen. Boileau hatte, so entsann ich mich, hundertzwanzig Leute gehabt und war gut ausgerüstet gewesen. Er war klug genug gewesen, die günstigste Jahreszeit zu wählen, aber trotzdem hatte er über zwei Monate gebraucht, um die Strecke von Tashigang nach Thimbu zu bewältigen. Überdies hatte er vor hundertdreißig Jahren gelebt, in einer Zeit, da die Menschen noch nicht durch Jeeps, Flugzeuge und Klimaanlagen verweichlicht waren; dennoch hatte er berichtet, ganz Bhutan sei »eine Ansammlung der höchsten und unwirtlichsten Berge auf der Oberfläche unseres Planeten«. Diese Tatsache hatte sich seither in keiner Weise geändert, nichts war geschehen, wodurch die Gebiete, die ich jetzt meinerseits durchqueren würde, gangbarer geworden wären. Das schwierige Gelände, so erklärte Pemberton, zwang ihn, nach jedem Marschtag zwei Rasttage einzulegen. Ich las jetzt seinen Bericht noch einmal durch und überlegte, wie merkwürdig es sei, dass der einzige Reiseführer, wenn man das Buch so nennen konnte, ein hundertdreißig Jahre altes Manuskript war.

Auch Jean Claude White hatte ähnlich wie Pemberton zahlreiche ausgebildete indische Soldaten als Eskorte mitgeführt und bei zweien seiner Besuche Bhutans sogar eine Musikkapelle. Für mich bestand keine Hoffnung, dass ich dieselben materiellen Vorteile wie meine Vorgänger genießen oder mir auch nur jene kleineren Requisiten würde beschaffen können, die ich in der Vergangenheit als unerlässliche Voraussetzungen für Touren im Himalaja angesehen hatte. Ich besaß nicht einmal ein Paar gute Bergschuhe, da ich nicht anzunehmen gewagt hatte, dass man mir gestatten würde, irgendwelche längeren Wanderungen in Bhutan zu unternehmen. Die wenigen anderen Ausländer, die sich nach White in Bhutan über die Reichweite der Jeeps hinausgewagt hatten, waren als königliche Gäste gereist, was ihnen, wie ich jetzt weiß, rote Teppiche, königliche Ponys, ausgebildete Köche aus Indien, europäisches Essen, Orangensaft und die einmütige Unterstützung aller Fürsten des Landes gesichert hatte. Innerhalb von zwei Wochen hatte ich herausgefunden, dass ich dagegen, als freier Besucher, auf wenig Unterstützung oder Sympathie hoffen konnte. Andererseits war dies genau das, was ich mir wünschte. Ich wusste jetzt, dass die meisten Bhutanesen einigermaßen gut Tibetisch sprachen und dass ich mich ganz auf mich allein gestellt durchschlagen konnte. Ich würde keinen Dolmetscher, keinen Begleiter haben und deshalb in der Lage sein, die Bhutanesen besser kennen zu lernen als je ein anderer Besucher vor mir.

Ich war mir bewusst, dass es zum größten Luxus unseres Jahrhunderts gehörte, tage- und monatelang auf die eigenen zwei Beine als Fortbewegungsmittel angewiesen zu sein. Ich würde das Reich der Maschinen verlassen und in einem Land umherziehen, in dem es keine vorgefassten Meinungen über die Menschen aus dem Westen und keine stereotypen Reaktionen ihnen gegenüber gab, ein Land ohne jene Vorurteile, die in den meisten Teilen der Welt unweigerlich alle Kontakte zwischen Europäern und der einheimischen Bevölkerung belasten.

Doch solche Überlegungen vermochten nichts gegen die Befürchtungen, die mich hin und wieder gleich einem leichten Schmerz durchzuckten. Ich entsann mich der Strapazen meiner früheren Fahrten und konnte dadurch besser abschätzen, welchen unvermeidlichen Gefahren sich der aussetzt, der allein im Himalaja umherwandert. Die leichteste Krankheit, der kleinste Sturz konnte den Tod bedeuten, das wusste ich. Fieberkrankheiten und sonstige Übel aller Art, von den Pocken bis zur Pest, sind noch immer gang und gäbe in Bhutan, einem Land, wo die Lepra die häufigste Todesursache ist, wo die Malaria nie eingedämmt wurde und Impfung unbekannt ist, wo es für eine Million Menschen nur zwei Ärzte gibt, einen jungen indischen Doktor, der gerade erst sein Studium beendet hatte und in Thimbu lebte, und einen deutschen Missionar, der eine Leprastation aufbaute. Zwei Ärzte gab es im ganzen Land, aber natürlich keinen einzigen in den Tälern und Gebieten, die ich besuchen wollte. Ich gab mir Mühe, nicht ständig daran zu denken, ebenso wenig wie an all die ungeheuren Anstrengungen, die die Reise mit sich bringen würde.

Ich hatte schon immer davon geträumt, in Festungen mit selbstherrlichen Fürsten zu leben, unter Leibeigenen und Sklaven zu schlafen, mit Mönchen zu beten und mit Trägern zu schwitzen. Ich hatte mir immer gewünscht, die Uhr zurückzustellen auf ein Märchenleben, wie ich es mir aufgrund von Kindergeschichten ausmalte, die geschrieben werden, um die Flucht aus dem ödesten Leben zu ermöglichen, das man sich vorstellen kann, unserem heutigen. Jetzt schien es, als würden meine Fantasien wieder einmal in Erfüllung gehen, da es ohne Zweifel meine kühnsten Träume übertreffen würde, monatelang allein in den großen Festungen und Klöstern von Bhutan leben zu können. Ich konnte mir kaum ein Bild machen vom Innern eines Königreiches, in dem es nicht einmal in der Hauptstadt westliche Zeitungen gab, die des Königs Bogenschützen erinnert hätten, dass irgendwo draußen in der Welt Menschen mit einem stählernen Pfeil nach dem Mond zielten.

Ich hatte niemanden, der meine Befürchtungen hätte zerstreuen können. Der angehende Forscher gleicht einem Menschen, der sich aus freien Stücken in ein Arbeitslager begibt. Er hat die Unannehmlichkeiten, denen er sich aussetzt, ausschließlich sich selbst zuzuschreiben, und ich trug nun die alleinige Verantwortung für meine derzeitige Lage. Um mir Mut zu machen, las ich wieder einmal die kurze Liste der Krankheiten durch, die ich mir nicht würde zuziehen können, jener Krankheiten, gegen die ich geimpft worden war. Dann überprüfte ich die Liste der Medikamente, die ich besaß, eine Liste, die, wie ich wusste, viel kürzer war, als sie hätte sein müssen. Aber man belastet sich immer viel zu sehr mit dem vermeintlich unumgänglichen Drum und Dran, während es doch auf der ganzen Welt keinen von Menschen bewohnten Ort gibt, an dem ein anderer Mensch, gleich welcher Herkunft, nicht auch leben könnte. In Bhutan lebte eine Million Menschen, weshalb ich mir nur wenig Gedanken darüber machte, ob das Land auch noch einen Menschen mehr aufnehmen würde. Aber dann dachte ich an Steine, die ins Rollen gebracht werden; wenn sie nicht allmählich einen schützenden Überzug aus Moos bekommen, erhöhen sie zweifellos die Wahrscheinlichkeit eines harten Aufpralls, denn in Bewegung befindliche Objekte kollidieren leichter als ruhende. Vielleicht forderte ich das Schicksal einmal zu oft heraus. In der Vergangenheit hatte ich mich zu oft über meinen guten Stern gefreut, der mich all den klassischen Gefahren entgehen ließ, die man mir vor Augen hielt, sobald ich vom ausgetretenen Pfad abwich. Vielleicht würde ich in Bhutan sterben: Das wäre so angemessen gewesen, nach all diesen Jahren des Träumens. Ich hatte meine Wahl getroffen, und deshalb war es nur logisch anzunehmen, dass ich auch mein Schicksal besiegelt hatte. Ich war sehr niedergeschlagen, oder besser gesagt überzeugt, dass ich jeden Augenblick meiner Reise genießen, aber nicht am Leben bleiben würde, um meine Geschichte erzählen zu können.

Solch düstere Gedanken, die sich so leicht vertreiben lassen, wenn man einen Kameraden hat, werden unerträglich, wenn man niemanden hat, mit dem man sie teilen könnte. Als ich mich schließlich aufraffte und dem Hilfskoch anvertraute, ich sei einigermaßen besorgt wegen der Schwierigkeiten und Gefahren der Reise, war er voller Mitgefühl und heiterte mich durch die lakonische Bemerkung auf, dass eine so lange Reise in der Tat ein höchst törichtes und gefahrvolles Unterfangen sei. Das ist überall auf der Welt der übliche Kommentar derer, die zurückbleiben, jener Leute, die, wie die Schiffer an den Küsten des Mittelmeeres, erst die Segel setzen, wenn der Wind sich gelegt hat.

Ich musste von diesen deprimierenden Grübeleien loskommen, schon wegen der Notwendigkeit, die materiellen Vorbereitungen für den Abmarsch zu treffen. Ganz abgesehen davon, was ich für Gedanken hegte, würde ich essen, schlafen, mich kleiden müssen. Außerdem brauchte ich zumindest einen Bedienten, einen Koch oder Handlanger. Es war klar, dass einer allein nicht mit all den Erfordernissen einer langen Reise durch ein Land fertig werden konnte, in dem schon die geographische Struktur jede Bewegung zu einer Prozedur werden lässt, die Entbehrungen und Gefahr und ständige Erschöpfung mit sich bringt.

Es gab, wie Dasho Duncho sich erinnert hatte, einen einzigen Sherpa in Bhutan. Das heißt, einen einzigen Mann, der in der Lage war, die Gewohnheiten und Bedürfnisse eines weißen Mannes, der im Himalaja umherreist, zu verstehen. Dieser Mann – er hieß Norbu, und ich hatte ihn bei meiner Ankunft in Thimbu kennen gelernt – war ein ziemlich unangenehmes Individuum. Doch mir blieb keine Wahl. Dasho Duncho hatte ihn zu meinem Begleiter bestimmt, und so bereitete ich mich mit ihm zusammen auf den Aufbruch vor. Dazu gehörte, dass wir die Marktbuden in Thimbu durchstöberten (kleine Stände, die von tibetischen Flüchtlingen geführt wurden), um vielleicht das eine oder andere Brauchbare zu entdecken. Aber anscheinend gab es in diesen Läden nichts anderes als Kleider, tibetische Chubas und bhutanesische Kos, Stiefel aus Jakleder, bunte tibetische Gürtel, gelegentlich Ponygeschirr, Holzsättel, weiße Zeremonialschärpen, Pfeile und Bogen, Gebetsfahnen jeder Größe und Ausführung, tibetischen Ziegeltee, mit ranziger Butter gefüllte Ziegenblasen, Kupferglöckchen, silberne Butterlampen und Brokatquasten. Die Buden, die aus alten, in den Lagern der indischen Bauarbeiter aufgesammelten Brettern zusammengenagelt waren, säumten dicht gedrängt die neu erbaute Hauptstraße der zukünftigen Hauptstadt – und ersten Stadt überhaupt – von Bhutan. Obwohl jeder der ausgestellten Artikel einen Ehrenplatz in unseren Museen hätte beanspruchen können, hatten sie wenig mit dem gemein, wonach ich suchte. Immerhin hatte ich eine Sturmlaterne und ein bisschen Kerosin aufgestöbert, bevor ich den einzigen richtigen Laden in Thimbu entdeckte, ein etwas größeres Holzhaus, das die stolze Bezeichnung Bhutanesische Handelsgesellschaft trug. Es war ein staatliches Unternehmen, das vom zweiten Bruder des früheren Premierministers gegründet worden war, einem ehemaligen reinkarnierten Lama, der geheiratet hatte und »gottlos« geworden war; er hieß Rim Dorje. Hier fand ich Schätze wie Schokoladenpulver, ein Paar herrliche Tennisschuhe und ein weiteres Paar für Norbu, der mich bereits nach echter Sherpa-Art um Bakschisch anbettelte und mich unaufhörlich erinnerte, dass diese oder jene Himalaja-Expedition alle Sherpas mit abgesteppten Schlafsäcken, österreichischen Bergschuhen und Anoraks der neuesten Machart ausgerüstet habe. Solche Dinge gab es glücklicherweise nicht; ich kaufte ein paar Kerzen, Töpfe und Pfannen und ein paar Meter Seil, das war auch schon alles. Zusammen mit den wenigen Dingen, die ich aus Europa mitgebracht oder in Kalkutta erworben hatte, war das die ganze praktische Ausrüstung für meine geplante Tour.

Ich konnte es kaum erwarten aufzubrechen und hatte deshalb den Abmarsch für den übernächsten Tag angesetzt. Diese beiden Tage war ich fieberhaft damit beschäftigt, zu packen, Kleidungsstücke, Schlafsäcke und Zelt zu sortieren und auf eine Blechkiste, zwei Kleidersäcke und drei Kartoffelsäcke aus Jute zu verteilen. Schließlich war alles fertig, und ich sah Norbu an, der in den neuen Tennisschuhen und dem Pullover, die ich ihm geschenkt hatte, neben mir stand.

»Morgen geht's los«, sagte ich.

Norbu lächelte und erklärte mir dann, das ginge nicht, weil er morgen heirate. Ich lachte, doch er blieb dabei. Alles war für seine Hochzeit vorbereitet, und er wollte, dass ich ihn zu dem Empfang begleitete, der im Gästehaus stattfinden würde.

Als ich bemerkte, dass er die Wahrheit sprach, platzte ich fast vor Wut. Norbu hatte mich also die ganze Zeit beschwindelt. Offenbar hatte er nicht im Traum daran gedacht, mit mir zu gehen. Ich unterbreitete die Angelegenheit Pasang, dem für das Gästehaus verantwortlichen Beamten, Sohn des Herrn über das Gesetz und Aufseher der königlichen Gebäude. Pasang, wie immer untadelig, sauber und elegant in einen nagelneuen Ko gekleidet, fuhr in seinem Jeep vor dem Gästehaus vor, erklärte mir ziemlich umständlich, dass Norbu mit mir gehen würde, dass aber durch seine Heirat alles ein wenig kompliziert werde, und meinte zum Schluss, Norbu könne ja am Tag nach der Hochzeit aufbrechen. Ich glaubte mit Recht kein Wort von dem, was Pasang sagte. Auf der Stelle versuchte ich, Dasho Duncho zu erreichen. Schließlich hatte er angeordnet, dass Norbu mich begleiten solle. Am Telefon sagte man mir, Dasho Duncho sei nach Bumthang abgereist und werde frühestens in zwei Monaten zurückerwartet.

Besonders wütend war ich, weil Norbu mich angelogen hatte. Ich war jetzt überzeugt, dass er nie die Absicht gehabt hatte, mich zu begleiten. Was mich aber so maßlos aufbrachte, war die Unverschämtheit, mit der er sich die Schuhe von mir erbettelt hatte, und die Komödie, die er mir vorgespielt hatte, indem er beim Einkauf der benötigten Ausrüstung so getan hatte, als würde er wirklich mitkommen.

Es sah jetzt so aus, als würde ich nie fortkommen. Als ich am nächsten Morgen aufstand, fand ich Norbu eifrig damit beschäftigt, den Aufenthaltsraum des Gästehauses zu dekorieren, überall Süßigkeiten und Zigaretten in kleinen Schälchen zu verteilen und die Zubereitung eines regelrechten Festmahls zu überwachen. Gegen zwölf Uhr fuhren drei Jeeps vor dem Gästehaus vor, denen fünf gut aussehende, distinguierte Tibeter entstiegen – der Repräsentant des Dalai Lama, ein dicker, Respekt einflößender Khampa-Krieger, der ein großes Flüchtlingsdorf in Nordbhutan verwaltete, und drei weitere ebenso weltmännische Tibeter. Sodann kam ein magerer, intelligent wirkender tibetischer Kaufmann mit einem kleinen, schönen Mädchen, der Braut, die fast noch ein Kind schien und von einem schlaksigen, texanisch aussehenden jungen Tibeter in einem ziemlich schmutzigen schwarzen Gewand begleitet war. Das war der Bruder der Braut, Tensing. Obwohl ich so wütend auf ihn war, kam Norbu und bat mich, an seiner Hochzeit teilzunehmen. Dass Norbu tatsächlich heiratete, fand ich so komisch, dass ich ihm sein Täuschungsmanöver hinsichtlich unserer gemeinsamen Reise nach Ostbhutan beinahe verzieh. In dem Aufenthaltsraum durfte ich mich neben den Repräsentanten des Dalai Lama setzen und unterhielt mich angeregt mit ihm und den anderen Tibetern, während Norbu Mandeln, Süßigkeiten und Zigaretten herumreichte und zugleich als Bräutigam und Oberkellner bei seiner eigenen Hochzeit fungierte. Die Braut saß schüchtern neben mir und verbarg ihr Gesicht in den grünen Brokatärmeln ihres Kleides. Auf ein Zeichen hin setzte sich Norbu neben sie. Der Repräsentant des Dalai Lama wandte sich sodann mit einer in leisen, strengen Worten gehaltenen Rede an das junge Paar, in der er erklärte, dass die Ehe auf Lebenszeit geschlossen werde und dass sie als in Bhutan im Exil lebende Tibeter Traditionen respektieren und ihre Würde wahren müssten. Es wurde eine recht bewegende Zeremonie. Die kindliche Braut errötete und verbarg ihr Gesicht, während Norbu steif dasaß und aufmerksam zuhörte. Als der Repräsentant des Dalai Lama geendet hatte, sprach der große, stämmige Khampa ein paar freundliche Worte, desgleichen die anderen drei Tibeter. Als die Ansprachen, während derer Norbu hin und wieder aufgestanden war, um weitere Süßigkeiten anzubieten, beendet waren, erhob sich der Repräsentant des Dalai Lama und überreichte Braut und Bräutigam eine Zeremonialschärpe sowie einen Umschlag, der, wie man mir sagte, ein Geldgeschenk enthielt. Danach überreichten auch die anderen Tibeter Schärpen und Umschläge. Zum Schluss stand Norbu auf, dankte allen und verteilte Ashi Kaddas (seidene Tücher) an alle Würdenträger, mich eingeschlossen. Später verschwand Norbu, um beim Festmahl letzte Hand anzulegen. Ich saß noch immer neben der Braut. Pasang, der sich der Hochzeitsgesellschaft angeschlossen hatte, wandte sich unvermittelt an mich und sagte:

»Sie können morgen aufbrechen, mit Tensing, dem Bruder der Braut.«

Ich protestierte sofort, aber was konnte ich schon viel sagen oder unternehmen, mit dem Mund voller Süßigkeiten und der Aussicht auf ein vorzügliches tibetisches Mahl im großen Stil, ganz wie im Lhasa der guten alten Zeit! Ich warf Norbu einen finsteren Blick zu, schenkte seiner Frau einen meiner handbemalten Schals und fragte den Repräsentanten, was er von dem jungen Mann hielte. Er sagte mir, sein Vater sei einer der besten Menschen, und winkte den Sohn zu sich heran, um ihn zu ermahnen, mir treu zu dienen.

Auf diese Weise kam ich zu Tensing, einem jungen Mann von einundzwanzig Jahren, der von sich behauptete, Reis kochen zu können, was auch zutraf – aber das war auch alles. Ich sagte ihm, er solle am nächsten Tag um sechs bei mir erscheinen.

In der Nacht schlief ich unruhig. Ich machte mir Sorgen wegen Tensing. Er war nie östlich von Thimbu gewesen, sprach nur Tibetisch und hatte keine Ahnung von den Dialekten im Innern des Landes. Auch hatte er nie zuvor mit einem Europäer zu tun gehabt. Andererseits konnte er kaum ein so unangenehmer Zeitgenosse sein, wie es Norbu meiner Meinung nach war.

Das Gästehaus schien mir höchst komfortabel, als ich am Morgen aufstand. Ich kam mir vor wie ein Astronaut, der in wenigen Augenblicken die dritte Stufe seiner Rakete zünden muss. Ich hatte einen weiten Weg zurückgelegt, seit ich in Paris ins Flugzeug gestiegen war. Die erste Etappe hatte mich nach Kalkutta gebracht, in das faulende Purgatorium, die zweite nach Bhutan, in das verschlossene und geheimnisvolle, hochmütige und unfreundliche Land, und jetzt hatte ich den Punkt erreicht, an dem es keine Umkehr mehr gab, jetzt stand ich im Begriff, in das innerste Bhutan einzudringen, tief in die wildesten Berge der Welt. Diese Berge hatten vom Flugzeug oder einem bequemen Jeep aus schon Furcht erregend ausgesehen, doch wie sollte es erst werden, wenn man sich mühsam mit bleischweren Füßen ihre Hänge hinaufkämpfen, wenn man entdecken musste, dass vorwärts kommen nicht einfach untätiges Warten auf die Ankunft bedeutete, sondern ständigen Energieaufwand, bei dem jeder gewonnene Zentimeter mit Schweiß und Strapazen bezahlt werden musste!

Um sechs klopfte Tensing an die Tür meines Zimmers. Innerhalb von fünf Minuten waren die Säcke gepackt, die Kiste verschlossen, und Tensing hatte unsere Ausrüstung um eine Steppdecke, sein Bett und ein Paar Schuhe ergänzt.

»Sind wir bereit?«, fragte ich.

Tensing starrte mich an. »Ich hoffe es«, sagte er.

Ich hoffte es ebenfalls.

3

Der Ramjam von Punakha

In Wirklichkeit war ich in meinem ganzen Leben noch nicht weniger bereit gewesen.

Auf meiner Karte hatte ich die Route skizziert, die ich nehmen wollte. Unser erstes Ziel war ein Ort mit dem sonderbaren Namen Wangdu Photrang, ein großer Dzong, der ungefähr dreißig Kilometer von Thimbu entfernt auf 1300 Meter Höhe lag. Man war dabei, eine unbefestigte Straße nach Wangdu Photrang anzulegen. Es war dies der erste Abschnitt eines ehrgeizigen Projektes, das in ferner Zukunft Ost- und Westbhutan miteinander verbinden sollte. Wegen der Regenfälle war die Straße offiziell für Fahrzeuge gesperrt, aber am Tage vor meiner Abreise ging das Gerücht, die Straße sei offen. Ich hatte Pasang, den Verwalter des Gästehauses, gebeten, um sieben Uhr zur Stelle zu sein. Erbost über das unverhohlen arrogante Verhalten des jungen Bhutanesen hatte ich es zur Ehrensache erklärt, dass er am Morgen meiner Abreise zugegen sei, um mir seine Dienste zur Verfügung zu stellen. Auf den ersten Blick schloss der Umfang meines Gepäcks die Möglichkeit aus, einen Jeep nach Wangdu Photrang zu nehmen; deshalb hatte ich Pasang gebeten, einen Lastwagen aufzutreiben, und ihm gesagt, ich verließe mich auf ihn und sehe es als seine Pflicht an, mir einen zu beschaffen. Um sieben Uhr war nichts von ihm zu sehen. Um acht tauchte er schließlich auf, untadelig gekleidet mit einem nepalesischen Fahrer und seinem guten Jeep. Was mit dem Lastwagen sei, fragte ich ihn. Er stammelte irgendeine Entschuldigung und sagte, er wolle sehen, ob er einen finden würde. Ich sah zu, wie sein Jeep über die kleine Holzkonstruktion fuhr, eine der beiden Brücken, die den Fluss überspannen, der in das Tal von Thimbu hinabfließt. Es dauerte nicht lange, und der Jeep kam zurück. Es gebe keinen Lastwagen, erklärte Pasang, und die Straße nach Wangdu Photrang sei an fünfzehn Stellen unterbrochen, aber vielleicht würde es ein Jeep schaffen. Es wäre auf jeden Fall ein Risiko.

»Dann nehme ich Ihren Jeep«, sagte ich verärgert. Pasang lächelte und meinte, er brauche sein Fahrzeug selbst. Ich war mittlerweile überempfindlich in Bezug auf Jeeps geworden – man hatte mir nie erlaubt, einen zu fahren. Es ist ein Grundsatz von mir, nie zu gehen, wenn ich fahren kann, und nie zu fahren, wenn ich fliegen kann. Dass ich bereit war, Bhutan zu Fuß zu durchqueren, bedeutete nicht, dass ich auch bereit war, auf der Straße nach Wangdu Photrang zu marschieren. Zumindest würde ich so weit mit einem Jeep fahren, wie es der Straßenzustand erlaubte. Da kam mir Tensing zu Hilfe. Er kannte jemanden im Basar, der einen Jeep besaß, warnte mich aber, dass er sehr teuer kommen würde, fast fünfzig Dollar für dreißig Kilometer. Ich fand das leicht übertrieben, aber ich wusste, dass mir keine andere Wahl blieb, und schließlich war ich hier über dreihundert Kilometer von der ersten kleinen Benzinpumpe entfernt – die bhutanesischen Jeeps werden aus Benzinfässern aufgetankt. Ich stimmte zu, und Tensing verschwand im Laufschritt zum Basar hinunter, während Pasang sich wie gewöhnlich vor jeder Arbeit drückte, indem er sich lächelnd und mit der Bemerkung empfahl, es würde schon alles in Ordnung kommen. Ich bedankte mich und sagte ihm, dass das, wenn es wirklich eintreten sollte, bestimmt nicht sein Fehler sei. Er fuhr davon, sicherlich in der Überzeugung, dass es gut sei, einen so unangenehmen und schwierigen Nicht-Gast loszuwerden.

Irgendwie hatte ich das Gefühl, dass ich nie aus Thimbu wegkommen würde, aber ich täuschte mich. Eine halbe Stunde später war Tensing wieder da; er saß neben einem gut aussehenden Tibeter, einem etwa zwanzig Jahre alten Khampa, der einen braunen Jeep fuhr. Die Säcke und die Blechkiste wurden im Fond verstaut und türmten sich bis an das Verdeck. Tensing und ich stiegen vor-ne ein, und plötzlich wusste ich, dass es tatsächlich so weit war. Thimbu verschwand in unserem Rücken hinter einer Kurve, während wir das Tal hinabfuhren. Ich wandte mich nicht einmal um, um einen letzten Blick auf den Dzong zu werfen, bevor er außer Sicht geriet.

Es war ein klarer Morgen. Die Sonne schien und löste die letzten Nebelschwaden auf, die in den Kiefern hingen. Vögel sangen und Ponys galoppierten neben der Straße. Unter uns drängten sich Grüppchen von Häusern am Flussufer zusammen, winzige Weiler, umgeben von Gebetsfahnen, die golden im Morgenlicht flatterten. Es gab Dörfer mit kleinen, weiß und braun gescheckten Tudor-Häuschen und gelegentlich Gutshäuser, drei Stockwerke hoch, inmitten von Höfen, in denen man Ochsen und Gruppen von Ziegen und Schafen sah.

Der Wind schlug mir ins Gesicht. Ich schloss die Augen. Ich war nie zuvor so glücklich gewesen. Kein Zweifel, wirkliches Glück liegt für mich nur in der Bewegung. Meine Sorgen lagen hinter mir, so schien es mir jedenfalls. Meine Verbindungen zu Menschen, Orten, Regierungen, Häusern und Gegenständen waren abgebrochen. Ich war jetzt mein eigenes, selbstständiges Universum. Ich konnte schlafen, wo ich wollte, und tun, was ich wollte – zumindest glaubte ich das. Ich begann, mit Tensing und dem Fahrer zu plaudern, und war überrascht, wie normal und natürlich es mir jetzt vorkam, tibetisch zu sprechen. Ich konnte kaum glauben, dass ich noch vor wenig mehr als einem Monat in Spanien in der Sonne gelegen, am Steuer eines Motorbootes über die Wellen geglitten war und mich mit Freunden über das Tauchen und über hübsche Mädchen in Badeanzügen an den Sandstränden unterhalten hatte. Wenn ich dort in Europa beiläufig erwähnt hatte, dass ich Tibetisch spreche, hatten die Leute gelacht. Jetzt lachte ich über jene andere Welt, die so unwirklich schien. Ich war der Reichweite meines anderen Ich entglitten.

»*Motor di la schita japo du.*« Das ist wirklich ein guter Wagen, sagte der junge Fahrer, der Khampa, und erklärte, er schaffe volle fünfzig Meilen in der Stunde. Er musste Wörter wie »motor« und »mili« für Meile verwenden. Für ihn war es, als spreche er über Zauberei. Mir wurde klar, dass Tensing und er, genau wie alle jungen Tibeter und Bhutanesen, vor einem großen Abenteuer standen. Für sie waren Autos, Straßen und die wenigen Zeichen westlicher Technologie genauso ein Abenteuer wie für mich das Schlafen in einem Zelt oder das Leben in einem Kloster. Wir kamen bald auf Tibet zu sprechen. Der Fahrer erzählte von Kham und von den fantastischen Pferden, die sein Vater besessen hatte, von den kühlen, kalten Hochebenen und von den Chinesen. Tensing sprach von seinem Heimatdorf Tromo, gleich hinter der Nordgrenze von Bhutan. Sie waren sich einig, dass die Menschen in Tibet freundlicher waren als in Bhutan. Alle drei waren wir der Meinung, dass die Bhutanesen eine sonderbare Gesellschaft seien. Tensing beschrieb dann dem Fahrer Wunderdinge, die er in dem Gästehaus gesehen hatte, die Teppiche und das Bad, und der junge Khampa hörte ihm erstaunt zu.

Ungefähr nach einer halben Stunde verließen wir plötzlich die von den Indern gebaute Straße und bogen nach rechts auf eine unbefestigte Straße ab. Über uns thronte auf einer steilen Erhebung die Zwingburg Simtoka, die Stelle bewachend, an der ein Seitenfluss von den Bergen herabkommt und in den Thimbu-Fluss mündet. Ich hatte diese Festung ein paar Tage zuvor besucht. In ihr lebten über zweihundert Jungen, Mönche und Schüler. Sie war in eine Art Schule umgewandelt worden, in der Schüler in roten Roben und schwarzen Kos die Kunst erlernten, die tibetischen Texte der heiligen Lehre in Spiegelschrift in Kiefernbrettchen einzugravieren. Vier Stockwerke hoch erhob sich die Festung um einen zentralen Turm mit geräumigen Kapellen auf drei Ebenen, die mit den in Bronze und Gold gearbeiteten Bildern buddhistischer Heiliger, flankiert von überlebensgroßen, sehr alten Figuren niederer

Gottheiten, ausgeschmückt waren. Wir fuhren jetzt nach Osten, und die schmale Straße verwandelte sich bald in eine einzige Schlammgrube. Der junge Khampa fuhr langsam im ersten Gang weiter. Gewaltige Bäume bedrängten den Fahrweg, der sich das enge Tal hinaufschlängelte. Bald waren wir auf allen Seiten von einem tiefen Kiefernwald umgeben, aus dem wir nur hin und wieder einen Blick auf das Tal unter uns werfen konnten, das wie eine kanadische Landschaft auf einem Reisebüro-Plakat aussah. Ich war verwundert, welch zivilisiertes Aussehen dieser eine, schmale Fahrweg diesem Teil von Bhutan verlieh. Wege und Straßen verändern eine Landschaft auf eine ganz bestimmte Weise, die der Auswirkung gigantischer Autobahnen auf die Szenerie nicht unähnlich ist. Sie scheinen das Land neu zu formen, ihm ein gleichförmiges Aussehen zu verleihen. Ich hatte das Gefühl, auf dem Weg zu einem großen, im Wald verborgenen Gut oder einer kleinen Jagdhütte zu sein. Die schlammige Fahrspur wand sich um gestürzte Bäume und über Brücken aus Baumstämmen, unter denen kleine Flüsse dahinschäumten. Licht und Schatten wechselten ab, während wir langsam immer höher über das Tal hinaufkletterten. Wild wachsende Blumen drängten sich bis an den Rand des Fahrwegs heran, dort wo er aus dem dichten Wald auf kleine Lichtungen hinausführte. Eine von diesen Lichtungen erwies sich als eine abschüssige Wiese, in deren lebhaftes Grün Büschel von Klee und andere wild wachsende Blumen eingestreut waren. Ein Holzzaun, der an ein Gehöft in Neuengland erinnerte, umgrenzte diese Weide, auf der große, schwarzweiße Rinder grasten. Ohne Zweifel war diese Gegend Bhutans der unexotischste Teil Asiens, den ich je gesehen hatte. Ich hätte meinen können, ich sei in der Schweiz oder auch in irgendeinem anderen gemäßigten Land des Westens. Als ich plötzlich ein kleines Chalet erblickte, dessen Schindeldach mit großen Steinen beschwert war, erwartete ich, jeden Augenblick einen schweizerischen Skiort zu erreichen. Erst als die Gebetsfahnen die Nähe eines größeren, chaletartigen Klosters ankündigten, war ich wieder überzeugt, dass ich mich noch in Bhutan befand.

Ich wollte Halt machen, doch der Fahrer bestand darauf weiterzufahren. Wir kamen jetzt nur noch sehr langsam vorwärts, und es lagen noch viele Fahrtstunden vor uns, mögliche Hindernisse nicht mitgerechnet. Ein paar Kilometer weiter stießen wir auf unseren ersten Erdrutsch, der die Straße nahezu unpassierbar gemacht hatte. Mit gefährlicher Schlagseite und vier durchdrehenden Rädern schlitterte der Jeep auf die andere Seite hinüber. Der Fahrweg führte weiter bergauf. Die Bäume wurden jetzt höher, es waren gewaltige Douglasfichten, die nun zum Teil schon mit triefendem Moosgeflecht überzogen waren. Wir erreichten die Regionen ewigen Nebels auf einer Höhe von 3000 Metern. Hin und wieder versperrten Felsbrocken unseren Weg, doch mit vereinten Kräften gelang es uns, sie beiseite zu wälzen. Offenbar waren wir das erste Fahrzeug an diesem Morgen. Dann drangen wir in das dunkle Blättergewirr eines feuchten Waldes ein, in dem alle Bäume aussahen wie eine mit Nebelgirlanden behängte dunkelgrüne Kaskade aus Moos, das an die Bartflechten Louisianas erinnerte. Kleine Bäche plätscherten über die Straße und überschwemmten sie mit Steinen und Schlamm. Nach zahllosen Kurven erreichten wir einen Pass. Hier sah man eine kleine Hütte, ein Büschel Gebetsfahnen und zwei lange Mauern, die als Inschrift das rituelle buddhistische Gebet *Om mani padme hum* trugen, eine magische Beschwörungsformel ohne umgangssprachlichen Sinn, bei der jedoch jede Silbe von inhaltsschwerer religiöser Bedeutung ist. Man hat versucht, diese Formel mit »O du Edelstein in der Lotosblume« zu übersetzen, aber wenn auch dieser Satz tatsächlich ein Lob auf Buddha ist, haben doch die einzelnen Silben keine erkennbare Bedeutung in der tibetischen Sprache.

Auf der Passhöhe hielten wir. Tensing und der Fahrer gingen in die kleine Hütte, um eine Tasse bitteren Tee zu trinken, während ich draußen blieb und die Nebelschwaden betrachtete, die die zahllosen weißen, blauen und roten Fahnen einhüllten, die alten Gebetsfahnen, die von frommen Wanderern in der Zeit vor den Jeeps aufgestellt worden waren, als das Erreichen einer solchen Passhöhe noch das Ergebnis langwieriger Mühsal gewesen war. In dem einen Jahr seit der Fertigstellung des Fahrwegs war all die Plackerei des Aufstiegs zu diesem Pass verschwunden, und mit ihr auch ein Teil der religiösen Gefühle, die früher mit der Mühsal verbunden waren.

Das Tal auf der anderen Seite lag im Nebel verborgen. Mein Herz schlug schneller bei dem Gedanken, dass hier das erste der inneren Täler Bhutans lag, das Tal des Ma-chu.

Wir waren auf der Nordseite des Berges zu dem Pass hinaufgefahren. Nun ging es auf der Südseite bergab, die stärker der Sonne und dem Regen ausgesetzt war. Hier waren die Bäume wahrhaft gigantisch. Walnussbäume und Eichen mischten sich mit Rhododendren und Kiefern, größer als alle, die ich je zuvor gesehen hatte. Boileau und White und die anderen Besucher waren von den Wäldern Bhutans beeindruckt gewesen, die sicherlich zu den schönsten der Welt gehören, jungfräuliche Gruppen gigantischer Bäume, die ihre gewaltigen Äste im Nebel ausbreiten und sich mit ihren Wurzeln in den Felsen der steil abfallenden Berghänge festkrallen. Langsam fuhren wir die steilen Schleifen des Fahrdamms hinunter, der in die Felswände gesprengt worden war, hoch über einem unsichtbaren Canyon. Zweimal begegneten wir Karawanen, die sich langsam und mühselig den Berg hinaufschleppten. Zwei Stunden später fuhren wir auf die offenen höher gelegenen Hänge mit ihren Getreidefeldern hinaus. Es ging jetzt sehr schnell abwärts. Innerhalb von zwei Stunden wurde die Vegetation tropisch. Aus den Bäumen leuchteten Orangenblüten, Bananenblätter tauchten zwischen den großen Bäumen auf, und übermannshohe Farne säumten wie eine dichte Hecke den Wegrand. Wir kamen an ein paar verlassenen Häusern vorüber, deren starke östliche Mauern durch Erosion untergraben worden waren, und dann erblickten wir terrassenförmig angelegte Reisfelder. Als wir das erste von ihnen erreicht hatten, kam der Wagen plötzlich zum Stehen. Auf einer Strecke von fast dreihundert Metern war die Straße unter Tonnen gelben Lehms begraben. Die Erdmassen waren bis an den Fuß eines Steilabfalls gerutscht. An die dreißig Arbeiter versuchten, die Straße freizumachen. Pony-Karawanen standen wartend auf der anderen Seite, und ein geländegängiger Lastwagen, halb umgestürzt in dem lehmigen Morast, blockierte die Andeutung einer Fahrspur, die die Arbeiter freizumachen versucht hatten.

Zwei Stunden lang sahen wir zu, wie ein indischer Straßenbauingenieur mit der für so viele Hindus charakteristischen Lässigkeit, die einen zur Verzweiflung treiben kann, vergeblich versuchte, den Arbeitern klarzumachen, wie sie es anstellen müssten, den Lastwagen wieder flottzumachen, der bis an die Achsen im Schlamm steckte. Tensing und der Fahrer wunderten sich genauso wie ich über die Unfähigkeit des Mannes. Erbost beschlossen wir drei schließlich, die Sache selbst in die Hand zu nehmen, und im Verein mit ein paar Arbeitern gelang es uns, den Lastwagen ein paar Meter zu ziehen. Dann kletterte der indische Fahrer, der befürchtete, dass sein Fahrzeug den Abhang hinunterstürzen würde, aus dem Führerhaus und weigerte sich, uns zu helfen. Es folgte ein langes Palaver, während die Karawanen ihren Weg über die glitschige Erdlawine fortsetzten. Es dauerte eine Stunde, bis der Fahrer sich schließlich wieder hinters Steuer bequemte und im Rückwärtsgang in seiner Spur zurückfuhr. Kaum war das Hindernis aus dem Weg, als auch schon der junge Tibeter seine beachtlichen Fahrkünste demonstrierte, indem er seinen Jeep souverän durch den Schlamm steuerte, nur eine Handbreit vom Rand des Abgrunds entfernt dahinschlitternd. Unter dem lauten Beifall der Arbeiter fuhren wir wieder los. Ich war überrascht, mit welch behänder Geschicklichkeit dieser junge Mann sein Fahrzeug beherrschte, und konnte kaum glauben, dass er in einem Zelt auf den sturmumtobten, unwirtlichen Hochebenen von Kham auf die Welt gekommen war, in der radlosen Welt der Reitersmänner und Straßenräuber.

Da Wangdu Photrang nur 1200 Meter hoch lag, hatten wir seit dem Pass einen Höhenunterschied von etwa 1800 Metern hinter uns gebracht, als wir in ein erstickend heißes Universum eintauchten und schließlich unvermittelt in das unfruchtbare Tal des Machu hinausfuhren. Es war, als befänden wir uns plötzlich in einem anderen Land. In diesem Tal kann man ein seltsames Naturphänomen beobachten. Da es nach Süden hin durch einen feuchten Dschungel abgeschlossen wird und auf allen Seiten von großen Regenwäldern umgeben ist, haben seine niedrige Lage und seine Abgeschlossenheit inmitten hoher Berge es zu einer dürren Wüsteninsel in einer Welt des Wassers und des Regens werden lassen. Nicht ein einziger Baum war auf dem Talgrund zu sehen, wo die rote Erde durch spärliches, sonnverbranntes Gras schimmerte. Ein trockener, heißer Wind blies das Tal herauf und wirbelte hinter uns Wolken von Staub auf. Als wir die letzte Wegbiegung nahmen, kam unvermittelt die Festung von Wangdu Photrang in Sicht; das gewaltige, hohe und schmale Bauwerk krönte in einer Länge von hundert Metern eine Anhöhe, die den Zusammenstrom des Machu mit einem anderen Fluss beherrschte. An ihrem Fuß stand eine kunstvoll konstruierte Brücke, die aus drei rot und weiß angestrichenen Türmen bestand, von denen aus freitragende Balken den Fluss überspannten. Diese Festung hat immer eine wichtige Rolle in der Geschichte Bhutans gespielt, da sie den Weg nach Indien und die mögliche Invasionsroute von Eroberern beherrschte, die es auf die alte Hauptstadt Punakha, achtzehn Kilometer flussaufwärts, abgesehen hatten. Was mich hier im gemäßigten Bhutan am meisten überraschte, war das undurchdringliche Kaktusdickicht, das unter der Festung als Bollwerk gegen jeden feindlichen Ansturm den Abhang hinauf bis unter die hohe Mauer des Dzongs aufgepflanzt worden war.

Die schmale Straße war hier am Fluss zu Ende und damit auch unsere Verbindung mit der übrigen Welt. Ich hatte das Gefühl, dass man auf dieser Straße die ganze Welt erreichen konnte, doch nur bis hierher und nicht weiter reichte dieser am weitesten vorgeschobene Ausläufer unserer auf das Rad angewiesenen Zivilisation; jenseits dieses Punktes hatten die Wunder Henry Fords keine Bedeutung mehr. Wangdu Photrang war die neue Grenze unserer modernen Welt. Auf ihrer anderen Seite erstreckte sich die unermessliche Oberfläche unseres Planeten, reduziert auf die Dimensionen des Menschen, den Schritt seiner Füße und die Größe seines Körpers.

Ich stieg unverzüglich zum Dzong hinauf. Tensing ermahnte mich, ich solle meinen Kashag vorzeigen, das Empfehlungsschreiben der Regierung. Man betrat die Festung durch eine einzelne Tür am oberen Ende einer steilen Treppe.

Durch dicke Türpfosten trat ich in einen riesigen gepflasterten Hof. Neben der Tür saß ein Mann, dessen Füße mit stählernen Ketten gefesselt waren. Er lächelte mir zu. Ein Hund erhob sich träg von dem leeren Pflaster, über dem unvorstellbare Sonnenglut lastete. Kein Mensch war zu sehen. Schließlich tauchte ein junger Mönch auf, und ich fragte ihn auf Tibetisch, wo der Trimpon sei. Der Knabe führte mich wieder aus dem Hof und die Treppe hinunter zu einem kleinen, niedrigen Haus, das sich an das Festungstor anschmiegte. Als wir uns näherten, kam ein hoch gewachsener, korpulenter Mann mit der Statur eines Ringers und einem völlig glattrasierten, massigen, rundlichen Schädel aus dem Haus. Eine lange weiße Schärpe, die er um den Hals geschlungen hatte, fiel in Falten herab, an der Seite trug er ein silbernes Schwert. Ohne mir auch nur ein Lächeln zur Begrüßung zu gönnen, fragte er, ob ich einen Kashag hätte. Ich gab ihm meinen Brief. Er las ihn bedächtig, während unterdessen zwei Bediente zu ihm traten. Als er den Kashag gelesen hatte, faltete er ihn, steckte ihn in den Umschlag zurück und fragte mich auf Tibetisch, was ich wünschte. Ich erklärte, ich würde gern in der Festung übernachten und seine Hilfe bei der Beschaffung von Proviant und Trägern für meine Tour ins Landesinnere in Anspruch nehmen. Der Dicke brummte etwas, und einer seiner Bedienten führte mich in den Dzong zurück. Tensing schickte sich an, das Gepäck hineinzutragen, doch ein Mann mit einer blauen Schärpe über seinem Ko machte ihn darauf aufmerksam, dass er die Festung nicht betreten könne, ohne eine weiße Zeremonialschärpe um seinen Körper geschlungen zu haben. Tensing besaß keine, und erst nachdem er sich eine geborgt hatte, durfte er mit Hilfe eines Soldaten meine Säcke hinauftragen.

Der Hof war von einer zweistöckigen Galerie umgeben, die aus dicken Balken erbaut war. Als wir dort angelangt waren, übergab der Bediente mich einem ältlichen Mönch. Über eine steile Treppe, deren Stufen von den nackten Füßen ungezählter Mönche blankgewetzt waren, kletterten wir auf die untere Galerie hinauf. Durch eine der zahllosen Türen mit hölzernen Angeln traten wir in einen kahlen, getünchten Raum.

»Hier können Sie schlafen«, sagte der Mönch. »Die Gemeinschaftsküchen sind unten. Wegen Proviant müssen Sie sich an den Nyerchen [den Hofmarschall und Steuereinnehmer] wenden.« Ich wusste, dass jedem Dzong der Trimpon, der Herr über das Gesetz, vorstand; der zweithöchste Mann war der Nyerchen. Der Trimpon sorgte für Recht und Ordnung im Bezirk seines Dzongs. Der Nyerchen kümmerte sich um die Eintreibung der Naturalsteuern und die Lagerung und Verteilung der im Namen des Königs angesammelten Waren. Er war es, der die Schlüsselgewalt über die königlichen Getreidespeicher und den gewaltigen dunklen Lagerraum des Dzongs innehatte.

Der Hofmarschall sei nicht zugegen, sagte man uns, weshalb wir bis zum Abend nichts zu essen bekommen konnten.

Also setzte ich mich in das kahle Zimmer, dessen zwei unverglaste Fenster mit Schiebeläden aus Holz zu verschließen waren.

Aus diesen Fenstern konnte man von dem Burgfelsen auf den Fluss hinabschauen. Ein warmer, tosender Wind, der bald wesentlich kälter wurde, rüttelte an den Fensterläden. Tensing setzte sich neben mich, und bedrückende Stille umfing uns. Mir war zumute wie einem Kind an seinem ersten Tag im Internat. Plötzlich kam mir zum Bewusstsein, dass dies von jetzt an mein Leben sein würde: seltsame Orte, bewohnt von noch seltsameren Leuten, und dieser junge Tibeter, Tensing, als mein einziger ständiger Gefährte.

Ich sah ihn mir genauer an und fragte mich, was wohl in ihm vorging. Wer war er und wie war er? Mehr noch als Landschaften, sind für mich die Menschen faszinierend und geheimnisvoll. Ich wusste nichts von Tensing, und trotzdem würde ich von nun an alles mit ihm teilen. Wie würden wir miteinander auskommen? Bei genauerer Betrachtung war er gar nicht so mager, wie ich gedacht hatte, sondern sogar ziemlich kräftig und ebenmäßig gebaut. Am Abend des Hochzeitstages seiner Schwester hatte er sich für die Reise das Haar schneiden lassen, und ich sah in dieser Nebensächlichkeit ein gutes Zeichen, den Beweis dafür, dass er sich im Klaren war, dass wir lange Zeit unterwegs sein würden. Ich selbst hatte nicht daran gedacht, dass ich monatelang keinen Friseur sehen würde. Bisher hatte Tensing sich Mühe gegeben, mich zufrieden zu stellen, und sich gewissenhaft um mein Gepäck gekümmert. Außerdem schien er ehrlich zu sein, denn er war auch der Meinung gewesen, dass sein frisch gebackener Schwager Norbu mir den Preis für die Schuhe zurückerstatten müsse, die ich ihm gekauft hatte. Auf den ersten Blick schon war mir Tensing unendlich viel sympathischer als Norbu. Tensings Gesicht war freundlich, ja beinahe schön zu nennen, abgesehen von der etwas blutunterlaufenen Augenpartie, die ihm bei oberflächlicher Betrachtung ein ziemlich düsteres Aussehen verlieh. Wahrscheinlich war er krank gewesen, dachte ich. Er sah jetzt reinlicher aus als bei der Hochzeit. Leider hatte er seinen tibetischen *chuba* mit einer schwarzen Hose und einem zerknitterten Hemd vertauscht, so dass er jetzt recht modern wirkte. Ich wusste nun, dass sein kleines Kleiderbündel ein Paar Socken, ein Hemd zum Wechseln und einen alten, abgesteppten Khaki-Reißverschlussanorak enthielt, der auch schon bessere Zeiten gesehen hatte. Diese Sachen hatte er zusammen mit einem Paar Stiefel in einem marineblauen Matchsack untergebracht, auf dem mit weißen Buchstaben B. S. Bradley stand. Zweifellos hatte der Sack einmal einem amerikanischen Soldaten gehört, war dann in Kalkutta gestohlen, in Kalimpong verhökert und von einem bhutanesischen oder tibetischen Händler erstanden worden, der ihn auf einem Pony nach Thimbu gebracht hatte. Ich fragte mich, wer dieser B. S. Bradley gewesen sein mochte und ob er noch am Leben war. Der Sack konnte kaum aus einem Flugzeugabsturz stammen, obwohl ich wusste, dass im Krieg die ersten Kleidungsstücke, ja überhaupt die ersten Gegenstände aus dem Westen, die je in das östliche Tibet gelangten, aus Hunderten von Flugzeugwracks geholt worden waren, die während des Zweiten Weltkriegs am Fuß der bhutanesischen Vorberge in Assam zum Flug nach China gestartet und über dem Himalaja und in Kham abgestürzt waren. Einmal hatte ich einen Tibeter getroffen, der auf diese Weise ein ganzes Bündel Dollarnoten gefunden und es, weil er nicht wusste, welchen Schatz er da besaß, für ein Butterbrot an einen Khampa-Händler verkauft hatte, der nach China unterwegs war. B. S. Bradley … Wie lautete wohl sein Vorname? Dieser unwichtige Matchsack war jetzt ein Teil von Tensings Welt geworden. In ihm verwahrte er seine Stiefel und die ungewohnten westlichen Kleider, die er mir zu Ehren glaubte tragen zu müssen. Ein paar Tage darauf erzählte er mir, sein Vater habe ihm eine lange Predigt gehalten und ihm gesagt, er solle mir treu dienen und mir gehorchen und dies sei für ihn eine sehr gute Gelegenheit, erwachsen zu werden und die westliche Lebensart kennen zu lernen. Ich brauchte nur ein paar Stunden, um festzustellen, dass Tensing nicht zum Diener geboren war. Seine ärmlichen Verhältnisse als Flüchtling und die Tatsache, dass sein Vater einen kleinen Tee- und Bierausschank in Thimbu betrieb, konnten nicht ganz darüber hinwegtäuschen, dass seine Familie in Tibet hohes Ansehen genossen hatte. Er konnte ein wenig lesen, und seine Umgangsformen waren zwar nicht übermäßig gut, aber doch besser, als man erwarten konnte. Ich war fast sicher, dass er sich als guter Kamerad, wenn auch schlechter Koch, erweisen würde.

Tensing war am ersten Tag genauso aufgeregt wie ich. Er bestaunte meine Blechkiste, den Bunsenbrenner, den ich aus Kalkutta mitgebracht hatte, meine Kleider und meine Steppjacke. Er berührte alle meine Habseligkeiten mit neugierigen Fingern, erfuhr zum ersten Mal, wie sich so neue Materialien wie Nylon und Aluminium anfühlten, und bewunderte meine magere Reiseapotheke. Als er die Arzneien erblickte, entblößte er auch schon sein Bein, zeigte mir eine grässliche Wunde und bat mich, sie zu heilen. Er freute sich wie ein Kind, als ich ihm das Bein verband.

Da der Nyerchen immer noch nicht zurück war und wir keinen Reis hatten, konnten wir nicht essen. Deshalb ging ich mit ihm all unsere Vorräte und Ausrüstungsgegenstände durch und sagte ihm, wo und wie die einzelnen Sachen in Zukunft verstaut werden sollten. Als ich den Bunsenbrenner ausprobieren wollte, stellte ich fest, dass, obwohl das Gerät nagelneu war, der Dichtungsring kaputt war. Alle Versuche, einen neuen zu fabrizieren, schlugen fehl, und so machten Tensing und ich uns schließlich auf den Weg in die Gemeinschaftsküche, einen riesigen, düsteren Raum unter der Festung, an dessen Wänden sich ganze Reihen von kleinen Feuerstellen aus Lehm befanden. Hierher kamen all die jungen Mönche, um sich ihr Essen zu kochen. Einer von ihnen bot mir, als er uns erblickte, einen Kupferkessel voll Wasser an und sagte, wir könnten sein Feuer verwenden, das noch brannte. Andere, kaum zehn Jahre alte Knaben, brachten uns Holzscheite. Die Nachricht von unserer Anwesenheit in der Festung und vor allem in der Küche hatte sich wie ein Lauffeuer verbreitet, und bald hatten sich drei Dutzend Mönche in dem verräucherten Raum eingefunden, um uns zu inspizieren. Die jüngeren lächelten und lachten und rieben sich die Nasen, während sie ihre Bemerkungen über meine eigene machten, die für landläufige Begriffe ziemlich lang und groß ausgefallen war. Obwohl sie wahrscheinlich schon früher hie und da einen Ausländer gesehen hatten, wunderten sie sich über meine Kleidung, und Tensing erklärte ihnen, dass ich kein Inder sei, sondern ein sehr gelehrter Mann aus dem Westen. Das Wort Franzose hätte weder Tensing noch den Mönchen etwas gesagt. Ich überließ Tensing seiner Aufgabe und ging hinaus ins Freie. Einer der jungen Mönche erbot sich, mich im Dzong herumzuführen. Ich folgte ihm. Wir kamen durch mehrere Kapellen, die rings um den Haupthof angeordnet waren, und gelangten dann durch ein anderes Tor in zwei weitere kleinere Innenhöfe. Sie waren ebenfalls von Holzgalerien umgeben, über die man die Zimmer der einzelnen Stockwerke erreichen konnte. Sie waren alle aus dicken, klobigen, mit der Axt zugerichteten Balken erbaut, dunkelrot gestrichen und mit Lotossymbolen verziert. Die Festung hatte die Form eines riesigen Keils, und die drei unterschiedlich großen Innenhöfe lagen auf dem ebenen Teil des Felsens, auf dem der Dzong stand. Jeder Raum der Festung öffnete sich auf einer Seite nach einer Galerie und schaute auf der anderen Seite über die jäh abstürzenden Felswände auf den Fluss hinunter. Zwischen zweien dieser Höfe erhob sich ein großes, rechteckiges Gebäude mit dicken Mauern wie der Aufbau eines Schiffes. Das war der Uchi, der innerste und heiligste Bezirk der Festung. Er enthielt drei Kapellen, eine über der anderen, die alle wunderschön ausgeschmückt waren. Die Balken waren rot gestrichen und überzogen mit geschnitzten und bemalten Drachen, Blumen und verschiedenen buddhistischen Symbolen, Donnerkeilen, dem Lotos, einem Parasol, einer Muschelschale und einem endlosen Knoten, Symbolen, die, wie ich schon früher gesehen hatte, die vorherrschenden Dekorationsmotive nicht nur der Klöster, sondern aller Gebäude in Bhutan darstellten.

Wie die meisten Dzongs bestand die Festung aus zwei Teilen, von denen der eine für die Mönche reserviert war und die meisten Kapellen, große Heiligtümer sowie weitläufige Versammlungshallen enthielt, während der andere den weltlichen Verwaltern vorbehalten war und die Wohnräume des Trimpon und des Nyerchen, deren Privatkapellen, die verschiedenen Lagerräume sowie unter der Erde die Küchen und Waffenkammern umschloss.

Wir waren im weltlichen Teil untergebracht, doch niemand hinderte uns, im ganzen Dzong umherzuwandern. Andererseits dürfen Frauen, denen es ja verboten ist, im Dzong zu leben, nur den weltlichen Teil betreten, wenn sie Getreide für die königlichen Kornspeicher bringen oder sonst irgendetwas in der Festung zu erledigen haben. Nach dem Herrn über das Gesetz und dem Hofmarschall ist der Abt des Dzong die dritthöchste Persönlichkeit.

In Wangdu Photrang war ich, wie schon in Thimbu und Paro, beeindruckt von der Kunst der Architekten, die solch ein massives, geschmackvoll ausgeschmücktes Bauwerk errichtet hatten. Erst allmählich wurde mir klar, dass die Dzongs weder ihrer Größe noch ihrer Zweckbestimmung nach mit irgendwelchen Gebäuden verglichen werden konnten, wie wir sie in Europa haben. Dzongs sind mehr als bloße Festungen oder Klöster oder beides zusammen. Sie sind, im vollen Wortsinn, Städte, Zentren der Zivilisation, kleine Gemeinwesen, in denen Hunderte und (wie ich bald in den größeren Dzongs feststellen konnte) sogar Tausende von Menschen ein gesichertes, unabhängiges Leben führten, hinter dem einen, verschlossenen Tor dieser Zitadellen. Hier gibt es Künstler, Fleischer, Köche und Äbte neben Adligen jeden Ranges und deren Dienern, Soldaten und Verwaltern. Auch Durchreisende und die Fürsten anderer Dzongs kehren hier ein, denn die Dzongs sind zugleich Herbergen, Märkte und Gefängnisse. Das Leben jedes Bhutanesen ist in sozialer, politischer und religiöser Hinsicht eng mit dem Dzong verbunden. Sie erinnerten mich an die riesigen Überseedampfer, von denen jeder eine Welt für sich ist, durch den Ozean voneinander getrennt und beschützt, von ihm unabhängig, doch trotzdem auf ihn angewiesen. Die Rolle des Meeres spielte hier das umliegende Land, die Täler, aus denen Mönche von kleineren Klöstern in den Dzong kamen, aber auch Verbrecher, denen die finsteren unterirdischen Zellen neben den Lagerräumen bestimmt waren. Aber in den Dzong strömten auch die Oberhäupter der Dörfer, um an Ratssitzungen teilzunehmen, Bauern mit ihren Feldfrüchten und Krieger, die ihre Waffen bekommen sollen – all diese Menschen kamen unter demselben gigantischen Dach zusammen, spielten ihre Komödien und Tragödien vor aller Augen auf der engen Bühne der gepflasterten Innenhöfe. Jeder wurde Zeuge der Tragödie des andern, nahm Anteil an seinen Freuden und Leiden, die vor allen ausgebreitet wurden und sich den strengen Blicken des Herrn über das Gesetz, des Herrn über die Vorräte und des Herrn über die Seelen der Menschen, des Abtes, aussetzen müssen. Diese Intimität verlieh dem sozialen Leben und der Bedeutung der politischen Macht eine ganz besondere Intensität. Man braucht sich nicht zu wundern, dass bei dem Wort Dzong allen Bauern ein Schauer über den Rücken läuft, wenn es in ihren kleinen, einsamen, schutzlosen Behausungen in den hintersten Winkeln ihrer von der Außenwelt isolierten Täler ausgesprochen wird. Nichts im Leben der Bauern entgeht dem aufmerksamen Blick des Dzongs, und ebenso unweigerlich müssen des Königs Untertanen aufschauen zu der furchteinflößenden Masse der Festungen, die ihre Häuser beherrschen, so wie sie ihr ganzes Leben beherrschen. Innerhalb weniger Stunden war ich selbst der Ehrfurcht gebietenden Faszination der Dzongs erlegen.

Eingedenk der Tatsache, dass die beschwerliche und ungewisse Reise, die ich mir selbst auferlegt hatte, nun unmittelbar bevorstand, versuchte ich noch am selben Abend, den Herrn über das Gesetz noch einmal zu sprechen. Obwohl die meisten Fürsten ihre

Frau einfach in deren Haus zurücklassen und im Dzong ein Junggesellenleben führen, hatte sich der Trimpon von Wangdu Photrang für das Zusammenleben mit seiner Frau entschieden. Aus diesem Grund lebte der Herr über das Gesetz in einem kleinen Haus am Festungstor und verband auf diese Weise die Pflichterfüllung mit dem Familienleben – was innerhalb der Festung unmöglich gewesen wäre, in der eine Frau unter keinen Umständen wohnen darf. Ich unterrichtete diesen hochmütigen und recht unangenehmen Mann von meinen Plänen und äußerte den Wunsch, er möge mir für einen Ritt nach Punakha am folgenden Tag zwei Pferde zur Verfügung stellen. Er nahm meine Bitte schweigend entgegen, und als ich geendet hatte, brummte er etwas und entfernte sich.

Da Punakha abseits meiner Route lag, hatte ich beschlossen, möglichst wenig Gepäck mitzunehmen und zwei Tage dort zu verbringen, bevor ich mich auf den Weg über die Schwarzen Berge nach Tongsa machte, der ersten Station auf meiner Reise nach Osten. Keineswegs überzeugt, dass man meine Forderungen erfüllen würde, kehrte ich in den Dzong zurück und fand Tensing, der mir eine Tasse trüben Wassers reichte, das er allen Ernstes Tee zu nennen wagte. »*Inji cha*« erklärte er, mit anderen Worten »englischer Tee«, im Gegensatz zu der salzigen tibetischen Teesuppe, einem teuflischen Gebräu aus ranziger Butter, Salz, Milch und verfaulten Stengeln und gelegentlich auch Blättern von zweitklassigem chinesischem Tee. Ich hatte zwar indischen Tee von der besten Sorte mitgenommen, doch nachdem Tensing ihn in einem dreckigen Topf mit schmutzigem Wasser aus der großen Kupferleitung des Klosters aufgebrüht hatte, war er absolut untrinkbar. Höchst pessimistisch über den Erfolg meiner Bemühungen, fing ich an, Tensing einen Vortrag über elementare Hygiene zu halten.

»Ist der Tee nicht gut?«, fragte Tensing naiv.

»Nein«, sagte ich gereizt.

»Das finde ich auch«, entgegnete Tensing zu meiner Überraschung und fuhr fort: »Nur tibetischer Tee ist gut. Soll ich Ihnen welchen machen?« Bestürzt über diesen Vorschlag erklärte ich, ich würde ihm zeigen, wie man Tee »auf meine Art« kocht. Dann gab ich ihm das Rezept. Es begann ungefähr folgendermaßen: »Erst wäschst du deine Hände in sauberem Wasser, dann spülst und reinigst du den Topf und die Tasse. Den Topf mit sauberem Wasser stellst du auf das Feuer …«

Ich beendete die Anweisung in dem Bewusstsein, gute Arbeit geleistet zu haben. Tensing nickte und sagte, er würde neuen Tee kochen. Er nahm meine Tasse, schüttete die Teeblätter weg und wischte sie mit seinem schmutzigen Hemd aus. Dann wischte er den Topf ab, dann seine Hände, und dann wieder die Tasse. Er sagte, er wolle frisches Wasser aus dem Fluss unterhalb der Festung holen. Er schien aus allen Wolken zu fallen, als ich ihn belehrte, man könne Wasser zum Säubern einer Tasse benutzen, und schaute mich vorwurfsvoll an. Ich begriff, dass etwas zu säubern für ihn nichts anderes bedeutete, als es mit einem dreckigen Lappen abzuwischen. Die Tatsache, dass der Lappen immer dreckiger wurde, war ihm Beweis genug, dass alles andere immer sauberer wurde.

»Das ist nicht sauber genug«, sagte ich. Tensing warf mir einen sonderbaren Blick zu, und ich begriff, dass ich am ersten Tag besser nicht so penibel wäre und ihn, wenn ich so weitermachte, nur davon überzeugen würde, dass ich verrückt sei. Es ging auf fünf Uhr nachmittags, und wir hatten beide seit Tagesanbruch nichts gegessen. Das Kloster erdröhnte jetzt von Trommelschlägen, und vor den etwa zwölf verschiedenen Altären des Dzongs erneuerten Mönche das Wasser in den neun silbernen Opferschalen, die vor den friedlichen Buddhas unter den Furcht einflößenden Masken der schrecklichen Gottheiten standen. Der Mann mit den Fesseln an den Füßen stand in der Tür unseres Zimmers und stierte uns verwundert an. Ich hielt ihn für einen netten Kerl, aber in Wirklichkeit hatte er versucht, den König zu ermorden. Als ich dies erfuhr, kam ich zu dem Schluss, dass seine Strafe eigentlich milder war, als ich zunächst angenommen hatte. Immerhin durfte er in der Sonne sitzen und als Zuschauer am Leben des Dzongs teilnehmen. Ich wunderte mich, dass man ihn nicht eingesperrt hatte.

Der Nyerchen hatte einen Sohn, der sich jetzt in unserem Zimmer einfand. Er war ein schlaksiger Bursche um die sechzehn und erklärte schüchtern, er spreche ein paar Worte Englisch, denn der König habe ihn nach Kalimpong auf die Schule geschickt. Er würde sich freuen, sagte er, wenn ich englisch mit ihm spräche. Ich war einverstanden, deutete jedoch an, dass es unserer Unterhaltung nur förderlich sein könne, wenn wir etwas zu essen bekämen. Der Junge entschuldigte sich für die Abwesenheit seines Vaters und rief einen Diener, der Tensing in die Küche seines Vaters führen und uns bis zu dessen Eintreffen etwas Reis und ein paar Eier geben sollte. Ich dankte ihm, und er setzte sich und betrachtete meine Photoapparate.

Endlich sagte er: »Machen Sie ein Bild von mir?«

Ich versprach es ihm, und er kam unvermittelt auf meine Reise: »Wir haben hier nichts Modernes. Warum sind Sie gekommen?«

Ich erklärte ihm, ich wolle Bhutan kennen lernen. Er schien verblüfft.

»Sie sprechen gut Tibetisch«, bemerkte er.

Ich nahm dieses Kompliment bescheiden entgegen.

»Warum sprechen Sie Tibetisch?«, fragte er und fuhr ohne Übergang fort: »Mein Bruder spielt gute Musik. Wollen Sie ihn hören?«

Ich sagte ja, wenn ich gegessen hätte, könne er kommen und spielen. Jetzt stand mein junger Besucher auf und ging, jedoch nicht ohne mir vorher zu sagen, dass er in der Schule in die Klasse 7 B ginge, und mich zu fragen, ob es in Frankreich auch die Klasse 7 B gebe. Er schien sehr enttäuscht, als ich sagte, ich wisse es nicht genau.

Eine Stunde später erschien Tensing mit einem Topf voll dampfendem, gelbem Reis von der nur teilweise geschälten Sorte, und obenauf vier dampfende Chili-Schoten. Er holte vier Eier aus seiner Tasche und fragte mich, ob ich ihm beibringen könne, wie man sie kochen müsse. »Ich weiß nicht, wie man Eier kocht«, meinte er erläuternd.

Ich wurde ein bisschen ärgerlich. »Was soll das heißen? Bist du denn kein Koch?«, fragte ich.

»Doch, ich kann Reis kochen«, entgegnete er, wie um das Thema abzuschließen. Zu diesem Zeitpunkt war ich mir über die Bedeutung seiner Worte noch kaum im Klaren; ich sollte jedoch bald die grausame Wirklichkeit dieser schlichten Wahrheit zu spüren bekommen. Tensing, mein Koch, konnte Reis kochen, Reis und nichts anderes, nichts, gar nichts. Natürlich machte ihm das kaum etwas aus, weil er praktisch nichts anderes aß. Zögernd ging ich in die Küche zurück und machte ihn mit »dem schwarzen Zeug« bekannt. »Schwarzes Zeug« (*jalla nakpo* im Tibetischen) war von da an unser Wort für Pfeffer. Außer diesem hatte ich an Gewürzen nur noch je ein Glas Curry und Tabasco-Soße sowie eine Dose Senfmehl mitgenommen. Abgesehen von den Chilis, die man überall bekam, sollten das schwarze und das gelbe Zeug (Senf) bald das immer wiederkehrende düstere Hauptthema des gastronomischen Fiaskos werden, das mich von nun an Tag für Tag beschäftigte. Dazu kam bald noch das »weiße Zeug«, ein schweres, aus Palmöl hergestelltes Fett. Ich zeigte Tensing, wie man weißes Zeug in die Pfanne tut, die Eier aufschlägt, schwarzes Zeug und Salz darüberstreut und das Ganze kurze Zeit braten lässt. Entsetzt über ein so kompliziertes Rezept, meinte Tensing trocken: »Es ist besser, Sie machen die Eier.« Er hatte Recht.

So briet ich also die Eier, während Tensing zusah, mir das jeweilige Zeug reichte und bemerkte, es sei wohl das Beste, wenn wir uns ein bisschen getrocknetes Fleisch kauften.

Als wir wieder in unserem Zimmer waren, wischte Tensing Teller und Bestecke an seinem Hemd ab, das zusehends schmutziger wurde. Unglücklicherweise wurden dadurch seiner Logik zum Trotz die Teller und das Besteck kein bisschen sauberer.

Während ich mit meiner Gabel in den Eiern und den bunten Beilagen auf meinem Teller herumstocherte, dachte ich mit Wehmut an Calay, den nepalesischen Koch, der mich auf meinen Expeditionen in das Mount-Everest-Gebiet und das Königreich Mustang begleitet hatte. Ich dachte daran, wie er mir in Sturm und Regen Nudeln aus Mehl zubereitet und auf Gletschern Kuchen gebacken hatte, wenn auch der erste davon aus Schokolade und Knoblauch bestand. Jetzt wurde mir endgültig klar, dass schwere Zeiten bevorstanden. Es schmeckte mir auch nicht besser, als der älteste Sohn des Nyerchen erschien und mit einer tibetischen Gitarre Tafelmusik machte.

Ich streute noch ein bisschen schwarzes Zeug darüber, stand auf, sobald ich den letzten Bissen hinuntergewürgt hatte, und gab mir die größte Mühe, nicht mehr daran zu denken, was ich da gegessen hatte.

Am nächsten Tag erschien wider Erwarten in aller Frühe ein verdrossen dreinblickender Mann. Die Sonne war kaum aufgegangen, und es war bitter kalt. Der Bauer, den der Trimpon zwangsverpflichtet hatte, uns nach Punakha zu bringen, setzte sich und gaffte mich an, während ich mich ankleidete; er riss Mund und Augen auf, als mein Schlafsack zusammengelegt wurde, bis ihm Tensing sagte, er sei aus Vogelhaar gemacht. Er stand auf, als er die Wunderdinge sah, die mein Blechkoffer enthielt, und teilte uns prompt mit, wir würden für seine zwei Pferde eine Extragebühr zahlen müssen.

Tensing vertrat entschlossen meine Interessen und machte alle Säcke zu. Einige ließen wir zurück, da wir nur das Allernotwendigste mitnehmen wollten. Im Handumdrehen waren wir reisefertig; vorher allerdings lernte Tensing noch, wie man »roten Tee« zubereitet (so nannte er die Schokolade, die aus einer roten Dose stammte). Um keine Zeit zu verlieren, machte ich eine Schachtel Kekse auf, die man in Indien »dünne Arrowroot-Plätzchen« nennt, eine Travestie auf irgendeine obskure englische Kekssorte, die nach gar nichts schmeckt, selbst wenn sie nicht feucht geworden ist.

Der Herr über das Gesetz verabschiedete uns mit seinem gewohnten nichts sagenden Gesichtsausdruck. Der Bauer schrie hinter seinen Ponys her, weil sie auf dem Weg nach draußen einen Tschorten entweihten, indem sie gegen den Uhrzeigersinn um ihn herumgingen (eine echte Sünde). Wir blieben ein bisschen zurück, gerade so viel, dass wir das Packpferd und mein Reitpony aus den Augen verloren, worauf sie sich einfach in Nichts auflösten.

Wir schauten nach rechts und links, wir liefen voraus, wir liefen zurück, wir kletterten auf einen erhöhten Punkt, befragten einen des Wegs kommenden Mönch, liefen wieder vor und zurück und wollten schon aufgeben, als wir ein Häuschen gewahrten, das hinter einem kleinen Felsen versteckt war. Dort fanden wir unsere Säcke vor der Tür liegen – die Ponys waren abgesattelt, und unser Treiber verzehrte in aller Ruhe sein Frühstück. Er hatte kaum zweihundertfünfzig Meter zurückgelegt. Wir schlugen fürchterlichen Krach. Die Frau des Ponybesitzers lächelte, sie war sehr schön. Bald wurden die Bündel wieder aufgeschnallt, der Sattel über den Decken festgezurrt, eine weitere leuchtend rote Decke darüber gebreitet, dem Tier eine Glocke um den Hals gebunden, und ich ritt gemächlich in nördlicher Richtung zum Fluss hinunter.

Tensing kam hinterher, ehrerbietig meine Kameras umklammernd. Wir erreichten das Flussufer und hielten vor einem großen, hausartigen Kloster, das von zwei riesigen heiligen Bäumen flankiert war. Ich begrüßte den Mönch, und wir betrachteten die schönen Schieferreliefs, die sich in kleinen Nischen an der Außenwand des Gebäudes befanden.

Als wir zu den Ponys zurückkehrten, stellte ich fest, dass ein sieben Jahre alter taubstummer Junge sich unserer Reisegesellschaft angeschlossen hatte. Wegen des Monsuns trat der Fluss beinahe über die Ufer, ein reißendes, milchig-trübes Wildwasser von fünfzig Meter Breite, voller Sand und Steine, dessen leicht gekräuselter Oberfläche die ungeheure Gewalt, mit der es in seinem Bett dahinschoss, nicht anzumerken war. Die Ufer lagen in der prallen Sonne. Alle hundert Meter etwa weiteten sie sich zu unglaublich schönen, makellos weißen Stränden mit feinstem Sand. Ich habe nie ein Flussufer gesehen, das so sehr dem Meeresstrand glich. Hartes Gras wuchs auf den Dünen, die diese halbmondförmigen Süßwasserstrände begrenzten. Das Pony strauchelte in dem heißen, feinen Sand, der weiter flussauf gewaltige Sandbänke gleich kleinen Sahara-Wüsten bildete. Das Tal glühte in der Hitze wie ein Backofen. Das Rauschen des Flusses erinnerte beständig daran, dass Strände zum Schwimmen und Faulenzen und nicht zum Marschieren gemacht sind. Ich war abgestiegen, da das Terrain flach und der Holzsattel trotz der Decken höchst unbequem war. Früher hatte ich im Himalaja nur sehr selten Pferde verwendet, und da ich befürchtete, dieses Privileg würde ohnehin nicht von Dauer sein, musste ich mich wieder daran gewöhnen, meine Beine zu gebrauchen. Fast drei Jahre lang waren sie nichts weiter als dekorative Anhängsel gewesen, bestenfalls dazu geeignet, aufs Gaspedal oder hin und wieder auf die Bremse zu treten. Sie erinnerten mich bald an das faule Leben, an das sie sich gewöhnt hatten. Ganz plötzlich begannen sie mir an allen möglichen Stellen wehzutun. Deshalb hielt ich die Zeit für gekommen, ein bisschen schwimmen zu gehen. Mir kam auch der Gedanke, dass Tensing sich dadurch würde verleiten lassen, vielleicht das erste Bad seines Lebens zu nehmen. Nach dreistündiger, langsamer Wanderung hielten wir an einem der romantischsten diese Strände an. Tensing erwies sich als weniger schmutzig, als ich erwartet hatte, während ich feststellen musste, dass ich selbst über und über mit Staub bedeckt war. Das Wasser war eiskalt, wie es nicht anders zu erwarten war bei einem Wildwasser, das aus einem kaum dreißig Kilometer entfernten Gletscher gespeist wurde. Das Schwimmen war ein voller Erfolg. Ich verlor beinahe mein Gesicht, weil ich halb im Treibsand versank, Tensing schlief fast ein, die Pferde suchten sich geeignete Stellen zum Grasen, und der Treiber verschwand. Das taubstumme Kind konnte nicht auf meine Rufe reagieren, als ich mit der Autorität des »großen weißen Mannes« dann doch plötzlich entschied, es sei Zeit zum Weitermarschieren. Schließlich, so sagte ich mir, war ich nicht bis hierher gekommen, um meine Zeit an einem Strand zu vertrödeln. Doch wie angenehm sollte in den kommenden Monaten die Erinnerung an die Ufer des Ma-chu sein, des »Mutterflusses«, dem weiter südlich die Inder den Namen Sankosh gegeben haben! Es gelang mir schließlich, den taubstummen Jungen dazu zu bewegen, seinen Freund, den Ponybesitzer, zu suchen, der unter einem Busch geschlafen hatte. Mein Prestige als Bilderbuchheld war angekratzt. Kolumbus hätte solche Nachlässigkeiten sicherlich nicht geduldet.

Das Tal verengte sich, und der Weg stieg an und führte auf einem Felsband über dem Flussufer entlang. Es war ein breiter Weg, mit in den Fels gehauenen Stufen, der hin und wieder von getünchten Tschorten und langen Gebetsmauern markiert wurde.

Wir waren unterwegs nach Punakha. Wie oft hatte ich diesen Namen ausgesprochen, den ersten bhutanesischen Namen, den ich gekannt hatte! Auf jedem Atlas der Welt ist dieser Name von zwei kleinen Ringen umgeben, wie ein Auge, das hämisch auf die anderen Hauptstädte schielt. Punakha ist in jedem Atlas zu finden, und doch war es mir nicht gelungen, auch nur ein Foto, ein einziges kleine Foto dieser Stadt aufzutreiben, Punakha, dessen Name in Millionen Büchern mit denselben großen Lettern gedruckt ist wie Washington, Paris, London. Seit vier Jahren war Punakha nicht mehr die Hauptstadt, dieser Titel war an Thimbu übergegangen. Tatsächlich war Punakha immer schon die Winterhauptstadt gewesen und Thimbu die Sommerhauptstadt, weil die Bhutanesen, wie auch die Tibeter und, bis zu einem gewissen Grad, jene ausgestorbene Rasse schnauzbärtiger Beamter, die Kipling so schätzte, zu den einzigen Leuten auf der ganzen Welt gehörten, deren Regierungen begriffen hatten, dass Bürokratie nicht unbedingt gleichbedeutend sein muss mit Plackerei, und deshalb ihren Sitz an einen Ferienort verlegten – New Delhi wurde nach den Poloplätzen von Simla verlegt, Kalkutta zog sich in die kühlen Berge von Darjeeling zurück, der Dalai Lama in seinen Sommerpalast, und die Regierung von Bhutan übersiedelte mitsamt allen Mönchen und königlichen Bedienten von Punakha nach dem höher gelegenen und kühleren Thimbu.

Die Sonne stand nun im Zenit, und die Hitze war unerträglich. Jetzt verstand ich, warum in Wangdu Photrang Kakteen wuchsen und warum die Mönche von Punakha im Sommer nach Thimbu zogen. Doch der Höhenunterschied zwischen Thimbu und Punakha allein erklärte noch nicht den Temperaturunterschied. Der obere Teil des Tals des Ma-chu ist eine Art Tal des Todes, ein natürlicher Backofen, dessen mit Lehm verkleidete Seiten die Sonnenstrahlen einfangen und die starken Winde erhitzen, die niemals zulassen, dass diese Gegend jenes kühlen Regens teilhaftig wird, der im Monsun so reichlich in der ganzen Umgebung fällt. Im Winter, so erfuhr ich, verwandeln sich Wangdu Photrang und Punakha in eine Art Zauberparadies der Wärme, das auf allen Seiten von Schnee eingeschlossen ist, ein klimatisches Naturwunder, in dem unter Schneefeldern Bananen wachsen.

Das Teil weitete sich allmählich wieder, und am Ufer des schäumenden Ma-chu sah man vereinzelte Sandbänke. Plötzlich tauchte Punakha hinter einem zur Seite gezogenen Vorhang aus grünen Bergflanken auf. Vor mir lag ein breites, flaches Tal mit grünen Reisfeldern, in die nur ein paar Häuser, vielleicht fünf oder sechs, eingestreut waren. Es war keineswegs der Anblick, den man von dem berühmtesten Ort eines Landes mit einer Million Einwohner erwartet hätte. In der Ferne auf dem Talgrund sah ich breit und behäbig den Dzong liegen. Gleich Thimbu war die uralte Hauptstadt nur eine Festung ohne Stadt, ohne Dorf, ohne jegliche größere Siedlung.

Erst als wir näher kamen und unser Pfad vom Fluss weg auf eine Anhöhe führte, fiel mir die ungewöhnliche Pracht des Dzong auf. Er sah aus wie ein monströses Schiff, eine dahintreibende Arche aus Stein. Auf der einen Seite umspülten ihn die schäumenden Fluten des Ma-chu unmittelbar unter seinen Mauern, während auf der anderen Seite ein ebenso breites Wildwasser vorbeifloss. Die ganze Festung stand im Wasser, in einem Burggraben, der von zwei Flüssen gebildet wurde, die sich vereinigten und ihre wirbelnden Fluten unter den Mauern des Dzongs vermischten. Ein kleiner Nebenarm des Ma-chu verband hinter der Festung die beiden Flüsse, so dass der ganze Dzong von einem rauschenden Gischtmeer umgeben war, keine Insel, sondern ein gewaltiges steinernes Schiff, das in gefährlichen Wassern kreuzte. Als es näher kam, bekam ich nach und nach einen ersten Eindruck von seinen gewaltigen Ausmaßen; über dreißig Meter hoch ragte es aus den Fluten, und seine Länge betrug an die hundert Meter. Punakha war wie ein gigantischer architektonischer Missgriff, ein ganz und gar urbanes Monstrum, das unvermittelt aus einer pastoralen Landschaft wuchs. Die leicht überhängenden Mauern gaben der Festung den Anschein des Immerwährenden; sie glich einem massiven Felsen, der aus dem Meer aufragt. Die nüchternen, klobigen Umrisse von Punakha waren ein weiterer Beweis, dass die Bhutanesen neben den Tibetern ohne Zweifel die größten Architekten Asiens sind. Nirgendwo in China, Indien oder Südostasien findet man Bauwerke mit so klaren Proportionen. Die Architektur im überwiegenden Teil Asiens verdient kaum diesen Namen, denn sie ist im Wesentlichen nur eine Anhäufung von Skulpturen und Dekorationen, die übereinander gesetzt und ineinander verschachtelt sind, ohne Rücksicht auf die zweckmäßige Gestaltung der Innenräume des Gebäudes oder sein Aussehen insgesamt. Man darf

Dekor nicht mit Form verwechseln, und so gesehen gehören die Architekturen Bhutans und Tibets (die eng miteinander verwandt sind) zweifellos zu den elegantesten und harmonischsten der ganzen Welt. Die Verwendung von schräggeneigten Mauern, von Fenstern unterschiedlicher Größe sowie die klare Linie der flachen Dächer, unterstrichen von dunklen Friesen, schaffen eine harmonische Gegenüberstellung von Horizontalen und geneigten Vertikalen. Wenn der Potala von Lhasa das bekannteste der zahllosen eleganten Bauwerke der tibetischen Welt ist, so darf man doch nicht die vielen anderen, gleichermaßen edlen und oft monumentalen Bauten übersehen, die mir, wie die Dzongs von Punakha, Paro und Thimbu, immer als überraschend modern erschienen sind, besonders wenn ich daran denke, dass einige dieser Bauwerke aus dem sechzehnten Jahrhundert stammen, während der Stil selbst sich bis ins zehnte oder zwölfte Jahrhundert zurückverfolgen lässt.

Endlich lag sie vor mir, die rätselhafte, lange unerreichbare, geheimnisvolle Hauptstadt von Bhutan. Punakha war, mehr noch als Lhasa, die verbotene Stadt des Himalaja. Auch heute noch kann man ohne Schwierigkeiten jeden Einzelnen der wenigen Ausländer aufzählen, die jemals dort gewesen sind. Punakha ist noch immer eine unbekannte Zitadelle, die unerreichbare, geheiligte Winterresidenz der weltlichen und geistlichen Herrscher des Landes des Drachen.

Obwohl der König vier Jahre vor meiner Ankunft Thimbu zu seiner neuen Hauptstadt erkoren hatte, würde es länger als vier Jahre dauern, um Punakha seiner Vorrechte zu berauben. Es war noch immer der Sitz der größten Kongregation von Mönchen im ganzen Land. Doch da wir ja Hochsommer hatten, war ich nicht überrascht, Punakha praktisch verlassen vorzufinden. Die Mönche waren alle im Juni in ihre Sommerresidenzen in Thimbu gezogen, hatten sich zu Fuß das Tal hinab auf den Weg gemacht, um eine Nacht bei dem winzigen Kloster Chime, unmittelbar nördlich

Seine Majestät Jigme Dorji Wangchuk, König von Bhutan, ein begeisterter Bogenschütze

von Wangdu Photrang, zu verbringen, bevor sie den hohen Gebirgszug überschritten und nach Thimbu gelangten.

Wir überquerten die Reisfelder und kamen an eine gefährliche Seilbrücke. Hier ließen wir die Pferde zurück, denn von ihnen konnte man nicht erwarten, diese Brücke zu überqueren. Punakha, an allen Seiten von Wasser umgeben, war uneinnehmbar, aber es wurde auch von denselben Fluten bedroht, denen es seine Unzugänglichkeit verdankte. Drei Jahre vor meinem Besuch hatte der Ma-chu die Grundmauern des Dzong unterspült, wobei sich jener Seitenarm gebildet hatte, der nun die Festung vollständig vom Festland abschnitt. Die stabilen Auslegerbrücken mit ihren beiderseits in den gemauerten Torhäusern verankerten Balken waren hinweggespült worden. Um die Grundmauern von Punakha zu verstärken, hatte man die Ufer befestigt und so den

Dzong gerettet, doch fürs Erste waren nur provisorische Hängebrücken anstelle der massiven Brücken errichtet worden, über die man vierhundert Jahre lang die Festung erreicht hatte.

Als wir die erste, gefährlich schwankende Brücke überquert hatten, erreichten wir einen schmalen Streifen Land, eine niedrige Insel, auf der ein halbes Dutzend Häuser und sechs kleine Hütten aus dunklen Balken standen. In diesen Häusern wohnten diejenigen Beamten, die sich für ein Zusammenleben mit ihren Ehefrauen entschieden hatten.

Wieder war ich verblüfft, dass es in der ganzen Umgebung kein größeres Dorf gab. Obzwar seit Jahrhunderten Landeshauptstadt, bestand Punakha nur aus dem Dzong. Eine ganze Stadt in einem einzigen Gebäude untergebracht. Gleich nach der Ankunft fragte ich nach dem Trimpon, dem Herrn über das Gesetz. Er war nicht da; der Nyerchen auch nicht, hieß es. Da es Sommer war, stand der Dzong praktisch leer. Nur der Trimpon Ramjam war anwesend – den Titel Ramjam erhalten die gewählten Oberhäupter der Distrikte, in welche die vom Dzong abhängige Region unterteilt wird. Meist gibt es vier bis sechs Ramjams. Zwei müssen im Dzong arbeiten, einer als Assistent des Herrn über das Gesetz und der andere als Hofmarschall. Der Ramjam des Herrn über das Gesetz erwies sich als alter Mann mit weißem Haar und von recht schmächtiger Statur. Er begrüßte uns mit der üblichen Gleichgültigkeit (an die ich mich mittlerweile gewöhnt hatte), bot mir nicht einmal eine Tasse Tee oder ein Glas Wasser an, sondern fragte nach meinem Empfehlungsschreiben. Als das erledigt war, sagte er, wir könnten ein Zimmer im königlichen Pavillon beziehen, einem großen bhutanesischen Haus am Flussufer. Wir starben fast vor Hunger, also machte sich Tensing sofort daran, in einer kleinen Hütte neben dem Bungalow Reis zu kochen. Der Ramjam entfernte sich, und ich ging zu den Ständen hinüber, wo ich zu meiner Überraschung einen Korb voll Granatäpfel fand, eine Obstsorte, der ich bisher im Himalaja noch nicht begegnet war. Während ich einige davon aß, schlenderte ich zwischen den Buden umher und traf plötzlich wieder den Ramjam. Diesmal war er liebenswürdiger. Er wollte, dass ich ein Foto von ihm machte, also vereinbarte ich, dass ich nach dem Essen in den Dzong hinaufkommen würde.

Nachdem ich den Mann mit den Pferden entlohnt und mich von ihm und seinem jungen Gefährten verabschiedet hatte, schaute ich nach Tensing, der vor einem prasselnden Feuer schwitzte. Er hantierte völlig unbefangen mit dem schwarzen Zeug, dem weißen Zeug und auch ein bisschen gelbem, und ich kam zu dem Schluss, dass er, wenn er schon kein guter Koch war, zumindest eine rasche Auffassungsgabe besaß, abgesehen davon, dass sein Hemd dreckiger war denn je und er immer noch nicht herausgefunden hatte, wie man Teller säubert.

Ich inspizierte unser Quartier, ein großes Chalet in einem mit einer Mauer umfriedeten Garten, in dem schöne Blumen von hohem Gras überwuchert wurden. Eine alte Frau mit einem zahnlosen Grinsen, die Verwalterin, kam herbei, um meine Ausrüstung zu begutachten und herauszufinden, wer ich sei. Ich schickte sie weg, als Tensing mit seinem Reis kam. Wir setzten uns beide und luden uns riesige Berge davon auf den Teller, aber trotz Pfeffer und Salz und einigen Litern heißen Wassers mit Currypulver, das obenauf schwamm, schmeckte es mir nicht. Tensing zog etwas aus der Hosentasche, das wie ein Knäuel Schuhriemen aussah, und reichte mir ein paar davon mit den Worten:

»Essen Sie das, es ist vorzügliches getrocknetes Fleisch. Ich habe es in Wangdu Photrang gekauft.«

Er hatte noch nicht ausgesprochen, als auch schon das ganze Zimmer nach verdorbenem Fleisch stank. Eiligst gab ich Tensing die Schuhriemen zurück, wobei ich murmelte, das getrocknete Fleisch sei noch nicht trocken genug.

Ich ließ Tensing allein und machte mich auf den Weg zum Dzong. Mit dem alten Ramjam überquerte ich eine zweite waghalsig konstruierte Brücke und gelangte auf eine kleine Plattform vor dem eindrucksvollen, einzigen Eingang zu der gewaltigen Festung. Zwei sehr steile Treppen führten an der massiven Nordfassade des Dzong zu diesem Tor hinauf. Im Kriegsfalle konnten diese Treppen zerstört oder hochgezogen werden, so dass der Eingang, der noch zusätzlich durch ein gewaltiges Tor mit Eisenbeschlägen gesichert werden konnte, sich dann hoch über dem Erdboden befand. Am oberen Ende der Treppe lag ein dunkler Korridor, durch den man in einen Innenhof gelangte. Zu beiden Seiten waren Pförtnerhäuschen mit kleinen Fenstern, aus denen man alle, die den Dzong betraten, beobachten konnte.

Unter dem Bollwerk des äußeren Teils des Gebäudes entlanggehend, schaute ich auf eine Anhäufung von Türmen und Gebäuden, die um miteinander verbundene Innenhöfe herum angelegt waren. Vor mir erhob sich der zentrale Turm von Punakha, ein mächtiges, siebenstöckiges Bauwerk, das die umgebenden Bauten überragte. Die vierstöckigen Gebäude rings um den Turm hatten Galerien, die sich auf einem Gewirr von Balken über die weitläufigen Höfe erhoben. Ich betrat den Turm und stieg sechs gefährlich steile Treppen hinauf; in jedem Stockwerk gab es eine Kapelle zu besichtigen. Außerdem bekam ich große Versammlungshallen zu sehen, deren Beschreibung man allein schon ein ganzes Buch widmen könnte: ihre Fresken, Gold- und Silbergefäße, geschnitzten und vergoldeten Götterbilder würden das größte Museum im Westen mit Schätzen von unglaublicher Schönheit und höchstem Altertumswert füllen.

Nach der Besichtigung des Turmes folgte ich dem Ramjam zu einem weiteren Hof und einem weiteren Turm mit immer weiteren Hallen und Kapellen, in denen gigantische Buddhas aufgestellt waren, manche von ihnen über sechs Meter hoch. Insgesamt gab es über sechsunddreißig Kapellen und an die sieben große Hallen. Ich besichtigte sie alle, eine nach der anderen, immer aufs Neue erstaunt ob ihrer Schönheit und Größe. Punakha Dzong, das Pentagon von Bhutan, der königliche Sitz des Glaubens und des Gesetzes, entzieht sich jeder Beschreibung. Wie Alice im Wunderland folgte ich meinem Führer, keuchte halsbrecherische Treppen hinauf, schlängelte mich durch dunkle enge Korridore hinab und konnte hin und wieder durch kleine Fenster oder von Loggien auf den Fluss hinuntersehen. Jeder Raum, jede Kapelle innerhalb dieses nüchternen Dzong erstrahlte in der goldenen, blauen und gelben Pracht der Decken und Wände. Während ich durch diesen Schwindel erregenden Traum schritt, bekam ich keine Menschenseele zu Gesicht. Es war, als wanderte ich in einer toten Stadt umher, die ruhigen, friedvollen Gottheiten geweiht war, die Seite

Der heilige Lama Druk-pa Kunlegs, der in ganz Bhutan und Tibet verehrt wird

an Seite mit furchtbaren, schweigenden Dämonen standen. Der Dzong schien dem Zauber der schrecklichen Geister des tantrischen Pantheons verfallen zu sein. Nachdem etwa zwei Stunden verstrichen waren, gelangte ich schließlich in einen großen, an die fünfzig Meter breiten Raum, dessen Decke auf einem Wald von Säulen ruhte und der an einem Ende, zur Südmauer des Dzong hin, offen war, so dass man auf den Gischt am Zusammenfluss der beiden Wildwasser hinabschauen konnte. Dies war eine der Haupthallen des Dzongs, jedoch nicht die größte, die sich wiederum zwischen dieser und dem zweiten Turm des Dzongs befand. Dies war die Stätte, an der in der Vergangenheit Staatsversammlungen abgehalten wurden. Es war ein Raum von gewaltigen Ausmaßen, der bis unter die Dachbalken vergoldet war und sich in der Mitte zu einem großen, rechteckigen Oberlicht emporwölbte. Hier gab es einen großen, erhöhten Thron, einen rechteckigen, gesondert stehenden Holzturm, auf dem der König zu sitzen pflegte, um die Versammlung der Fürsten und Lamas seines Königreiches zu leiten. Von den Dachbalken hingen große, kreisförmige Behänge aus feinstem Brokat herab, die sich überlappten wie die Schuppen eines Fischungeheuers. Trotz meiner Besuche in den Dzongs von Paro, Thimbu, Wangdu Photrang und Simtoka war ich auf die Pracht und die Ehrfurcht gebietende Majestät dieser Stadtfestung nicht im mindesten vorbereitet gewesen. Man würde Tage, wenn nicht Monate brauchen, dachte ich, um auch nur einige der Schätze, die Punakha barg, genauer zu betrachten; Schätze, die hier im Laufe von Jahrhunderten angehäuft worden waren, Geschenke und Kunstwerke, die von Gesandten und Botschaftern über die hohen Gipfel aus China, der Mongolei und Tibet hierher gebracht worden waren. Dieser Ort war der Brennpunkt allen Wohlstands und aller Handwerkskunst Bhutans gewesen. Künstler und Handwerker waren an den Hof der geistlichen Mitherrscher – der Deba –, der gewählten Könige und der inkarnierten Lamas geströmt, die Seite an Seite in Punakha residiert hatten. Es ist kaum verwunderlich, dass die Bhutanesen es wagten, von den soliden Mauern Punakhas aus die Tibeter, die Assam-Stämme und sogar die Briten herauszufordern. In seinem heißen, abgeschiedenen Tal versteckt, im Winter auf allen Seiten von Schneemassen geschützt und im Sommer von denselben, nun aber regengetränkten Bergen, schien Punakha in der Tat uneinnehmbar. Es muss zutreffen, dass Punakha sich als die sicherste Festung der Welt erwiesen hat, da es nie erobert wurde und bis in die zweite Hälfte des zwanzigsten Jahrhunderts hinein dem bösartigen Ansturm der technischen Zivilisation widerstanden hat. Ganz Bhutan hat physischer und moralischer Okkupation standgehalten und sich seine eigene Regierungsform, seine eigene Religion und seine eigene Kunst bis in ein Jahrhundert bewahrt, in dem die Kunst, die Religion sowie das politische Leben aller anderen Länder entweder fremdländischen Ideen oder finanzieller Fremdherrschaft anheim gefallen sind. Welches Land außer Bhutan könnte sich im Jahre 1968 der Indifferenz gegenüber der Macht des Dollars und der Kontroverse zwischen der Demokratie und dem Kommunismus rühmen? Punakha war noch immer der Sitz eines Freistaates, die Hauptstadt des letzten wahrhaft unabhängigen Landes der Welt.

Als wir den Dzong verließen und die gebrechliche Brücke überquerten, lud mich der Ramjam ein, in seinem Haus ein Glas mit ihm zu trinken, und später am Abend nahm mich der betrunkene Ramjam beiseite und zeigte mir die Instrumente seiner Macht. Er zog ein langes Schwert aus der Scheide, wies auf die Klinge und erklärte lächelnd:

»Wenn ich das habe, macht niemand Schwierigkeiten. Sie sagen ›ja‹ zu allen meinen Worten, und dabei bleibt es.«

Dann holte der Ramjam eine bösartig aussehende alte Flinte hervor und fuhr fort: »Wenn die Leute nicht parieren wollen, habe ich auch noch das. O ja, sagen sie, ja, danke schön, und ich habe keinen Verdruss.«

Der Ramjam legte die Flinte beiseite und zog unvermittelt eine Pistole aus seinem blauen Ko. Mittlerweile war ich selbst ziemlich nervös geworden und versicherte dem alten Mann, dass ich seine Macht durchaus anerkenne und bewundere. Für einen Augenblick hatte ich vergessen, dass dieser Mann nicht einfach ein gewöhnlicher Bürokrat war, irgendein obskurer Regierungsbeamter, sondern die Person, von der die Sicherheit und das Leben von Tausenden sowie der Frieden einer ganzen Provinz abhingen. In einem Land, wo Einrichtungen wie Telefone, Autos und ein moderner Polizeiapparat unbekannt sind, kann der Respekt vor dem Gesetz nur durch Angst aufrechterhalten werden, durch den Anblick des Instruments der Bestrafung. In Abwesenheit des Trimpons musste dieser unbedeutende kleine Ramjam als Ein-Mann-Tribunal fungieren, als ganz auf sich gestellter Steuereinnehmer, Postmeister, Verwalter der staatlichen Vorräte und Wächter über die königlichen Schätze, der für das Waffenarsenal im Dzong verantwortlich war, den Bauern Land zuteilen und über sie Recht sprechen musste, der, mit einem Wort, dem König für alles und jedes verantwortlich war. Er glich einem einsamen Kapitän am Ruder einer Provinz mit über fünfzigtausend Einwohnern. Seine Aufgabe war alles andere denn leicht, und ich begriff jetzt, dass sein Schwert, die Flinte und die Pistole genau wie das hochfahrende Wesen des Mannes unerlässlich für sein Amt waren, nicht einfach irgendwelche Symbole. Als die großen Tore des Dzongs in dieser Nacht geschlossen wurden, war das nicht bloß ein Ritual, sondern eine Notwendigkeit, und wie in jeder Nacht seit Jahrtausenden würde ein Wächter in dem Uchi-Turm stehen, neben sich eine Trommel, und in den dunklen, verlassenen Höfen würden Wachen in seidenen Gewändern mit Schärpen über der Brust barfuß die Galerie auf und ab schreiten, des Königs Mannen, die die Herrschaft des Gyal-po von Bhutan verkörperten, der sich wie jede Nacht in die königlichen Gemächer zurückziehen konnte, in der beruhigenden Gewissheit, dass sein Land gut bewacht wurde.

In Bhutan, wo das Geld nicht die Triebfeder menschlichen Ehrgeizes ist, war es nur natürlich, dass der Ramjam mir die Insignien seines Amtes und seiner Würde zeigte: sein silbernes Schwert, Sinnbild seiner Macht und wirksamer Garant der ihm gebührenden Ehrerbietung. Sein Schwert, die Flinte und die Pistole sowie eine mit Quasten versehene, silberne Patronentasche und ein in gleicher Weise verzierter Geldbeutel waren, so wurde mir jetzt klar, die offiziellen Rangabzeichen des Ramjam. Die letzteren beiden überraschenden Gegenstände holt der Ramjam aus einer großen, in Bhutan hergestellten Papiertüte hervor und zeigte mir stolz, wie sie getragen werden mussten.

Die Gemahlin des Ramjam, eine ziemlich verschreckt wirkende Frau, bediente uns und versorgte uns reichlich mit *arak*, einem aus Reis oder Weizen gebrannten alkoholischen Getränk, das viel stärker ist als *chang*, ein vorwiegend aus Gerste hergestelltes Bier, das Nationalgetränk Tibets und Bhutans. Ich trank den *arak* aus einer kleinen Silberschale, während ich mit gekreuzten Beinen dem mittlerweile recht angeheiterten Ramjam gegenübersaß. Er wollte mich überreden, noch einen Tag hier zu bleiben, und versprach, er würde mir zu Ehren einen Wettkampf im Bogenschießen veranstalten, zu dem die besten Schützen des Tales sich auf dem Platz einfinden würden, der sich am Fuße des Dzongs befand.

Ich argwöhnte, dass ich dieses Angebot nur dem *arak* zu verdanken hatte, und lehnte höflich ab, sehr zum Verdruss des Ramjams. Ich hatte mich schon entschlossen, am nächsten Morgen wieder aufzubrechen, weil einerseits, solange Punakha verlassen war, wenig Aussicht bestand, irgendwelche zusätzlichen wertvollen Informationen zu bekommen, und ich andererseits noch meine ganze Reise vor mir hatte und deshalb möglichst bald zu meiner eigentlichen Route zurückkehren wollte. An zwei Tagen hätte ich in Punakha kaum mehr unternehmen können als an einem, und ich hätte auf keinen Fall mehr getan, als die Oberfläche all dessen anzukratzen, was es hier zu lernen, zu sehen und zu erkunden gab.

Deshalb beschloss ich, am folgenden Tag im Morgengrauen aufzubrechen. Ich vereinbarte mit dem jetzt vollends betrunkenen Ramjam, dass ich am Morgen ein Pferd, einen Träger und einen Führer bekommen sollte, die mich zu den beiden Klöstern bringen würden, die sich, wie ich erfahren hatte, auf der anderen Seite des Ma-chu befanden. Ich wollte diese Klöster besichtigen und dann nach Wangdu Photrang zurückkehren, um den eigentlichen Aufbruch zur Überschreitung der Schwarzen Berge vorzubereiten. Es war dunkel, als ich das Haus des Ramjam verließ. Er gab mir freundlicherweise einen Diener mit einer Fackel aus Kiefernzweigen mit, der mich auf meinem Weg an den Buden vorbei und über den Bogenschießplatz bis in den Garten unseres Quartiers begleitete.

Die Moskitos ließen mich nicht schlafen. Im Dunkeln konnte ich das jungenhafte Gesicht Tensings erkennen, der neben mir auf dem Fußboden schlief. Ich steckte mir eine Zigarette an, stand auf und trat auf die Veranda hinaus. Der Mond schien blass über dem verwilderten Garten, und alles blieb still, bis auf das Rauschen des Flusses jenseits der Mauer, hinter der die Festung sich gleich einem Berg auftürmte. Eine Stunde lang saß ich auf der Vortreppe des Zimmers, betrachtete den Dzong und horchte in die Stille.

4

Jenseits der Schwarzen Berge

Es war dunkel, und die Tore von Wangdu Photrang Dzong sollten gerade geschlossen werden, als Tensing und ich tags darauf erschöpft und durchnässt spät abends durch das Kakteengestrüpp zur Festung hinaufstolperten. Wir waren seit sechs Uhr morgens herumgeklettert; als Erstes waren wir langsam zu dem Kloster Ngor oberhalb Punakha aufgestiegen. Ich hatte gehofft, noch weiter hinauf zu dem berühmten Kloster Talo zu gelangen, dem heiligsten von Bhutans Klöstern außer denen innerhalb der Dzongs, doch mein Führer informierte mich falsch, und ich erfuhr später, dass es nur noch eine Wegstunde bis zu diesem Kloster gewesen wäre.

Doch auch Ngor erwies sich als außerordentlich interessant. Das Kloster stand auf einem das Tal des Ma-chu beherrschenden Bergrücken und war von Kiefernbäumen und schönen, lustig bemalten Häusern umgeben. Dann brachte uns ein mühevoller Abstieg auf einem schmalen Grat zu einem Nebenfluss des Ma-chu hinunter, von wo aus wir eine steile Kuppe erkletterten, auf der ein weiteres, sehr kleines Kloster stand, das jedoch in ganz Tibet und Bhutan berühmt ist als die Heimatstätte von Druk-pa Kujlegs, einem heiligen bhutanesischen Lama des sechzehnten Jahrhunderts, der für seine Streiche bekannt und durch seine lange amüsante Autobiographie unsterblich geworden ist. Hier fanden wir einen einsamen alten Klausner, der uns die Reliquien des Heiligen zeigte und uns eine ziemlich entstellte Version seiner Lebensgeschichte erzählte. Schöne Figuren von ihm, seinem Bruder und einem anderen Lama zierten den Mittelaltar des Klosters. Rings um dieses winzige Koster hielten die zweitausend Mönche von Punakha alljährlich auf ihrem Zug in die Sommerresidenz Thimbu Rast.

Nachdem wir das Kloster verlassen hatten, führte unser Weg uns am Westufer des Ma-chu abwärts, wo wir in ein furchtbares Gewitter gerieten. Blitze durchzuckten die von einem starken Sturm gepeitschten Regengüsse. Die Berge verschwanden mit einem Mal in Wolken, und es war lange vor Sonnenuntergang schon ziemlich dunkel. Man hat Bhutan das »Land des Drachen« genannt, und da die Menschen dort, wie die Tibeter, glauben, der Donner werde von einem im Himmel herumpolternden Drachen verursacht (das Wort für Donner bedeutet wörtlich übersetzt »die Stimme des Drachen«), meinen manche, Bhutan verdanke seinen Namen seinen heftigen Gewittern.

Am folgenden Tag bereiteten wir in Wangdu Photrang unseren Marsch nach Osten vor. Der Nyerchen war nun endlich auch eingetroffen und führte uns, in der Hand einen Bund schwerer Schlüssel, in einen der Getreidespeicher des Dzongs hinauf. Er erbrach das königliche Siegel, mit dem die Tür verschlossen war, und ging hinein, begleitet von einem Diener, der ein hölzernes Maßgefäß und einen kleinen runden Stock trug. Während er das Gefäß jedes Mal genau bis zur Höhe des Stockes mit Reis füllte, begann der Diener in einer Art Singsang die Maße zu zählen, die er in den von Tensing aufgehaltenen Sack schüttete. Mein Kashag ermächtigte mich, Reis aus staatlichen Vorräten zu einem festgesetzten Preis zu kaufen. Von nun an würde uns unterwegs niemand mehr Nahrungsmittel verkaufen oder, falls wir doch einen dazu überreden konnten, nur zu horrenden Preisen.

Ich bat den Herrn über das Gesetz, mir für den folgenden Tag vier Ponys oder Maultiere zu beschaffen, eines als Reittier für mich und die übrigen als Tragtiere für die sechs Lasten, aus denen jetzt unsere Ausrüstung und unsere Proviantvorräte bestanden.

Das Drachen-Symbol ist eines der vorherrschenden künstlerischen Motive in Bhutan

Ich fand den Herrn über das Gesetz in einem großen, reich ausgeschmückten Raum im Dzong. An der Wand hingen eine Reihe Schwerter, drei hässliche Peitschen und zwei Maßstäbe gleich jenem, der bei der Zuteilung eines Reisvorrats verwendet worden war. Das waren die Werkzeuge seiner strengen Gerechtigkeit. Mit einem schlauen Lächeln zeigte mir der ansonsten eher sanftmütig wirkende Trimpon die Instrumente seiner Macht, wobei er mir erklärte, dass zwei zusammengebundene Maßstäbe ein praktisches kleines Instrument ergaben, mit dem man Finger brechen konnte, um Geständnisse zu erzwingen. Ich lächelte unbehaglich, und zum ersten Mal lachte mein untersetzter Gastgeber.

An diesem Abend luden mich der Nyerchen und seine beiden Söhne zum Essen ein. Es war eine einfache Mahlzeit, die typische Kost des Bhutanesen, ob Fürst oder Bauer – ungeschälter Reis und dampfende Chili-Schoten, und zum Hinunterspülen zahllose Tassen Buttertee. Der Nyerchen, ein gut aussehender Mann, beschrieb mir seine Karriere. Er hatte viele Jahre in Thimbu beim König persönlich in Diensten gestanden, bevor er in seine jetzige hohe Position berufen worden war. Nach dem Essen zeigte er mir all die verschiedenen Maße und Gewichte von Bhutan und die einer Römerwaage ähnelnde Handwaage, mit der die Butter abgewogen wird. Von seinem Sohn erfuhr ich, dass die Inhaber aller höheren Posten, wie zum Beispiel der Herr über das Gesetz und der Hofmarschall, vom König selbst ernannt wurden. »Es ist einfach Glückssache«, meinte der Junge. »Wenn der König einen mag, dann ist alles in Ordnung.«

Der Name des Königs war in aller Munde, seine Gegenwart wurde überall gepriesen und gleichzeitig gefürchtet. Nicht ein Pfund Reis wurde verkauft, nicht eine einzige alltägliche Handlung wurde ausgeführt, ohne dass, so schien es jedenfalls, eine Beziehung zu seinen Wünschen und seinem Namen hergestellt wurde.

Am folgenden Morgen ging die Sonne gerade über den östlichen Bergen auf, als wir Wangdu Photrang verließen. Der Herr über das Gesetz, der Hofmarschall, zwei Dutzend Mönche und der gefesselte Gefangene gaben uns zum Abschied die Ehre.

Meine Säcke wurden einer nach dem anderen von einem finster blickenden alten Mann in einem rot und dunkelblau karierten Gewand auf drei Maultiere gepackt. Das war Wangdu, ein wohlhabender Bauer, der am Tag zuvor von Emissären des Herrn über das Gesetz verpflichtet worden war. Uns zu begleiten stellte eine der zahlreichen Natursteuern dar, die er dem Dzong schuldete. Er leistete seinen *ulag*, einen der unbeliebtesten Dienste, die der König beanspruchen kann. Jeder Bauer ist zum *ulag* verpflichtet, das heißt, er muss sich und seine Pferde zur Verfügung des Königs oder seiner Fürsten halten. Von nun an würde ich dank meinem Brief mit dem königlichen Siegel von Dzong zu Dzong mit Hilfe solcher Bauern weiterziehen, die nach den Gesetzen des Landes in meinen Dienst gezwungen wurden.

Wangdu gab uns bald zu verstehen, dass er es hasste, *ulag* zu leisten, und uns nur deshalb begleitete, weil er dazu verpflichtet sei. Ich bemerkte, dass er seine schlechtesten Tiere genommen hatte, weil er nicht das Risiko eingehen wollte, sich die guten auf der langen Reise, die vor uns lag, zu verderben.

»Es ist die falsche Jahreszeit für eine Reise«, erklärte er mir kurz angebunden, während er uns die Säcke umpacken ließ, um die Lasten für die Maultiere auszubalancieren.

»Es wird viel Wasser geben«, fuhr er fort, »und wir werden bis Tongsa mindestens sechs Tage brauchen.«

»Sechs Tage!«, protestierte ich. »Der Herr über das Gesetz sagte, wir könnten in fünf oder sogar schon in vier Tagen dort sein.«

»Der Herr über das Gesetz«, brummte Wangdu verächtlich. »Was weiß der schon! Ich sage Ihnen, es wird sechs Tage dauern.« Das war kein guter Anfang, und ich hoffte, Wangdu würde uns nicht einfach unterwegs im Stich lassen. Ich fürchtete mich ein bisschen davor, sechs Tage in seiner Gesellschaft zu verbringen. Tensing dagegen schien völlig unbekümmert. Er war zu aufgeregt bei dem Gedanken, dass es nun endlich losgehen sollte.

»Ich bin fast nie aus Thimbu herausgekommen«, sagte er, »und jetzt, dank Ihnen, werde ich ganz Bhutan kennen lernen.« Zumindest schien er eifrig bei der Sache zu sein, und zu meiner Freude fand ich jeden Tag einen neuen Anlass, mir zu gratulieren, dass ich an einen so sympathischen jungen Mann wie Tensing geraten war.

Obwohl er ein so miserabler Koch war, hatte ich ihm jetzt ein paar weiße Tücher zum Säubern der Tassen gekauft, wodurch sein altes Hemd geschont wurde, und ich hoffte, er würde sogar so weit gehen, die Lappen zu waschen, um sie sauber zu halten.

Vor dem Abmarsch gingen wir noch zu den kleinen Ständen am Fuße des Dzong. Dies, so hätte man uns gesagt, würden die letzten Läden in ganz Bhutan sein. Ich ergänzte hier meinen Zigarettenvorrat mit irgendeinem billigen, feuchten, aus Indien importierten Kraut. Tensing bestand darauf, noch mehr getrocknetes Fleisch zu kaufen. Ich versuchte, ihn davon abzubringen, indem ich kategorisch erklärte, Fleisch sei die Wurzel allen Übels, und das bhutanesische Trockenfleisch sei in der ganzen Welt berüchtigt, dass es schlecht für den Magen und keineswegs, wie er, Tensing, glaube, gut für die Gesundheit sei. Tensing war skeptisch und erbat sich die Genehmigung, wenigstens ein klein wenig davon mitzunehmen. Widerstrebend willigte ich ein und verjagte die Fliegen, die das formlose, übel riechende, ledrige Fleisch umschwirrten, während Tensing mit sichtlichem Behagen eine Hand voll von diesem Ekel erregenden Zeug in Besitz nahm.

Schließlich waren wir bereit zum Aufbruch, sagten den Beamten und Zuschauern »*kaleschu*« und setzten uns langsam in Bewegung, längs dem Bergrücken, auf dem die Festung stand, in Richtung auf einen heiligen Kiefernhain und weiter das Tal des Nebenflusses hinab, der unterhalb des Dzong in den Ma-chu mündete. Wir befanden uns jetzt auf dem nach Tongsa führenden Pfad. Wie dieser Weg beschaffen sein würde und wie lange wir brauchen würden, war mir ein Geheimnis. Wir gingen auf einer kleinen Anhöhe über dem tiefen Tal, und nach kaum sechshundert Metern stießen wir auf eine Geierschar, die sich an dem Kadaver eines Ponys gütlich tat, das den Felsen hinabgestürzt war, die steifen Beine himmelwärts gereckt. Ein gutes Omen, dachte ich bei mir selbst, und ging ein bisschen dichter an der Bergseite.

»Jammerschade«, meinte Tensing und betrachtete den Kadaver, von dem Geruchsschwaden heraufzogen, die an bhutanesisches Trockenfleisch erinnerten. Dergestalt an die Vergänglichkeit des Pferdelebens gemahnt, verzichtete ich vorerst darauf, das dürre, aggressiv aussehende Maultier zu besteigen, das Wangdu für mich mitgebracht hatte.

Der Dzong verschwand, und ich war allein; gemächlich ging ich neben den Maultieren her, von denen drei schwer mit unserer kostbaren Habe beladen waren, meine autarke Welt, die nun endlich in

Bewegung gekommen war. Bei jedem Schritt schlug mir das Herz schneller vor Erregung, denn immer wieder kam mir der Name Rinak (schwarze Berge) in den Sinn, ein Name, der mir die Vorstellung in Erinnerung rief, die ich immer von Bhutan als einer dunklen Gebirgsmasse auf der Landkarte gehabt hatte. Um diese Berge zu überschreiten, würden wir auf eine Höhe von 3300 Metern hinaufklimmen müssen, in jene kalten Regionen, wo der Sauerstoff knapp wird. Dieser Pass würde uns eine neue Welt aufschließen, die geheimnisvolle Welt Zentralbhutans, eines Landes, das bisher nur ganz wenige Europäer, vielleicht drei oder vier, betreten hatten.

Ich wurde ständig von Wangdu aus meinen Träumereien aufgeschreckt, der seine Tiere, die immer wieder vom Weg abkamen oder stehen blieben, um sich einen Grashalm abzurupfen, mit dem Ruf »*dro*« anzutreiben versuchte. Die Sonne brannte unbarmherzig auf uns herab, es gab kein bisschen Schatten, und ich sehnte mich allmählich nach den höheren Regionen. Drei Stunden lang trotteten wir auf den dürren, grasbewachsenen Anhöhen über dem Fluss dahin.

Dann schließlich stiegen wir langsam zum Fluss hinunter, den wir an einer Stelle erreichten, an der ein anderer Fluss mündete. Am gegenüberliegenden Ufer, das nicht so sehr der Sonne ausgesetzt war, wuchs tropischer Wald, und darüber gab es Terrassenfelder und einsame Häuser. Als wir die Holzbrücke überquert hatten, veränderte sich plötzlich die Szenerie. Der Weg, die Hauptroute über die Schwarzen Berge, der bis jetzt immerhin gut einen Meter breit gewesen war, verengte sich zu einem kaum zwei Spannen breiten Pfad, der kaum auszumachen war auf dem gelben Boden. Es ging jetzt steil bergan, im Zickzack die nahezu senkrechten Abhänge hinauf. Wangdu erklärte, die Maultiere seien überladen und müssten alle fünfzig Meter rasten. Ich schwitzte und bekam gute Lust, mich auf mein Maultier zu setzen, doch Wangdu entschied, das komme gar nicht in Frage, weil der Pfad zu steil sei. Im Schneckentempo schleppten wir uns den besonnten Hang hinauf. Ich spürte die ersten Ermüdungserscheinungen. Um ehrlich zu sein, es gibt nichts, was mir unangenehmer ist als Bergsteigen. Wie alle Sportarten, die übermäßige Kraftanstrengung verlangen, ist es ermüdend und, was noch schlimmer ist, witzlos, denn hinaufsteigen bedeutet, dass man auch wieder hinunter muss. Aber jetzt konnte zu allem Übel von Abstieg keine Rede mehr sein. Erschöpft hielten wir alle im Schatten einer einsamen Kiefer an. Die Maultiere wurden entladen und auf die Weide geschickt. Ich setzte mich, um auszuruhen. Nach einer Weile tauchten zwei Männer auf, die denselben Weg hatten, und ließen sich keuchend neben uns auf die Erde fallen.

Sie musterten mich mit der Neugier, die meine westliche Kleidung überall erregte, und fragten, ob ich Inder sei. Als Tensing erklärte, ich stamme aus dem »fernen Westen« und sei der »gelehrteste Mann auf der Welt«, starrten sie mich fassungslos an. Wie Tensing darauf kam, wusste ich nicht, aber er beharrte: »Ja, er weiß alles, einfach alles.«

Ich lächelte verschämt, schloss wieder die Augen und wünschte mir, dass ich wirklich alles wüsste, nicht zuletzt, wann und wie wir es bei diesem Tempo jemals schaffen sollten, ganz Bhutan zu durchqueren.

Als wir uns weiter aufwärts kämpften, hörte ich, wie Tensing Wangdu erklärte, ich sei in der Tat ein großes Genie und wüsste alles über die Geschichte und die Bräuche Tibets, und ich hörte den Alten ungläubig grunzen. Er schwitzte jetzt stark und blieb stehen, um sich zu beklagen, es sei unmenschlich, einen Mann seines Alters die Berge hinaufzujagen.

»*Oh apa*«, sagte Tensing, »das finde ich auch«, und wir taten uns zusammen, um Wangdu ein bisschen aufzuziehen.

»Es ist natürlich schlimm, dass du noch in der Gegend herumziehen musst, aber was ist mit den Maultieren? Die sind zweimal so alt wie du«, hänselte ihn Tensing und versetzte einem der trägen Biester einen kräftigen Schlag.

Als wir so unseren Spaß mit ihm trieben, begann der alte Mann zu lächeln und uns von allen Reisen zu erzählen, die er unternommen hatte. Er war sechsmal in Lhasa gewesen, so erzählte er, und stammte aus Tongsa, der Stadt, nach der wir jetzt unterwegs waren. Er hatte Reis nach Lhasa gebracht, den wichtigsten Exportartikel Bhutans vor der Besetzung Lhasas durch die Chinesen. Das erklärte, warum er so gut Tibetisch sprach. Die Sprache, die in Thimbu und Paro und mit kleinen Abwandlungen auch im oberen Tal des Ma-chu gesprochen wird, heißt *Dzong-ka,* mit anderen Worten »die Sprache der Dzongs«, weil die gebildeten Fürsten und alle Beamten Bhutans sich ihrer bedienen. Dzong-ka ist eng mit dem Tibetischen verwandt. Dagegen sprach man, so erfuhr ich, im Tal von Tongsa und in ganz Zentralbhutan eine andere Sprache.

Es ging auf vier Uhr, als der Weg endlich flacher wurde. Wir sahen jetzt in das kleine Flusstal hinunter, dem wir am Morgen gefolgt waren, und konnten in südlicher Richtung bis zu dem Dzong zurückschauen, der jetzt ein kleiner weißer Fleck in der Ferne war. Wir hatten ein paar allein stehende Häuser inmitten von Getreidefeldern erreicht, aber diese Felder hörten bald auf, als wir auf den Scheitelpunkt des Bergrückens gelangten. Der Boden war mit dichtem Gras bewachsen, und wider Erwarten fanden wir hier, am Rand einer leichten Mulde, einen kleinen See voller Lotosblumen, auf drei Seiten von herrlichen Kiefern umstanden. Dieser See war so schön, dass ich kaum Einspruch erhob, als Wangdu trotz der frühen Stunde erklärte, dass wir hier übernachten würden.

Nach den öden Berghängen, die wir erklommen hatten, und dem ausgedörrten Flussbett kam ich mir in diesem majestätischen Kiefernwald, dessen Boden ein Teppich aus schönem, hohem, üppigem, mit Kiefernnadeln übersätem Gras war, beinahe wie im Paradies vor.

Dieser Ort hieß Samtengang und war, so erfuhren wir, ein Rastplatz des Königs, eine der offiziellen Stationen auf dem Weg nach Tongsa. Ich war froh, dass der Marsch dieses Tages zu Ende war, denn ich war immer noch müde von dem zweitägigen Abstecher nach Punakha und schauderte bei dem Gedanken, dass dies nur der erste von vielen Tagen anstrengender Wanderung gewesen war. Wangdu erklärte, dass wir hier bleiben müssten, weil es jetzt fast einen Tagesmarsch weit kein Wasser mehr geben würde, und wenn der König hier zu rasten pflege, würde der Ort wohl auch für mich gut genug sein, selbst wenn ich »der intelligenteste Mensch der Welt« sein sollte. Der alte Mann grinste boshaft. Er ging mit mir in den Wald und zeigte mir den königlichen Lagerplatz, eine grasbewachsene Lichtung, die in drei Stufen angelegt war, im Schatten der gewaltigen Kiefern, unter denen die Einheimischen Irisrabatten angelegt hatten. Große, bemooste Felsblöcke lagen zwischen den Bäumen wie Steine in einem japanischen Garten, und der Blick durch die Bäume hindurch auf die Lotosblumen machte dieses Fleckchen Erde zu einem der schönsten, die ich je gesehen hatte.

Dieser Wald war heilig. Ich hatte schon mehrere besonders schöne Baumgruppen gesehen, die als heilige Haine galten, doch nun erklärte mir der alte Mann den Grund: Hier, so sagte er, wohnten viele Lus, Erdgottheiten, sowie ein besonderer Lu, der in den Bäumen lebt. Er führte mich ein Stück abseits von dem königlichen Lagerplatz und zeigte mir eine besonders große Felsbildung, in der sich etwa einen Meter über der Erde eine kleine Höhle befand. Diese war mit Gebetsfahnen geschmückt, und der alte Mann sagte mir, dies sei die heilige Wohnstätte eines sehr bedeutenden Lu. Das war meine erste Begegnung mit jenen sonderbaren Gottheiten Bhutans, die weder buddhistisch noch hinduistisch sind, sondern der alten magischen Bon-Religion angehören, die, wie ich bald feststellen sollte, in Bhutan auch heute noch viele Anhänger zählt.

Ich freute mich schon darauf, mein Zelt an dem See aufzuschlagen, aber der Alte wollte nichts davon hören. Er habe keine Zeit, verkündete er, und ich sollte gefälligst dort schlafen, wo alle bedeutenden Leute übernachteten: in der Schule.

»In der Schule?«, fragte ich.

»Ja, in der Schule«, bestätigte Wangdu. »Sie ist gleich dort unten.« Er ging voran durch eine natürliche Lücke in den Felsblöcken und einen steilen, schlammigen Pfad hinab, der in ein dunkelgrünes Tal mündete, in dem Häuser verstreut lagen und über dem man in der Ferne hoch oben die zwei weißen Klöster erblickte.

»Das hier«, sagte er, »ist die Schule«, und er wies auf ein großes bhutanesisches Haus unmittelbar unter uns. Und tatsächlich, es war ein neues, zweistöckiges Gebäude mit hölzernen Fensterläden und kleinen gotischen Fenstern in der an die Tudorzeit in England erinnernden Fassade, das vor kurzem mit den vereinten Kräften der Talbewohner erbaut worden war.

»Vor fünf Jahren beschloss Jigme Dorji, über hundert solcher Schulen in ländlichen Gegenden zu errichten«, erläuterte ein kräftig gebauter junger Bhutanese, der Lopda Dakop, wie der Lehrer genannt wird.

Er beschrieb mir eingehend, wie diese Schulen arbeiteten und wie sie entstanden waren. Zuerst hatte der König aus ganz Bhutan diejenigen Kinder ausgewählt, die entsprechend begabt schienen, und sie nach Kalimpong geschickt, in das indische Dorf im Grenzgebiet von Bhutan, Sikkim und Tibet, wo sie Englisch gelernt hatten. Dann waren in ganz Bhutan, selbst in den entlegensten Tälern, auf Grund einer königlichen Verordnung Schulen errichtet worden. Die Herren über das Gesetz hatten das Volk davon überzeugt, dass dies eine gute Sache sei.

Das hörte sich einfach an, aber ich musste an Nepal denken, das es trotz der Millionenhilfe aus dem Ausland, trotz seiner langen Bekanntschaft mit der englischen Sprache und trotz Hunderten, um nicht zu sagen Tausenden von westlichen Technikern, die im Lande waren, nicht geschafft hatte, in seinen entlegeneren Gebieten Schulen einzurichten, die diese Bezeichnung verdient hätten.

»Da viele von den Jungen von weither kommen«, sagte der Lehrer, »bleiben sie hier und schlafen in den Klassenzimmern. Sie kochen sich ihr Essen selbst.« Für die meisten Schüler war also die Schule ein Internat. »Der König stellt den Reis für diejenigen zur Verfügung, die hier wohnen«, informierte mich der Lehrer, während er mich in eines der Klassenzimmer führte. Wie alle anderen Räume in bhutanesischen Häusern war es kahl und hatte einen Holzfußboden. Der Lehrer verscheuchte ein paar kleine Jungen in schwarzen Kos, die alle auf Englisch »Hallo, Sir« zu mir sagten und in andere Klassenzimmer rannten, aus denen nun auch weitere Kinder auf mich herabschauten.

»Wir lehren Dzong-ka und Englisch. Wir haben nicht viele Bücher, aber einige werden zur Zeit in Thimbu geschrieben.«

Aus einem Raum hörte ich die Kinder laut auf Bhutanesisch singen. Es gibt eigentlich keine echte bhutanesische Schriftsprache. Die Mönche Bhutans verwenden in ihren Büchern und in amtlichen Schriften Tibetisch, doch Wissenschaftler sind jetzt dabei, die gesprochene Sprache zu klassifizieren. Sie verwenden tibetische Schriftzeichen, vereinfachen jedoch die Schreibweise, die im klassischen literarischen Tibetisch sehr kompliziert ist.

Ich war überrascht, hier einen so intelligenten Schullehrer zu finden, und wunderte mich, dass er sich entschlossen hatte, in einem derart entlegenen Tal zu leben. Als ich ihn fragte, ob er einsam sei, erklärte er: »Es ist der Wunsch des Königs und es kommt Bhutan zugute.« Und: »Wir sind nur wenige bhutanesische Professoren, die Englisch sprechen, deshalb gibt es in vielen Schulen Inder.«

Als ich später einige dieser Inder kennen lernte, erfuhr ich, dass sie alle aus dem Bundesstaat Kerala in Südindien stammen. Die Bhutanesen mögen die Inder nicht, vor allem nicht die Hindus, deren Kastensystem sie alle Buddhisten verachten lässt, und auch wegen der expansionistischen Einstellung der Inder gegenüber Bhutan. Um deshalb einer Indisierung durch persönlichen Kontakt mit Hindus vorzubeugen, werden nur Lehrer aus Kerala ins Land geholt, wo nicht Hindi, sondern Malajalam gesprochen wird, eine Sprache, die genauso schwierig ist, wie ihr Name sich ausspricht. Der Staat Kerala, der in ganz Indien die meisten Katholiken und Kommunisten zählt, ist in seiner Kultur sehr weit vom klassischen hinduistischen Indien entfernt. So wird das Risiko vermieden, dass Bhutan wie einige der anderen tibetischen Gebiete in Nepal oder Nordindien hinduistisch werden oder unter indischen Einfluss geraten könnte. Der einzige Nachteil dieser weisen Politik besteht darin, dass die armen Inder aus Kerala, die nahe dem Äquator aufgewachsen sind, sehr unter der Kälte leiden, da sie hier zum ersten Mal im Leben Schnee zu sehen bekommen und Temperaturen unter fünfzehn Grad Celsius kennen lernen. Ein Gehalt, das viermal so hoch ist wie das in Kerala, einem der ärmsten Bundesstaaten Indiens, veranlasst diese jungen Männer, nach dem Himalaja auszuwandern, wo sie erst Bhutanesisch lernen müssen, um sich verständlich machen zu können.

Mir wurde klar, dass eine absolutistische Monarchie nach bhutanesischem Muster den pseudo-demokratischen Systemen unserer unterentwickelten Länder in so mancher Hinsicht überlegen ist, dass Bhutan, da es weder ein soziales Kastensystem noch ein habgieriges Bürgertum aufkommen ließ, weit besser für die Modernisierung seiner Institutionen gerüstet ist und über eine viel bessere Verwaltung verfügt als jedes andere Land, das ich bisher kennen gelernt hatte. In Bhutan war ein Befehl ein Befehl. Wenn der König Schulen wollte, bekam er die besten, und die besten Köpfe waren bereit, ihm zu dienen. Ich dachte daran, dass in Nepal ein junger Mann, der zur Ausbildung ins Ausland geschickt wird, nach seiner Rückkehr gewöhnlich sein eigenes Volk verachtet und sich weigert, in eines der entlegenen Täler seines Landes zu gehen, weil er lieber in einer Stadt mit Kinos lebt, als seine Pflicht zu tun, indem er in sein Dorf zurückkehrt und seinen Landsleuten hilft. In ähnlicher Weise sind viele Angehörige der Elite unterentwickelter Länder, sobald sie erst einmal die Annehmlichkeiten der westlichen Zivilisation kennen gelernt haben, nur noch auf Profit aus und nützen schließlich den zurückgebliebenen Gebieten ihrer Länder überhaupt nichts, weil sie sich weigern, dort zu arbeiten. In Bhutan kannte man solche Probleme nicht, und ich hatte den Eindruck, dass das ganze Land den Wunsch des Königs nach Modernisierung unterstützte. In sechs Jahren hatte Bhutan so viel erreicht wie Nepal in zwanzig, mit einer neunmal kleineren Bevölkerung und viel geringeren finanziellen Unterstützung. Doch bei aller Modernisierung will Bhutan seine Bräuche und Institutionen bewahren. Ich dachte an das Verbot des Königs, den Westen »nachzuäffen«. Wie Recht er hatte.

Bhutan wurde ganz ähnlich wie eine private Besitzung verwaltet, doch dank seiner ungewöhnlichen Regierungsform entging es sowohl den Gefahren des europäischen Feudalismus als auch denen des Kapitalismus. Da Beförderung nicht auf Herkunft oder Geld beruhte, waren Familie und Reichtum keine Mittel zur Erlangung einer hohen Position in der Regierungshierarchie. Die Vergabe der Ämter richtete sich nach der Begabung, und Beförderungen erfolgten ähnlich wie in unseren westlichen Armeen. Die höheren Beamten wurden vom König aus einer vom Volk gewählten Elite ernannt. Diese Kombination von Demokratie und Feudalismus in einer geldlosen Gesellschaft gehört zu Bhutans wertvollstem Besitz. Es ist ein wahrhaft eigenständiges und bemerkenswertes System, das jedoch gleichzeitig der Anpassung an unsere technologische Welt fähig ist, ohne dabei unter den nachteiligen Auswirkungen finanzieller oder bürokratischer Diktatur leiden zu müssen.

Wenn man nun noch in Betracht zieht, dass Bhutan im Gegensatz zu den meisten Ländern der Welt sich seine absolute Unabhängigkeit von ausländischen politischen oder finanziellen Interessengruppen bewahrt hat, könnte man meinen, ich spräche hier von einer utopischen Gesellschaft, besonders wenn man berücksichtigt, dass in Bhutan der König und seine Beamtenschaft den ethischen und religiösen Aspekten im Leben der Menschen genauso viel Aufmerksamkeit schenken wie ihrem materiellen Wohlergehen.

Doch nichts ist vollkommen, auch Bhutan nicht. Da der Königstitel im Jahre 1907 erblich wurde und nicht mehr wie in der Vergangenheit durch eine Wahl verliehen wird, könnte der König womöglich in Zukunft zu mächtig werden und eine Dynastie wie im europäischen Mittelalter gründen. Bis jetzt hat sich diese Tendenz und die Gefahr eines echten Feudalismus noch nicht über den Thronerben und die engere Familie des Königs hinaus verbreitet. Ein Jahr nach meiner Reise entschloss sich der König zu der bemerkenswerten Geste, die Wahlmonarchie wieder einzuführen. Von 1969 an soll der König alle drei Jahre durch eine Zweidrittelmehrheit in der Vollversammlung der Fürsten und hohen Äbte des Landes in seinem Amt bestätigt werden. Bhutan hat sich also ein Regierungssystem geschaffen, das auf allgemein anerkanntem Verdienst beruht und keine Günstlingswirtschaft aufgrund von Reichtum, Bestechung oder erblichen Privilegien kennt. In Bhutan ist der Hauptantrieb des Einzelnen, sobald das Grundbedürfnis der Ernährung befriedigt ist, die gesellschaftliche Stellung. Obwohl die gesellschaftliche Stellung auch im Westen eine wichtige Rolle spielt, ist sie hier meist vom Wohlstand abhängig. So konnte ich mich anfangs nur schwer mit dem Gedanken vertraut machen, dass die Herren über das Gesetz in den bhutanesischen Dzongs arm seien, was die meisten von ihnen tatsächlich sind. Was ich für Reichtum hielt, war in Wirklichkeit nur das äußere Zeichen der Amtswürde dieser Männer. Als ob die zahlreichen goldenen Rangabzeichen auf der Uniform eines Generals schon Beweis genug wären, dass er reicher ist als ein gemeiner Soldat! Prestige und Privilegien machen den wahren Unterschied aus. In Bhutan, wo man nie ein auf dem Geld beruhendes Wirtschaftssystem gekannt hatte, maß niemand dem Wohlstand irgendeine Bedeutung bei.

Bhutan ist vielleicht gleichzeitig eine der demokratischsten und eine der sozialistischsten Gesellschaften. Alles hängt vom Staat ab, der durch den König repräsentiert wird, aber alle Beamten sind gewählt. Die Dorfbewohner wählen den *gap* (Vorsteher), die Vorsteher wählen die Ramjams, und der König ernennt die Ramjams zu Herren über das Gesetz, wobei jeder Trimpon sein Amt nur für kurze Zeit innehat, oder aber, wenn er länger im Amt bleibt, von einer Festung zur anderen versetzt wird, nie jedoch in die Festung seines Heimatbezirkes. So kann auch der ärmste Bauer in Bhutan danach streben, ein Herr über das Gesetz zu werden, und tatsächlich entstammen alle Trimpons bäuerlichen Familien. In ähnlicher Weise werden, auf dem Wege der Reinkarnation, die bhutanesischen Kirchenfürsten, die genauso einflussreich sind wie die Herren über das Gesetz, aus beliebigen armen Familien geholt, da sie wie die Dalai Lamas von Tibet aufgrund von Orakeln ausgewählt werden.

Dennoch ist die bhutanesische Verwaltung, wie jede andere menschliche Organisation, mit jenen Fehlern behaftet, die der ganzen Menschheit gemeinsam sind. Die Herren über das Gesetz waren beileibe nicht alle Heilige, obwohl die meisten von ihnen wertvolle Menschen sind, Männer, die sich aus eigener Kraft emporgearbeitet haben. Ich entdeckte, dass es der größte Ehrgeiz der meisten Bhutanesen war, einen Rang zu erwerben, ihrem Land auf die bestmögliche Weise zu dienen, genau wie es im Westen der Traum jedes gemeinen Soldaten ist, General zu werden. Wie überall in der Welt, will auch in Bhutan jedermann eine bedeutende Persönlichkeit werden. Gesellschaftlicher Status ist das Ziel aller, doch anders als in der übrigen Welt kann man ihn in Bhutan nur dadurch erwerben, dass man seinem Land dient, und nicht indem man Reichtümer ansammelt oder sie von seinem Vater erbt oder indem man die gesellschaftliche Stellung des Vaters übernimmt.

Es war neblig und regnerisch, als wir am nächsten Morgen wieder zu dem heiligen Hain hinaufstiegen, an dem See vorübergingen und unsere Wanderung auf demselben Bergrücken fortsetzten wie am Vortag. Bald schon kamen wir in eine Region, wo kein Ackerbau mehr möglich war, und hier wucherte niedriges Rhododendron-Gestrüpp. Vier Stunden lang kämpften wir uns bergan. Wangdu zeigte uns kleine Beeren, die wie Heidelbeeren aussahen und essbar waren; wir brachen uns einzelne Zweige ab und aßen die Beeren im Gehen.

Tensing erzählte mir von seiner Kindheit in Tromo, einer tibetischen Region, deren Name »warm« bedeutet und die im Nordwesten an Bhutan angrenzt. Trotz ihres Namens war diese Gegend alles andere als warm, sondern vielmehr ein kalter, öder Landstrich, in dem die Menschen hauptsächlich von der Weidewirtschaft lebten. Sein Vater stammte ursprünglich aus Kham, und Tensing war stolz auf seine Verbindung zu den wilden Osttibetern, die für ihre Kraft, ihren hohen Wuchs und ihre Anmut ebenso berühmt sind wie für ihre Brutalität. Als ausgesprochene Kriegerrasse wurden sie von den sanfteren Zentraltibetern gefürchtet, welche friedliebend sind und sich vor allem der Religion widmen.

Nachdem die Chinesen Lhasa angegriffen und eingenommen hatten, blieben Tensing und seine Familie noch zwei Jahre in Tibet, irregeführt durch Versprechungen der Chinesen und die schonende Behandlung, die sie den Menschen in den Grenzgebieten angedeihen ließen. Tensings Vater war ein wohlhabender Bauer und, wie alle Tibeter, gleichzeitig ein Geschäftsmann. Im Winter zog er mit seinen Packtieren nach Lhasa und Kham oder nach Kalimpong, um Handel zu treiben.

Mit einer repressiven Maßnahme nach der anderen versuchten die Chinesen, sein Dorf fester in die Hand zu bekommen. Sie wollten in Tibet einen Klassenkampf anfachen, die Bauern gegen die Herrschenden aufwiegeln. Sie hatten eine falsche Vorstellung von dem tibetischen Verwaltungssystem, das zwar einen starken Druck auf die Bauern ausgeübt, aber nie ihre persönliche Freiheit eingeengt hatte. Die meisten Bauern in Tibet besaßen Land oder hatten welches gepachtet. Es gab praktisch keine Leibeigenen im europäischen Sinne, wie die Chinesen behauptet hatten, also Menschen, die weder über ihren Besitz noch über sich selbst verfügen konnten. Alle Tibeter waren frei, und ihre Abhängigkeit von den Herrschern war rein wirtschaftlicher Natur. Es gab natürlich Missbrauch bei der Festsetzung der Steuern, aber in welchem Land der Welt wird kein Missbrauch mit den Steuern getrieben?

Als es den Chinesen nicht gelang, Hass gegen die herrschenden Klassen zu säen, erkannten sie, dass sie Gewalt anwenden mussten, um die Tibeter zu den chinesischen kommunistischen Idealen zu bekehren. Und so begann der langsame Prozess der so genannten freiwilligen Kollektivierung, in dessen Verlauf der Landbesitz und das übrige Eigentum aller Bauern erfasst und unter chinesischer Kontrolle in Kollektiveigentum übergeführt wurde.

Da, wie gesagt, die meisten Tibeter Grundbesitzer waren und große Achtung vor dem Privateigentum hatten, wurden die chinesischen Reformen, die sie anfangs wegen der versprochenen Schulen, Krankenhäuser und besseren Straßen begrüßt hatten, nun sehr bald äußerst unpopulär.

Als Tensings Vater sah, dass ihm sein Land und sein Vieh weggenommen wurden, um fortan einem so genannten Gemeinschaftsinteresse zu dienen, das in Wirklichkeit nur das Interesse seines Erbfeindes war, entschloss er sich zur Auswanderung.

Bei Nacht und Nebel schlich er sich mit Tensing, dessen Schwester und dessen Mutter über den Pass, der sie nach Nordbhutan führte. Dort hießen die Bhutanesen die Flüchtlinge willkommen, schickten sie aber nach Indien weiter, weil Bhutan es sich nicht leisten konnte, die Chinesen zu verärgern, da es sich auf keinen Fall aus eigener Kraft gegen einen möglichen Eroberungsversuch von Maos Kommunisten hätte zur Wehr setzen können. Da Tensings Vater Verbindungen zu einflussreichen Leuten in Bhutan hatte, erhielt er vom König die Zusicherung, mit seiner Familie im Lande bleiben zu dürfen und Steuerfreiheit zu genießen.

So hatte Tensing seit seinem vierzehnten Lebensjahr in Thimbu gelebt. Dort hatte seine Schwester mit ihrer schönen Stimme die Aufmerksamkeit des Königs auf sich gezogen und war mehrfach aufgefordert worden, vor dem König und seinem Hof tibetische Lieder zu singen. Der König, so berichtete Tensing, sei ein großer Musikliebhaber und hole sich oft Gesangs- und Tanzgruppen in den Palast. Tensing zeigte mir seine Uhr. Ich hatte sie schon längere Zeit bewundert, denn es war eine erstklassige Schweizer Taucheruhr.

»Der König hat diese Uhr meiner Schwester geschenkt«, erzählte er mir. Später fragte ich manchmal, welche Unmengen von Uhren der König wohl von jeder Reise in die Schweiz mitbringen mochte, denn ich traf über ein Dutzend Beamte und einfache Leute, die stolz Uhren von bester Genfer Wertarbeit herzeigten und behaupteten, der König habe sie ihnen geschenkt.

»Als wir nach Bhutan kamen, war ich schon zu alt, um noch in die Schule zu gehen«, sagte Tensing, um zu erklären, warum er als Diener des Paro Penlop gearbeitet und ihn auf mehreren Reisen in Gebiete nördlich von Thimbu begleitet hatte. Nach einer dieser Reisen war Tensing krank geworden und hatte in dem kläglichen kleinen Teeausschank mitgeholfen, den seine Eltern in Thimbu besaßen.

Während wir so nebeneinander hergingen, kreiste unsere Unterhaltung meist um Tibet und die tausend kleinen Probleme unserer Reise; wir machten unsere Bemerkungen über die Lasttiere und ihre bhutanesischen Besitzer, über das Land und seine Häuser und Felder und sprachen über die Mädchen. Tensing vertraute mir an, dass er eine ganze Reihe Freundinnen habe, er denke aber nicht daran zu heiraten, bevor nicht »sehr, sehr viel Zeit« vergangen sei. Und erläuternd fügte er hinzu: »Ohne Haus, ohne Land, was sollte ich mit einer Frau anfangen?« Ich stimmte ihm zu. Später setzte er mich in Erstaunen, als ich ihn fragte, was ein Tibeter sich am meisten vom Leben wünsche. Ohne zu zögern antwortete er: »Einen Sohn.« Diese Antwort hatte ich nun wirklich nicht erwartet. Ich dachte daran, was wir im Westen uns am meisten wünschen: Wohlstand, eine Wohnung, ein Auto, ein schönes Leben. Welcher junge Europäer oder Amerikaner hätte wie Tensing sofort »einen Sohn« gesagt, was doch, wie ich glaube, tatsächlich das ist, was jeder wirklich reife Mann und jede Frau sich am meisten wünschen.

Den ganzen Vormittag wand sich der Pfad in glitschigen Stufen bergan, überschwemmt von kleinen Rinnsalen, um schließlich auf einem flacheren Grat entlangzulaufen, von dem das Gelände steil in Rhododendron-Dickichte abfiel. Wir konnten die uns umgebenden Berge nicht sehen, und es schien, als hätten wir den Gipfel eines nebligen Himmels erklommen. Wangdu blieb ständig hinter seinen Tieren zurück und protestierte jedes Mal, wenn ich reiten wollte, das würde sein Maultier umbringen. Tensing ärgerte sich darüber mehr als ich, und alle paar Minuten fragte er mich:

»Bitte, wollen Sie reiten?« – nur um zu hören, wie Wangdu unermüdlich wiederholte:

»Nein, jetzt nicht, warten Sie noch ein bisschen, der Weg ist so schlecht hier.« Es dauerte noch eine ganze Weile, bis wir den Gipfel des Bergzuges erreichten, wo der Rhododendron-Wald von rauen Almwiesen abgelöst wurde. Hier sahen wir im Nebel riesige schwarze Rinder weiden, dunkle Schatten, die sich geheimnisvoll in dem gespenstischen Weiß bewegten, das uns auf allen Seiten einhüllte. Eine leichte Brise vertrieb bald darauf den Nebel, und ein Sonnenstrahl brach stechend durch die Wolken. Hier gebot Wangdu Halt, wir setzten uns in das feuchte Gras am Wegrand, und Tensing und ich rauchten eine Zigarette. Zehn Minuten später kamen die beiden Männer, die wir tags zuvor unterwegs getroffen hatten. Auch sie wollten nach Tongsa. Einer von ihnen sah

Seile aus gedrehtem Bambus tragen zahllose Brücken in Bhutan

besonders gut aus; er hatte eine schmale Nase und einen glattrasierten, schmalen Kopf, wodurch er fast wie ein Europäer oder besser gesagt wie ein Asiate vom Typ Yul Brynner wirkte. Bald gesellten sich vier weitere Männer und ein Kind zu uns, die ein paar Meter vor uns stehen blieben und uns verwundert anstarrten. Diese Neuankömmlinge waren hoch gewachsen und muskulös, mit stark ausgeprägten mongolischen Zügen und kurzen Nasen. Statt der üblichen lebhaft bunten Kos trugen sie dicke Gewänder aus braunem, selbst gesponnenem Tuch, wie man sie in Tibet findet. Es waren, so erfuhr ich, Drokpas, nomadische Viehhirten. Ich hatte schon viel von diesen bhutanesischen Nomaden gehört und war fasziniert, dass ich nun einige von ihnen zu sehen bekam.

Sie gehören einer anderen Rasse an als die Talbewohner und verbringen ihr ganzes Leben auf den hohen Gipfeln und Kämmen der steilen Berge über den Tälern. Sie kommen nie von den Bergen in die Niederungen herab, sondern bleiben auf den Höhen, wo sie Herden von Schafen, Kühen, Jaks und *dzos* halten, einer Kreuzung aus Jaks und Kühen. Sie sind ständig auf der Wanderschaft und folgen dabei einem seltsamen Zyklus. Im Sommer ziehen sie auf den schmalen Bergrücken bis hinauf an den Fuß der Schneefelder und Gletscher der höchsten Gipfel Bhutans, wo sie in Höhen bis über 4500 Metern leben. Wenn es Winter wird, ziehen sie sich langsam längs der Bergkämme nach Süden zurück, und zwar bis zu hundertfünfzig Kilometer, und bleiben dabei ständig oberhalb der Taldörfer und kampieren in ihren braunen Stoffzelten aus Jakhaar.

Auf diese Weise weichen diese Nomaden West- und Zentralbhutans dem Schnee aus, nicht indem sie die Höhe wechseln, sondern indem sie in andere Breiten ziehen. Je nachdem, ob man auf den Höhen oder in den Tälern ist, findet man also in Bhutan zweierlei Völker, die beide ihre eigenen Sitten und ihre eigene Sprache haben, obwohl sie nur durch etwa tausend Meter Höhe voneinander getrennt sind. Für diese Nomaden sind die einzigen festen Punkte auf ihren Wanderungen die Klöster auf den hohen Bergzügen. Hier finden ihre seltenen Begegnungen mit der bäuerlichen Bevölkerung der Niederungen statt, wenn sie in den Klöstern die Steuern entrichten, die sie dem jeweiligen Dzong schulden und die in Form von Butter, Milch und Fleisch bezahlt werden. Außerdem hüten die Nomaden auch die königlichen Herden und das Vieh, das den Dzongs gehört.

Diese scheuen Menschen sind von einem raueren Schlag als die Talbewohner. Es sind zähe, stämmige Burschen, und verglichen mit den Dorfbewohnern wirken sie beinahe prähistorisch. Da jedes Tal zwischen zwei Bergzügen liegt und auf jedem Bergzug ein anderer Nomadenstamm mit einem eigenen Dialekt lebt, hat man es hier mit einer recht ungewöhnlichen ethnischen Struktur zu tun. Von nun an sollten wir jedes Mal andere Nomaden treffen, sobald wir einen neuen Bergkamm erklommen.

Ich hätte gern diese bis jetzt noch nirgends beschriebenen Nomadenstämme studiert und das merkwürdige Leben erforscht, das sie in der Bergeinsamkeit führten, Menschen, die in Sichtweite der festen Behausungen und fruchtbaren Felder der Talbewohner lebten und trotzdem nie herabstiegen, um sich unter die Fürsten des Landes und die Bauern zu mischen, denen sie auf dem Weg über die Klöster die Produkte ihrer Arbeit sandten.

Als unsere Tiere wieder gesattelt waren, ging es einen steilen Abhang hinunter in ein dunkles, bewaldetes Tal. Der Nebel hatte sich gelichtet, und zum ersten Mal sah ich vor mir einen Teil des mächtigen Massivs der Schwarzen Berge, jener gewaltigen Kette, die Bhutan in zwei Hälften schneidet, eine Barriere, die sich in gleich bleibender Höhe bis zur indischen Grenze hinzieht. In anderthalb Tagen würden wir den Scheitelpunkt des Übergangs über diese Gebirgskette erreichen, einen Pass, dessen Name jetzt immer öfter in unseren Unterhaltungen fiel, den berühmten, über 3600 Meter hohen Pele-la.

Wir verließen jetzt den Kamm des Bergzuges, auf dem wir uns seit dem Vortag befanden, und die Schwarzen Berge verschwanden wieder, als wir in einen dichten Dschungel eintauchten, der immer feuchter und tropischer wurde, je weiter wir hinabstiegen. Schließlich kamen wir an einen rauschenden Fluss am Grunde eines Tales, der eine starke Ähnlichkeit mit jenen Flüssen aufwies, wie man sie von Fotos aus dem Amazonasgebiet kennt: sein Wasser rann durch die Äste umgestürzter Bäume und das Laub dichter tropischer Vegetation. Innerhalb weniger Stunden hatten wir das kalte Universum des Nebels hinter uns gelassen und die hoch gelegenen Almwiesen gegen eine schwüle, tropische Welt eingetauscht. Es war, als wären wir in zwei Tagen aus den dürren, mit Kakteen übersäten Tälern Mexikos zu den Kiefernhängen der Alpen aufgestiegen, um durch die Regenwälder Neuguineas in ein Tal des Amazonasbeckens zu gelangen. Seit dem Morgen hatten wir kein Dorf, kein Haus und keine lebende Seele gesehen, abgesehen von den Nomaden und den beiden Männern, die gleich uns nach Tongsa wollten. Abwechselnd fröstelnd und schwitzend durchquerten wir dieses gigantische botanische Museum. Nirgendwo sonst im Himalaja hatte ich eine solche Vielfalt von Pflanzen angetroffen. Es gibt vielleicht in der ganzen Welt keine Gegend mehr, die so außerordentliche Kontraste aufweist wie Bhutan. In dem kleinen Staat Sikkim, der in Klima und Vegetation Bhutan sehr ähnlich ist, haben Botaniker und Entomologen mehr Arten von Orchideen, Bäumen, Pflanzen, Schmetterlingen und Insekten gefunden als in irgendeinem anderen Land der Welt, obwohl es auf der ganzen Welt nur wenige Länder gibt, die kleiner sind als Sikkim. Bhutan, dessen bin ich sicher, birgt sogar noch mehr Wunder als Sikkim, denn hier sind Klima, Gebirge und allgemeine topographische Beschaffenheit noch vielfältiger und extremer als in Sikkim; doch diese Wunder harren noch der Entdeckung.

Diese Vielfalt und Überfülle der Natur erklärt sich aus den hektischen Kombinationen von Höhe und Ausgesetztheit und deren Auswirkungen auf Wind und Regen. So können beispielsweise zwei Täler mit derselben Höhe über dem Meer ganz verschieden sein, je nachdem, wie stark sie der Sonne ausgesetzt sind, während der Wind ein drittes Tal mit derselben Höhenlage in eine Wüste verwandeln kann. Die heißen Winde und die Regenwolken ziehen vom Indischen Ozean und dem Golf von Bengalen herauf und erreichen Bhutan, das erste Hindernis nach den 1500 Kilometern flacher Ebenen. All dieser Regen, dieser Wind und diese Hitze prallen gegen die unvorstellbare Barriere des bhutanesischen Himalaja, ohne je Tibet zu erreichen, denn die letzten Windstöße und die letzten Regentropfen werden von den Südflanken der großen Gipfel Bhutans geschluckt. Der West- und Zentralhimalaja Kaschmirs und Nepals ist nicht so exotisch wie Sikkim oder Bhutan, weil er trockener und nicht so sehr dem vollen Ansturm des Monsuns ausgesetzt ist.

Wir folgten jetzt dem an den Amazonas gemahnenden Sturzbach auf einem morastigen Pfad, wateten durch Pfützen stehenden Wassers und Ozeane heißen Schlammes, unter Bäumen, durch deren Äste und gewundene Schlingpflanzen blassgrünes Licht herabsickerte. Unterholz von Palmen und Farnen umwucherte die glitschigen Stämme der scheinbar unendlich hohen Bäume, die mit Orchideen und Dutzenden anderer exotischer Parasiten gesprenkelt waren, in einer Welt, wo eine Pflanze die andere frisst. Unsere Maultiere wirkten winzig klein wie Katzen in Kathedralen, als sie so in einer Reihe unter dem hohen grünen Dom dahinzogen, durch den kein einziger Strahl der Sonne uns erreichte, die uns in diesem Backofen briet. Vergessen waren die trockenen Sandstrände des Ma-chu, der Duft der Kiefernnadeln an dem Lotosteich, vergessen auch das Hochgebirgsgras auf den Weiden der Nomaden. Wann, so fragte ich mich, war ich durch jene Region gekommen? War es wirklich erst gestern, erst vor ein paar Stunden gewesen?

Unterdessen war es spät geworden, und abgesehen von einer kurzen Rast, während der wir Kekse gegessen und zugeschaut hatten, wie Wangdu einen Käse hervorholte, der in Geruch und Aussehen auch die schärfsten Produkte französischer Käsereien in den Schatten gestellt hätte, hatten wir seit dem Morgen nichts gegessen.

Man muss einen ganzen Tag oder besser noch mehrere Tage hintereinander zu Fuß gegangen sein, um sich eine Vorstellung von der sonderbaren Lethargie zu machen, in die der Geist verfällt, wenn man so lange geht. Meile um Meile marschierte ich wie ein Roboter und vergaß meinen Körper, der sich ganz von allein fortbewegte. Meine Gedanken wechselten im Rhythmus meiner Schritte, und neugierig besah ich mir den Film, der vor meinen Augen ablief. Kleine Blättchen schienen auf einmal innig vertraut und waren vergessen sowie ein anderes Objekt meinen Blick auf sich zog. Diese ersten Tage dachte ich oft an die Welt, die ich hinter mir gelassen hatte, eine Welt, die in Thimbu zu Ende war und deren Anfang irgendwo in der dämmrigen Vergangenheit meiner Kindheitserinnerungen lag.

In England aufgewachsen, hatte man mich von frühester Jugend glauben gelehrt, dass die Wirklichkeit anderswo sei. Der angelsächsische Geist wurzelt mehr als man denkt in Träumen und Phantasien, vielleicht deshalb, weil er eine dunklere Linie zieht zwischen Arbeit und Vergnügen, zwischen Tag und Traum, im Gegensatz zu den Romanen, welche Vergnügen mit Geschäft, Religion mit Liebe, Tatsachen mit Fiktionen vermengen. Nicht so in den feuchten Niederungen Englands, wo Pflicht Pflicht ist und der Sonntag der Sabbat. Wenn es in England regnet, braucht man deshalb nur die Augen zu schließen, und schon scheint die Sonne, und die konservativen Bankiers gießen alle am Abend ihre Blumen. Britische Gärten sind Feenreiche Erwachsener, und nirgendwo sonst macht es erwachsenen Menschen so viel Spaß, Nonsensverse aufzusagen, wie in dem Land, wo es oberste Regel ist, keinen Unsinn zu machen. In England dürfen Autos und Häuser, Kleider und Möbel hässlich sein, weil jeder einen Goldklumpen und ein Märchenschloss, einen Zauberstab und einen Sterntaler mit sich herumträgt und weil man immer Zeit findet, von den Tropen zu träumen, wo die nicht untergehende Sonne des Empires in die Seelen all dieser im Nebel gefangenen Inselbewohner scheint. Ich selbst war mit Träumen großgezogen worden, und dieser selbstzerstörerische Prozess wirkte sich so aus, dass nichts außer den exotischen Formen der Wirklichkeit mir die geringste Begeisterung entlocken konnte. Der Grund war, dass ich schon tausend Leben gelebt hatte, zwei Jahrzehnte lang verhätschelt von Patentanten aus dem Märchenreich; ich hatte zahlreiche Drachen unter gefahrvollsten Umständen getötet, hatte mehr Prinzessinnen umworben und heimgeführt als Schlachten gewonnen auf den Feldern meiner Traumländer. Auch hatte ich mit Scott am schweigenden Südpol gefroren und mit Kolumbus die Passatwinde bezwungen, hatte das Kap der Guten Hoffnung umschifft und war am Kap Hoorn nur knapp dem Tode entgangen. Ich hatte mit Pizarro Peru und mit Cortez Mexiko erobert und wie so viele andere den Staub des Wilden Westens aufgewirbelt. Kurz, ich stellte fest, dass mir wenig zu wünschen blieb, als ich, geschwächt und benommen, aus meinen Träumen erwachte und mich vor die unabweisliche Tatsache gestellt sah, dass ich jetzt, mit zwanzig, zu leben anfangen konnte.

Es gab wenig oder gar nichts, was mich in die klassische Sphäre des Bankwesens oder in die ausgefahrene Routine der Industrie gelockt hätte, denn ich hatte im Luxus der *Tausendundeinen Nacht* geschwelgt und alle irdischen Freuden an den Höfen orientalischer Märchenfürsten bis zur Neige ausgekostet.

Am Steuer einer Galeone hatte ich mit Kolumbus Amerika entdeckt. Das war meine schönste Stunde gewesen, als ich, in Scharlach gekleidet, in der Faust die in der Brise flatternde Flagge von Kastilien, das Kreuz aufpflanzte und von einer neuen Welt Besitz ergriff.

Dieses abgegriffene kolorierte Bild hatte mich seither stets begleitet, und es war ohne Zweifel der wahre Grund, weshalb ich reiste, weshalb ich in Bhutan war und eine Wirklichkeit durchlebte, die meinen Träumen nahe kam. Manche Leute sehen im Reisen eine Flucht vor der Wirklichkeit; für mich ist es die leibhaftige Rückkehr in das Universum der von der Phantasie genährten kindlichen Seele. Es ist eine Rückkehr zu jenen Wundern, die so viele von uns abschütteln, wenn sie erwachsen werden. Wir selbst haben die Phantasie erstickt, aus der wir unsere Traumwelt aufbauten, und wenn Schlösser und Fürsten, die Pferde und die Mannen des Königs nie wieder zusammengefügt werden können, so deshalb, weil wir den Humpty Dumpty in uns zerbrochen und erstickt, die Schlösser niedergerissen haben, um sie durch Fabriken zu ersetzen, als schöne Prinzessinnen mit dem Traum unzufrieden wurden, der ihre Wirklichkeit war. Wir haben die meisten Erfindungen unserer Phantasie zerstört. Doch hier innerhalb der Dzongs von Bhutan, im Jahre 1968, konnten des Königs Pferde und Mannen, Bogenschützen und Bauern noch immer in einer glücklichen Zeit leben, deren Maß die Phantasie des Menschen, nicht seine Raffgier war. Ach, wie viele von unseren Fabrikarbeitern, unseren von Magengeschwüren geplagten Managern, den Massen in Kalkutta und anderen Purgatorien des Westens würden aufstehen und bekennen, was sie sich im Leben am sehnlichsten wünschten, sei ein Sohn. So hatte Tensing gesprochen, und die Königin, der Knappe, die Herren über das Gesetz und selbst der alte Wangdu hätten es ihm gleichgetan.

Die Maultiere waren erschöpft, sie hechelten wie Hunde und konnten ihre zierlichen Hufe nur mit Mühe aus dem zähen Schlamm herausziehen. Tensing und Wangdu verlangten immer öfter eine Ruhepause. Wangdu drängte, wir sollten an Ort und Stelle Halt machen, mitten im Dschungel, weil er befürchtete, die Dunkelheit könnte uns überraschen, bevor wir ein Dorf erreichten, in dem wir ursprünglich hatten übernachten wollen.

»Wie weit ist es noch?«, fragte ich.

Wangdu schien pessimistisch. »Sehr weit, und es geht bergauf«, sagte er mir.

Irgendwie wollte ich unter keinen Umständen die Nacht in diesem moskitoverseuchten tropischen Wald zubringen. »Wir gehen weiter«, entschied ich und lud meinem Maultier einen Teil der gewaltigen Last auf, die seine Leidensgefährten trugen. Zu Fuß ging ich voran, allein, die Äste zerbrechend, die auf dem Pfad lagen, und sorgsam den Tümpeln von Wasser und Schlamm ausweichend.

Schließlich entfernte sich der Pfad vom Flussufer und begann anzusteigen. Die Schlingpflanzen wurden spärlicher, die Bäume wurden anders und glichen immer mehr solchen aus gemäßigten Zonen, und der Dschungel wich endlich einem Wald, in dem nach und nach Kiefern auftauchten. Plötzlich umgab uns eine subalpine

Szenerie. Ein kleines Feld tauchte über mir auf, und ich erblickte die weiße Form eines von gigantischen frei stehenden Bäumen eingerahmten Klosters hoch über einem Tal, das rosa war von blühendem Buchweizen. Es dämmerte, als wir in dem kleinen Tal am Fuß des Klosters anlangten und ein Dutzend winziger Häuschen entdeckten, inmitten der Buchweizenfelder, die sich blass leuchtend von einem steilen Grashang abhoben, der sich die Flanken des hohen Berges hinaufzog. Wir hatten Minje und den Fuß des Pele-la-Passes erreicht.

Es war noch kaum hell, als wir am nächsten Morgen aufbrachen. Gleich hinter dem Dorf, wo die letzten Buchweizenfelder den Wald mit einem rosa Saum einfassten, verschwand der Pfad im dunklen Unterholz. Er stieg sofort an, zunächst in steilen Schleifen, die bald von breiten, in den Fels gehauenen Stiegen abgelöst wurden. Dieser Weg, vor Jahren von den Kriegsherren angelegt, war bemoost, glitschig und feucht, und nebeltriefende, lange Flechten hingen von den majestätischen Ästen gewaltiger Bäume auf ihn herab. Während wir weiterstiegen, wurden die Bäume höher und höher; Biegung um Biegung, Stufe um Stufe klommen wir in eine düstere Welt hinauf, wo Vögel selten waren und kalte, in der Luft schwebende Tröpfchen kondensierten, um Bäume und Steine gleichermaßen zu befeuchten und mit einem schlüpfrigen, algenartigen Überzug zu versehen. Wir hatten das Land ewigen Nebels betreten. Hier sind sommers wie winters die Berge in Wolken gehüllt, die Bäume wachsen lautlos, und selbst das Geräusch fallender Wassertropfen wird gedämpft von dem dichten Nebel. Die einzigen Bewohner dieses sonderbaren Universums sind Bären, wilde Himalaja-Schwarzbären, die sich von Beeren ernähren und in Höhlen verstecken.

Volle vier Stunden lang führten die Stufen stetig aufwärts, tausend, zweitausend, vielleicht viertausend Stufen. Die Maultiere glitten immer wieder aus, verlagerten ihr Gewicht nach vorne, reckten die Hälse vor und zogen die Hinterbeine nach, und ihre Hufe tasteten nervös nach einem Halt, den sie nicht sehen konnten. Erschöpft beschloss ich zu reiten, doch auch das erwies sich als mühselig, denn ich keuchte mit dem Maultier, das alle paar Meter stehen blieb, um Kräfte zu sammeln für die nächsten Stufen, die es in einem hektischen Anlauf erklomm, um sogleich wieder anzuhalten, gleich einer Ziege, die gewagt auf schlüpfrigen Steinen balanciert.

Ungeduldig hielt ich hinter jeder Biegung Ausschau nach irgendeinem Zeichen, dass der Gipfel nicht mehr fern sei, doch wie bei dem Teekessel, der einfach nicht sieden will, dauert es auch am Berg eine Ewigkeit, bis man oben ist, während der man ständig schwitzend den Gipfel herbeisehnt. Ich merkte bald, dass ich schwerer atmete; wir näherten uns einer Höhe von dreitausend Metern, und noch immer führten die Stufen aufwärts, so weit das Auge reichte, zwischen den Stämmen riesiger Bäume, deren Wipfel sich im Nebel verloren. Nach vier Stunden der Mühsal erspähte ich das lang erwartete Zeichen, dass wir uns dem Gipfel näherten: kleine, an Büsche gebundene Baumwollfetzen, Gebetsfahnen, die von dankbaren Reisenden aufgehängt worden waren, dem »Pferd des Windes« zu Ehren, jener Kriegsgottheit, die nur in großen Höhen ihren Sitz hat. Auf dem Gipfel erhob sich ein Steinhaufen, aufgetürmt von Generationen von Pilgern, von den Armeen der Kriegsherren, von Kaufleuten und jenen einsamen Wanderern, die diesen Pass seit undenklichen Zeiten benützt hatten, weil er der einzige Übergang über die Schwarzen Berge war, der Zentralbhutan mit Westbhutan verband.

Auch ich warf meinen Stein auf den Haufen und setzte mich erschöpft zu Füßen des Grenzmals nieder, um auf Tensing, Wangdu und die Maultiere zu warten. Nach einer Weile kamen sie an: Tensing lächelte müde, und Wangdu beklagte sich, in seinem Alter sei der Pass »noch höher als sonst«.

Kaum hatten wir den Kamm der Schwarzen Berge erreicht, da

wurde der Nebel auf der Ostseite wie durch Zauberhand weggezogen, und das Massiv, das wir eben erklommen hatten, lag in seiner ganzen Pracht vor uns. So weit das Auge reichte, verstellten schroffe Gipfel, in dunkle Wälder gehüllt, den Himmel. Auf allen Seiten erstreckte sich bis zum Horizont ein gewaltiges schwarzes Meer zackiger Gipfel.

Bhutan war wie ein riesiger, zerklüfteter Kontinent, wo der Mensch nur in Höhlen Zuflucht finden konnte, die sich im Schutz abgeschiedener Täler zusammendrängten. Ein raueres Land kann man sich kaum vorstellen.

Unterhalb des Passes war die Südostflanke des Berges, den wir erstiegen hatten, von Almwiesen bedeckt – so schien es jedenfalls. Zu meiner Verwunderung stellte ich fest, dass auf diesen Wiesen kein Gras wuchs, sondern winzige Bambuspflänzchen, nicht höher als fünfzehn Zentimeter, die einen dichten Teppich aus nadelartigen Stängeln bildeten.

Zu unserer Rechten lag unter der Passhöhe ein kleines Dorf, wo schöne Pferde auf dieser ungewöhnlichen Weide grasten. Die Leute im Dorf waren königliche Hirten, die Seiner Majestät Pferde und Rinder betreuten. Wir hielten eine Weile, um zu rasten, und drei Männer gesellten sich zu uns und bestaunten meine Kameras. Von ihnen erfuhren wir, dass an diesem Morgen ein großer Bär erlegt worden war, der sich auf den Bambuswiesen nahe beim Dorf herumgetrieben hatte. Ich ging hinüber, um mir das pechschwarze Tier mit der weißen, V-förmigen Zeichnung am Hals anzusehen. Es lag auf dem Rücken, die steifen Glieder himmelwärts gestreckt.

Tensing schaute weg. »Was für eine Sünde!«, rief er aus. Das Töten ist nach der buddhistischen Lehre streng verboten, obschon es bei gefährlichen wilden Tieren geduldet wird.

Durch das Überschreiten des Pele-la-Passes hatte ich das Territorium der Festung Tongsa betreten, der größten Bhutans, die jahrhundertelang der am meisten gefürchtete und respektierte Dzong im ganzen Land gewesen war. Die Tongsa *Penlops*, wie die Herren der Festung genannt wurden, waren die kühnsten und größten Krieger Bhutans gewesen und öfter als die Fürsten der anderen Dzongs zum Deba gewählt worden, also zum Herrscher über das ganze Land, bis im Jahre 1907 der damalige Tongsa Penlop, Urgyen Wangchuk, der Großvater des jetzigen Königs, sich selbst zum Gyal-po erklärt hatte, zum König und erblichen Herrscher Bhutans. Aus diesem Anlass wurden damals Jean Claude White, der britische Agent in Sikkim, und seine Frau zu den Inthronisationsfeiern in Punakha eingeladen. Dort saß, in der größten Versammlungshalle, der Tongsa Penlop, um Geschenke von den Oberhäuptern in Empfang zu nehmen. White berichtet, die Besucher hätten ihre Ehrengaben stolz auf den Boden geworfen, als nacheinander ihre Namen aufgerufen wurden. Ballen von Seide, feines Tuch aus Bumthang, Säcke voll Wolle und Baumwolle, Unmengen wertvollen tibetischen Tees und kleine Beutel voll Goldstaub wurden vor dem König aufgetürmt. Jeder Herrscher entrichtete seinen Tribut und überreichte dem König eine weiße Zeremonialschärpe. Nach dieser Zeremonie segnete der König einen Kessel Bier, das, nachdem auch der Dharma Lama es gesegnet hatte, den Versammelten gereicht wurde. So wurde der Tongsa Penlop als König jeder Festung, jedes Weilers und jedes Menschen im Lande des Drachen anerkannt. J. C. White selbst überreichte dem König den Orden eines K. C. I. S. *(Knight Commander of the Indian Star)*, eine der höchsten Auszeichnungen des Britischen Reiches. Sir Urgyen, wie White ihn durchweg nennt, war im Jahre 1905 ebenfalls von White zum Ritter geschlagen und zum K. C. I. E. *(Knight Commander of the Indian Empire)* ernannt worden, so dass der Gyal-po von Druk der langen Liste seiner Titel noch diese Initialen, die den Briten so teuer sind, anfügen konnte; zweifellos sehr zur Verwunderung der Bhutanesen, die noch nicht unseren Stand der Zivilisation erreicht haben, der uns Ehrungen beschert, die für den Ausgezeichneten kein weiteres Privileg bedeuten als das Recht, seine Visitenkarte mit den entsprechenden Buchstaben des Alphabets zu schmücken. Der Tongsa Penlop war trotzdem hocherfreut, wie uns White erzählt, der mit viktorianischer Selbstverständlichkeit glaubte, Sir Urgyen habe ihm zuliebe die scharfe Trennungslinie zwischen einem »geborenen Fürsten« und einem Gentleman überschritten.

Auf der anderen Seite des Pele-la angelangt, hatten wir endgültig das »neue« Bhutan Thimbus und seiner Straße und damit den am stärksten von Sikkim und Südtibet beeinflussten Landesteil hinter uns gelassen. Nun betrat ich ein anderes Land, Zentralbhutan, das auf allen Seiten von gewaltigen Gipfeln eingeschlossen und vollständig von jedem Kontakt mit der Außenwelt abgeschirmt ist, ein Land, das sich grundlegend vom westlichen Teil Bhutans unterscheidet und eine eigene Sprache und eigene Traditionen besitzt, die bis jetzt im Westen noch unbekannt sind.

Beim Abstieg vom Pele-la folgten wir einem kleinen Flusslauf. Fünfzehn Kilometer weit blieben wir an seiner Seite. Zunächst waren seine Ufer von majestätischen Zedern gesäumt, wie sie schöner auch im Libanon nicht wachsen. Wir kamen an zwei Dörfern vorbei, deren Nähe durch rechteckige, rot und weiß gestrichene Gebäude angekündigt wurde, welche mit Wasserkraft betriebene Gebetsmühlen beherbergten, kleine Zylinder, die die Aufschrift »*Om mani padme hum*« trugen und an einer Welle befestigt waren, die ihrerseits mit einem Antriebsrad verbunden war, über das ein kleines Rinnsal geleitet wurde. Diese kleinen Zylinder – sie drehten sich langsam und schlugen bei jeder Umdrehung eine Glocke an – enthielten auf Papier gedruckte Gebete und verschafften jenen, die sie gebaut hatten, mit jeder Umdrehung die Gunst der Götter, die einer einmaligen Rezitation des Gebetes entsprach. Sie wurden jetzt entlang unserer gesamten Marschroute ein ständig wiederkehrender, vertrauter Anblick, und ihr friedliches Geklingel, begleitet vom Geplätscher des Wassers und dem Gesang der Vögel, die sich um sie scharten, war wie ein Konzert. Das Tal, in dem wir jetzt abstiegen, war bezaubernd mit seinen stattlichen Kiefern, seinem Fluss und seinen grasbewachsenen Lichtungen. Die Dörfer aus schmucken, getünchten Häusern hätten von Künstlern gemalt sein können. Ich war gleichzeitig ein wenig enttäuscht und überrascht, dass dieses Tal so unexotisch war. Ich hätte mich irgendwo in Europa befinden können, außer dass hier nichts die Landschaft verunstaltete: keine Masten, keine Autos, keine Hast, nur Ruhe und Frieden, Gras, Ponys und Holzbrücken, auf denen kleine bhutanesische Kinder saßen und mich ehrfürchtig anstarrten, wie ich unter dem Geläut der Glocken, die unsere Maultiere trugen, an ihnen vorbeizog.

Irgendjemand, mit dem ich in Minje gesprochen hatte, hatte mir erzählt, ein dreitägiges Tanzfest werde demnächst in Tongsa beginnen, weshalb ich auf Eile drängte, in der Hoffnung, wir könnten Tongsa in vier statt fünf Tagen erreichen. Wangdu wurde ärgerlich, als ich seine Tiere antrieb und mich gegen fünf Uhr nachmittags weigerte, in einem Dorf zu übernachten, das nach seinen Angaben das letzte fast für einen Tagesmarsch war.

»Ich werde in meinem Zelt schlafen«, beharrte ich, aber Wangdu, der kein Zelt hatte, war außer sich. Das Problem, wo Wangdu schlafen sollte, wurde von den drei Männern gelöst, deren kleine Karawane sich kurz hinter dem Pass der unseren angeschlossen hatte. Einer von ihnen hatte ein Zelt, das er mit Wangdu zu teilen bereit war. So gingen wir weiter, bis es dunkelte, und es war halb acht, als wir im grauen Dämmerlicht auf einem Grashügel über dem Fluss anlangten, auf dem ein riesiger Tschorten stand, ein massives Bauwerk von etwa neun Metern Höhe und mit einem Türmchen gekrönt. Geheimnisvolle Augen waren auf die vier Seiten des Turmes gemalt, die nach den vier Himmelsrichtungen schauten. Zu diesem Tschorten führten parallele Reihen weißgetünchter Mauern hinauf, in die Steinplatten mit eingemeißelten Abbildern sitzender Mönche und Gottheiten eingelassen waren.

Im Zwielicht schienen die Augen des Monuments mit strenger Missbilligung auf uns herabzustarren. Es fing zu regnen an, und wir beschlossen, das Lager aufzuschlagen. Eine halbe Stunde später goss es in Strömen, und Tensing und ich waren noch immer verzweifelt bemüht, mein in Rom gekauftes Zelt aufzuschlagen. Ich hielt die durchweichte Gebrauchsanweisung in der Hand, während Tensing die Sturmlaterne schwenkte. Mein Italienisch und Tensings Verständnis für den komplizierten Mechanismus der zusammenlegbaren Aluminiumstangen sorgten für ein heilloses Durcheinander. Wir verloren die Pflöcke im Dunkeln und verhedderten uns in einem Wust aus orangefarbener und grüner Leinwand, die sich wie ein durchnässtes Segel um die Spannschnur wickelte. Zu allem Unglück hatte das Zelt – laut Auskunft des Herstellers *il più moderno* – zum Verspannen Gummibänder anstelle von Schnüren. Diese rutschten von den Heringen und flitzten ins Unterholz, und der Regen lief uns in den Kragen, als wir sie auf allen vieren suchten.

»*Appoggiare il batone.* Den Knopf drücken – den Stab, mein ich!«, schrie ich Tensing zu. Er verstand mich nicht, ich hatte englisch gesprochen.

»*Tschak dong*«, den hölzernen Metallstab, übersetzte ich eiligst. »Drück drauf.« Tensing drückte, dann zog er, dann ging ich hinein, dann ging Tensing hinein und ich hinaus. Das Zelt erhob sich – mit der Innenseite nach außen.

»Macht nichts«, sagte ich. Dann ging die Sturmlaterne aus. Ich hörte jemanden lachen. All das war schon peinlich genug, es wurde aber noch dadurch verschlimmert, dass unsere Vorstellung vor vier Zuschauern ablief, Wangdu und den anderen drei Männern. Während wir mit unseren Zeltplanen kämpften, saßen sie fröhlich im Trockenen, in einem großen tibetanischen Zelt, das sie innerhalb dreißig Sekunden neben meinem aufgeschlagen hatten.

»Ihr Zelt wird nie etwas taugen«, bemerkte Wangdu. Ich trat zurück und nahm es in Augenschein. Ich sah ein schlaffes, windschiefes Gebilde aus dunkelgrüner Zeltleinwand und die triefende Gestalt Tensings, der im Gebüsch nach Gummibändern suchte. Verärgert kroch ich hinein, nur um festzustellen, dass jeder Stab eine andere Länge hatte und die ganze Geschichte jeden Augenblick in sich zusammensacken konnte. Im Gegensatz zu allen Garantien auf der Gebrauchsanweisung war das Innere ein kleiner See.

Ich hatte meine italienisch-tibetische Übersetzung irgendwo zwischen den anderen Sachen. Ich holte meine Säcke ins Zelt und rief Tensing wieder zu Hilfe. Ich las die Gebrauchsanweisung nochmals sorgfältig durch und lachte verächtlich bei dem ersten Satz: »Wir gratulieren Ihnen zum Kauf des X-Prinzess-Zeltes.« Ich las die komplizierte Anweisung immer wieder und legte den Zettel dann beiseite, angewidert von der Schlussbemerkung, in der »angenehme Ferien« gewünscht wurden.

In Europa hatte ich in meinem ganzen Leben noch nicht gezeltet, nicht einmal Pfadfinder war ich gewesen; und was meine früheren Himalaja-Expeditionen betraf, so waren das großartige Unternehmungen gewesen, mit zahlreichen dienstbaren Geistern, Kulis, einem Koch, einem Hilfskoch und einmal sogar mit einem Verbindungsoffizier. Am Abend brauchte ich nur in die Hände zu klatschen, und das Zelt war in Sekundenschnelle aufgeschlagen, die Kulis beeilten sich, mir die Schuhe auszuziehen (ein Brauch, den die Briten bei ihren Expeditionen eingeführt hatten), und der Tee war fertig, bevor ich Zeit gehabt hätte, daran zu denken … Wo war Calay, seufzte ich. Und der Luxus der Everest-Expeditionen? Im Laufe der Jahre, so überlegte ich traurig, hatte sich der Komfort meiner Expeditionen ständig verringert. Den zweiunddreißig Trägern auf meiner Everest-Expedition stand nur ein Dutzend (ohne Verbindungsoffizier) auf der Reise nach Mustang gegenüber, und nun dies. Mir standen harte Zeiten bevor, und es trug nicht gerade dazu bei, mich aus solch düsteren Gedanken aufzuscheuchen, als Tensing, nachdem er eine Stunde lang vergeblich im Regen Feuer zu machen versucht hatte, kapitulierte und erklärte, wir könnten keinen Reis essen. Ich hatte seit fünf Uhr morgens nichts gegessen und war volle elf Stunden gegangen. Seit den Eiern in Wangdu Photrang hatte ich nichts außer Reis und Coleman's Senfmehl und geschmacklose, feuchte Arrowroot-Kekse gegessen. Ich war todmüde, kochte vor Wut und starb fast vor Hunger. Es war zehn Uhr, als Tensing, nachdem er Wangdus Feuerstelle benutzt hatte, Reis, wässrige Currypulver-Suppe und Palmöl-Soße anbrachte.

»Morgen gibt's Tee«, sagte er, um mich aufzuheitern.

»Morgen?«, echote ich. »Warum nicht heute?«

»Es ist zu schwierig«, sagte Tensing.

Auch er war erschöpft. Ich war wenigstens ein Stück des Wegs geritten.

Das sind die Beschwerlichkeiten des Reisens im Himalaja, sagte ich zu mir selbst und erinnerte mich, dass Kolumbus' Schiffsbesatzung stets im Dunkeln gegessen hatte, um die Maden nicht zu sehen. Ich hätte mir nicht träumen lassen, dass ich selbst mich schon bald dieser Methode würde bedienen müssen. Glücklicherweise war mir zu dem Zeitpunkt noch nicht voll bewusst, was für schwere Zeiten mir tatsächlich bevorstanden. Ich hatte soeben den Pele-la überquert. Es wäre mir nicht in den Sinn gekommen, dass ich später diese Etappe einmal als die leichteste in Erinnerung behalten würde.

Tensing und ich saßen schlotternd nebeneinander. Ich hatte vergessen, eine Wärmflasche mitzunehmen. Auf jeder Expedition hatte ich mir geschworen, das nächste Mal eine mitzunehmen, und ich hatte mich immer gewundert, dass man diesen Gegenstand nie auf der Liste unumgänglicher Dinge findet, die man bei Vorstößen in die entlegenen Teile der Welt mitnehmen soll. Tatsächlich hatte ich alles vergessen. Obwohl ich mich zehn Jahre lang auf die Reise nach Bhutan vorbereitet hatte, war es mir gelungen, schließlich doch ganz unvorbereitet loszuziehen. Ich besaß keine jener Annehmlichkeiten, die das Leben erträglich machen für jene, die sich ins Unbekannte wagen: dehydrierte Pfirsiche, Flaschen voll Weinbrand, all die wunderschönen Dinge, die mit soviel Sorgfalt und kostenlos hergestellt, auf Flaschen gezogen und verpackt werden von übereifrigen Herstellern, die darauf brennen, dass ihre Rosinenkuchen am oberen Amazonas vertilgt oder ihre Bonbons in Neuguinea gelutscht werden. Irgendwie hatte ich nie die Energie aufgebracht, meine Expedition auf die traditionelle Art zu planen. Selbst meine bestorganisierten Reisen in der Vergangenheit waren lächerlich gewesen im Vergleich zu den neunhundert Trägern der amerikanischen Everest-Expedition und den sechshundert der britischen. Ich hatte immer eine Abneigung vor allzu gründlicher Ausrüstung gehabt, weil ich das Gefühl hatte, jeder Gegenstand und jede Blechdose sei ein Hindernis für die Erreichung meines Zieles, das darin bestand, das harte Leben der »Eingeborenen« (um ein Wort zu verwenden, das ich nicht leiden kann) zu teilen und sie wirklich kennen zu lernen. Aber hier saß ich, frierend, durchnässt und hungrig, während ein paar Meter weiter die »Eingeborenen« sich fröhlich an ihrem Feuer die Füße wärmten und Käse aßen, während auf der Flamme Chilis, Tsampa und Buchweizenkuchen brutzelten.

Hunger regt die Fantasie an. Ich dachte sehnsüchtig an die besten Mahlzeiten, die ich in meinem Leben genossen hatte. Aber das war nicht alles, ich begann sie auch noch zu verbessern: Hummer mit Kaviar gefüllt, in Räucherlachs gebacken, dachte ich mir.

Nein, nein, sagte eine andere Stimme in mir. Einen Zoll dicke Steaks. Nur einen Zoll? Wie knickrig? Zwei Zoll, sechs Zoll … noch mehr? Ich hielt inne und fragte mich, ob ich sie der Länge nach durchschneiden sollte. Ich hörte förmlich das Geräusch, das ein Löffel macht, wenn er die Kruste eines Soufflés durchdringt.

»*Yapo shita yapo.*« Gut, sehr gut, hörte ich Tensing laut vor sich hinmurmeln.

»Was sagst du?«, fragte ich.

»Du Schwein«, flüsterte ich, als ich sah, dass er sich den Mund mit seinen getrockneten Schuhriemen vollgestopft hatte.

»Gib mir auch ein paar«, sagte ich, meinen Stolz hinunterschluckend, und holte tief Atem. Wider Erwarten schmeckte mir das Zeug. Ob es Jakfleisch war? Das war die Frage, die mich beschäftigte, als ich einschlief.

Am nächsten Morgen brachen wir beim ersten Tageslicht die Zelte ab. Ich wollte Tongsa noch an diesem Tag erreichen, obwohl Wangdu und alle anderen mir erklärten, das sei unmöglich. Den ganzen Vormittag folgten wir dem Flusslauf, den wir als kleines Rinnsal unterhalb des Pele-la-Passes zum ersten Mal gesehen hatten. Jetzt war es ein breiter Fluss, dessen grünes Wasser über runde Felsen sprang. Wir ließen schon bald die Kiefern hinter uns und betraten erneut den unbewohnten Dschungel mit seinem Treibhausschleim, seinem blassgrünen Licht und den schlangenhaften Schlingpflanzen. Wiederum hatte sich innerhalb weniger Stunden das Klima verändert.

Um zwei machten wir Halt, um uns rasch mit Reis und Tee zu stärken, und Wangdu gab uns zum Dessert ein paar Hand voll vorzüglicher kleiner roter Beeren, die er unterwegs gesammelt hatte, eine Art rote Johannisbeeren, die jetzt reichlich am Wegrand wuchsen.

Es zeigte sich, dass wir bei dem gemächlichen Trott der Maultiere nie nach Tongsa kommen würden, und da ich keine Minute von dem Fest versäumen wollte, das, wie man mir gesagt hatte, am folgenden Tag beginnen würde, entschloss ich mich, Wangdu und Tensing zu verlassen und auf eigene Faust loszugehen. Ich zögerte zwar einen Augenblick, weil ich mich fragte, ob es für einen Ausländer nicht zu riskant sei, längere Strecken allein zurückzulegen in einem Land, wo die Einheimischen nicht an den Anblick von Fremden gewöhnt waren. Ich hatte bemerkt, dass alle Leute, denen wir begegnet waren, lange, dolchähnliche Messer im Gürtel trugen, und in Thimbu hatte man mir gesagt, diese Leute seien leicht erregbar.

Neugier behielt die Oberhand, und nur mit einer Kamera ausgerüstet, machte ich mich allein auf den Weg. Nach meiner Schätzung, die auf einer Umfrage unter den Mitgliedern unserer nunmehr vergrößerten Karawane beruhte, musste ich es noch vor Dunkelheit schaffen, wenn ich doppelt so schnell ging wie die Maultiere. Leichten Herzens rannte ich durch den Dschungel davon, hielt dabei jedoch die Augen offen nach den Bären, von denen ich mit leichtem Schaudern annahm, dass sie nach mir äugten. Bald erreichte ich eine offene Weide, von der aus ich in südlicher Richtung in die Schlucht hinabschauen konnte, der wir gefolgt waren und die sich jetzt zu einem breiten Tal weitete, an dessen Rändern ich in der Ferne Felder und ein paar Dörfer erkennen konnte. Hier wandte ich mich von unserem Pele-la-Fluss ab und erreichte über einen Rücken, der zum Teil bestellt wurde, nach einer Weile ein Dorf, dessen Eingang durch eine kleine Quelle markiert wurde, die unter einem Stein hervorsprudelte. Als ich ein paar Bauern traf, vergewisserte ich mich, dass ich auf dem richtigen Weg war. Sie sagten mir, ich solle immer auf einen fernen Tschorten zugehen, der die Ecke des offenen, kultivierten Hochlandes markierte. Drei Stunden später, gegen vier, erreichte ich den Tschorten, der, wie ich jetzt bemerkte, am oberen Rand eines Steilabfalls hinunter in eine abermals mit Dschungel bewachsene Schlucht stand. Als ich ein paar hundert Meter weitergegangen war, sah ich, weit talaufwärts, die weißen Mauern eines fernen Dzongs. Tongsa.

Der Pfad verwandelte sich jetzt in eine Folge absteigender Stufen, die in eine senkrechte Felswand geschlagen waren. Hier begegnete ich einer Karawane und fragte auf Tibetisch, wie weit es nach Tongsa sei. Die Männer starrten mich an, überrascht, mich in einer Sprache reden zu hören, die sie verstanden.

»In drei Stunden sind Sie dort«, sagten sie. »Sind Sie allein?«

Damit sie nicht auf dumme Gedanken kämen, erwiderte ich, meine Diener folgten mir auf dem Fuße, und eilte rasch weiter, die Stufen hinunter.

Ein Stück weiter holte ich einen gut aussehenden jungen Mann mit einem ausnehmend schönen Mädchen ein, die zwei schwer beladene Maultiere führten. Sie sagten mir, sie kämen aus Thimbu. Ich begleitete sie ein Stück, aber sie gingen mir zu langsam, und ich setzte meinen Weg wieder allein fort. Hin und wieder konnte ich zwischen den Bäumen hindurch einen Blick auf den Tongsa Dzong werfen, der größer und größer wurde.

Ich wunderte mich, dass ein Maultier solche Stufen hinuntergehen konnte, ohne zu straucheln. Für Mensch und Tier hätte ein Fehltritt gleichermaßen den sicheren Tod bedeutet – glücklicherweise ermahnte mich hier kein Verkehrsschild, dass das Leben kurz sei. Schließlich verflachte sich der Pfad ein Stückchen oberhalb eines rauschenden Flusses und setzte sich flussaufwärts auf einem Felsband fort. Ich konnte den Dzong jetzt nicht mehr sehen. Hellrote Blumen säumten den Pfad, der im tiefen Schatten lag. Ich befürchtete schon, die Nacht würde mich überraschen, als ich schließlich ganz unvermittelt an eine Brücke kam. Zwei rechteckige Steinhäuser mit einem Tor dazwischen markierten das Ende der Brücke. Sie war mit Bambusmatten bedeckt. Riesige Holzbalken wuchsen aus Steinfundamenten unter den Torhäusern und verbanden sich mit weiteren dicken Balken zu einem Bogen dreißig Meter hoch über dem schäumenden Fluss. Auf der anderen Seite stand ich plötzlich am Fuß einer sehr breiten Treppe, die einen schier senkrechten Hang hinaufführte, im Schatten von Bäumen, die sich in den Fels krallten. Drei viertel Stunden kletterte ich langsam diese Treppe hinauf, wobei ich ab und zu eine Verschnaufpause einlegte. Ich fragte mich bereits, ob ich Tongsa jemals erreichen würde. Es war jetzt schon ganz dunkel unter den Bäumen.

Ich war am Ende meiner Kräfte, als über mir ein schöner getünchter Tschorten auftauchte, der von einem rechteckigen steinernen Bauwerk umschlossen war. Als ich aufschaute, sah ich über mir eine gigantische Mauer. Ich hatte Tongsa erreicht. Die Festung ragte senkrecht vor mir auf, so dass ich ihre Größe und Anlage nicht erkennen konnte, bevor ich nicht drei lange Treppen erstiegen hatte, die an der Seite des Dzongs hinaufführten.

Am oberen Rand des Schwindel erregenden Gemäuers konnte ich ein Gewirr von Dächern und die letzten Stufen der Treppe erkennen, die durch einen kleinen Seiteneingang in der Festung verschwanden. Alle Reisenden, ob sie wollten oder nicht, mussten durch den Dzong. Als ich vor der Tür Atem schöpfte, vernahm ich über mir ein Geräusch und erblickte drei Soldaten, die sich über die Brüstung beugten. Einer von ihnen holte eine Pfeife hervor, und ein schriller Pfiff ertönte, als ich durch die Tür schritt, während gleichzeitig ein anderer Mann mit einer weißen Schärpe eine Trommel schlug. So kündigten sie mit feudalistischem Pomp mein Eintreffen im mächtigsten Dzong von Bhutan an.

5
Herr von Tongsa

Die schmale Tür, durch die ich hereingekommen war, führte mich in einen dunklen Gang, der einen rechtwinkligen Knick machte, bevor er in einen Hof mündete, dessen Pflaster sich zur Mitte hin gesenkt hatte. Hier hielt ich überrascht inne. Auf allen Seiten ragten die Holz- und Mauerfassaden fünf- und sechsstöckiger Gebäude auf. Fenster und offene Galerien, bunt mit pastellfarbenen Blumen bemalt, schauten auf mich herab. Zwei große Türen führten aus diesem Hof, und zu meiner Linken stieg eine große Treppe auf. Hier saßen fünf Männer in schönen, grün und orangefarben gemusterten Kos, alle mit den innerhalb des Dzongs vorgeschriebenen weißen Schärpen.

Mir wurde auf einmal bewusst, wie schmutzig meine Kleider waren, und obwohl ich mich mittags rasiert hatte, war ich nach vier Tagen mühseligen Fußmarsches ziemlich mitgenommen und nicht in der Verfassung, dem Herrn über das Gesetz entgegenzutreten. Ich ging zu diesen Männern hinüber und bat sie, mich zum Trimpon zu führen. Sie musterten mich hochmütig, dann winkte mir einer von ihnen, ihm zu folgen. Ich stieg ein paar Stufen hinauf und trat in einen weiteren großen, höher gelegenen Hof, der auf allen Seiten von schönen Gebäuden umschlossen war und am Ende von einer großen Plattform beherrscht wurde, hinter der ein gewaltiges rechteckiges Bauwerk aufragte, das allein schon so groß war wie der Dzong von Paro.

Meinem Führer folgend, durchquerte ich unter den neugierigen Blicken Dutzender Männer und Soldaten langsam diesen zweiten

Hof, stieg erneut Stufen hinauf und gelangte durch einen engen Korridor zu einer kleinen Tür, die abermals in einen Hof führte, der auf zwei Seiten von dicken, mit Schießscharten versehenen Mauern begrenzt war. Durch eine Tür trat ich schließlich aus dem Dzong auf einen flachen, knapp zehn Meter breiten Grat hinaus, der auf der einen Seite zu dem großen Fluss abfiel, den ich vorhin überquert hatte. Von diesem hohen Grat aus wirkte der Fluss wie ein schmales weißes Band, und er lag so tief unter mir, dass sein Rauschen nicht bis zu mir heraufdrang. Auf der anderen Seite des Grates, etwa hundert Meter unter meinem Standort, sah ich einen Fluss, an dessen Ufern ein Dutzend Häuser standen, das genaue Ebenbild eines mittelalterlichen Dorfes in England. Der Grat führte von der Festung zu einem niedrigen, frei stehenden Haus.

Als ich dieses Haus betrat, fand ich mich in einer Art Vorzimmer wieder, das vollgestopft war mit Männern, die alle ihren Kopf zur Tür hin drehten. Man bat mich zu warten. Durch die Holzwände konnte ich Stimmen in dem angrenzenden Raum vernehmen, und aus dem gedämpften Ton schloss ich, dass sich dort drinnen der Trimpon befand und dass er kein Mann war, mit dem man leichtes Spiel hatte. Nach ein paar Minuten kam ein junger Mann aus diesem Raum, fragte nach meinem Kashag und verschwand wieder. Diesmal musste ich noch länger warten, doch endlich erschien ein anderer Mann und forderte mich auf einzutreten.

Drinnen saßen zehn Männer und zwei Mönche am einen Ende des Raumes auf Kissen, die mit Teppichen bedeckt waren. Am anderen Ende des Zimmers stand eine kleine Schar Bedienter. Ein Diener war dabei, silberne Teetassen auf silbernen Tischchen zu füllen, die vor den Würdenträgern standen. Im ersten Moment herrschte betretenes Schweigen, dann bat mich ein sehr gut aussehender Mann, bei dem es sich, so folgerte ich, um den Trimpon handeln musste, mit ausgestreckter Hand, vor ihm Platz zu nehmen, zwischen einem Mönch und einem kräftigen, wild aussehenden Mann, an dessen Schwert ich in meiner Verwirrung stieß, als ich mich setzte. Wieder legte sich unbehagliches Schweigen über die Versammlung, und die Männer musterten mich mit strengen, forschenden Blicken. Schließlich brach ein Mann das Schweigen, der neben dem Trimpon saß und meinen Kashag in der Hand hielt, den er nun laut vorlas. Alle hörten zu und schienen befriedigt. Nun bot man mir eine Tasse Tibetischen Tee an, und das Eis war gebrochen, als ich auf Tibetisch »danke schön« sagte.

»Er spricht Tibetisch«, hörte ich einen Mann neben mir auf Dzong-ka sagen. »Ja«, wagte ich schüchtern zu bestätigen. Wieder breitete sich Stille aus, die jedoch gleich darauf durch lautes Geschrei aus dem Vorzimmer rüde unterbrochen wurde. Man hörte schlurfende Schritte, und ein kleiner alter Mönch kam hereingestürzt, der eine silberne Tasse in der Hand hielt und dem der Speichel aus dem Mund rann. Offenbar war er ziemlich betrunken. Die Versammelten erhoben sich ehrerbietig, während der Mönch auf uns zutorkelte. Als er mich sah, murmelte er etwas, schnitt eine komische Grimasse und stolperte erneut, wobei er den Inhalt seiner Tasse teilweise auf den Boden verschüttete. Einer der anwesenden Mönche fasste ihn am Arm und führte ihn auf seinen Platz neben dem Herrn über das Gesetz. Aus dem Vorzimmer ließ sich Gekicher vernehmen. Verlegen schaute ich in meine Tasse und nahm einen kleinen Schluck. Der betrunkene Mönch begann irgendetwas zu lallen. Als ich aufschaute, begegnete ich dem Blick des Trimpons, dessen Gesicht Hilflosigkeit und Abscheu vor dem Zustand des Lamas ausdrückte.

»Wo sind Ihre Diener?«, fragte der Trimpon mit leiser Stimme.

»Sie sind auf dem Weg hierher«, gab ich zur Antwort. »Ich weiß nicht, ob sie noch heute Abend eintreffen werden«, fügte ich hinzu, weil ich keine Lust zu langatmigen Erklärungen verspürte, weshalb ich sie zurückgelassen hätte.

Der Trimpon rief einen Bedienten und flüsterte ihm etwas ins Ohr, dann erhob er sich, rückte sein Schwert zurecht und bedeutete mir, mit ihm den Raum zu verlassen.

Aus seinem Haus mit der mittelalterlichen Versammlung ging ich zurück auf den schmalen Grat, wo innerhalb weniger Minuten ein Tisch und zwei überraschend moderne westliche Stühle aufgestellt wurden. Dort nahm ich, vor aller Augen, mit dem Trimpon Platz. Zum Tee wurden indische, ein wenig zur Übelkeit reizende Süßigkeiten gereicht. Von meinem Platz aus konnte ich ringsum die Aussicht bewundern. Zu meiner Rechten war der Schwindel erregende Steilabfall in die Schlucht des großen Flusses, auf der anderen Seite konnte ich das Dorf sehen, das sich an den Fuß des Dzongs schmiegte, und vor mir ragte die gewaltige rückwärtige Mauer der Festung auf. Jeder, der durch diese Gegend und durch den Dzong kam, musste über diesen Grat, um zum Tor des Dzongs zu gelangen. Auf diese Weise kontrollierte der uneinnehmbare Dzong allen Handel und Wandel in dem Tal. Es war kaum überraschend, so überlegte ich, dass von solch einer Trutzburg aus der Großvater des Königs, Urgyen Wangchuk, sich zum Herrscher über das ganze Land hatte aufschwingen können. Nie zuvor hatte ich eine imposantere Kriegsmaschine gesehen als den Tongsa Dzong. Allein durch seine Größe und seinen eindrucksvollen Standort ließ er selbst die majestätischsten Ritterburgen winzig erscheinen, die ich in Europa gesehen hatte.

Die Leute, die kamen und gingen, mussten notgedrungen dicht an uns vorbei, und sie verneigten sich im Vorübergehen ehrerbietig und hoben die Hände vors Gesicht. Drei Diener warteten dem Trimpon auf, der, während er sich mit mir unterhielt, hin und wieder einen von ihnen heranwinkte. Der Gerufene hielt sich dann die rechte Hand vor den Mund, um nicht einen so edlen Herrn mit seinem Atem zu beflecken, nahm mit einer tiefen Verbeugung die Weisungen seines Herrn entgegen und entfernte sich eiligst, um weiteren Tee zu holen oder einen Auftrag offizieller Art auszuführen.

Etliche Bauern standen in unserer Nähe und versuchten, das Auge ihres Herrn auf sich zu lenken; wenn es ihnen gelungen war, traten sie näher und brachten ihr Anliegen vor, das die Steuern oder irgendeine Vergünstigung betraf. Mit aristokratischer Gelassenheit entledigte der Trimpon sich seiner Pflichten, ohne die Unterhaltung mit mir zu unterbrechen. Der Trimpon hatte kurz geschnittenes Haar und ein volles, doch strenges Gesicht. Er trug ein helles, elegantes Gewand aus feinster Seide, makellos sauber, und strahlte eine ruhige Autorität aus, die durch seine gemessenen Worte noch unterstrichen wurde. Seine Stimme war angenehm, und seine Worte waren freundlich, duldeten aber keinen Widerspruch. Nicht eine Minute schien er zu vergessen, dass aller Augen auf ihn gerichtet waren und dass er mit einem einzigen Wort einen Mann zum Tode, zum Kerker oder zu harter Arbeit verurteilen konnte. Seine Hand war es, die eine ganze Provinz in Bewegung setzte. Sein Antlitz war das Emblem der Furcht und das Symbol des Vertrauens für Tausende, die in diesen entlegenen Bergen lebten. Er war die Autorität, die in der Nacht die Tore des Dzongs verschloss, die bestimmte, an welchen Tagen Feste gefeiert und an welchen hart gearbeitet wurde. Nicht ein einziges Pfund Reis, nicht ein einziges lahmes Pony wechselte ohne seine Zustimmung den Besitzer.

Ich bewunderte diesen Mann, der sich so sehr seiner Verantwortung bewusst war und so sparsam mit seiner Macht umging. Er hatte für jeden ein gutes Wort, und es war offenbar, dass er sein Privatleben seinem Amt geopfert hatte.

Ich kam mir wie ein Schuljunge vor angesichts dieses Mannes, dessen Gewandtheit und Charme, Strenge und Macht aus jedem seiner Züge sprachen. Er regierte von diesem Felsen aus, vor seiner Festung sitzend wie die Herrscher meiner Kindheitsträume, überblickte das Land, das er regierte, und überwachte alle Handlungen seiner Untertanen. In unseren westlichen Ländern ist Autorität allzu oft hinter verschlossenen Türen verborgen, anonymen Personen ohne Gesichter und Räten oder Ausschüssen ohne erkennbare Merkmale in die Hand gegeben. Hier in Bhutan war alles öffentlich, und im Tausch gegen seine Macht und das Vertrauen seiner Untertanen musste der Herr über das Gesetz, gleich dem König, sein Privatleben und seine Individualität aufgeben. Er war nie allein, nie von denen getrennt, die er regierte. Sie konnten kommen und ihm beim Essen, Trinken und Schlafen zusehen, denn er gehörte ihnen.

Ich glaube, dass bei diesen Männern das Leben im Angesicht der Öffentlichkeit zu einem großen Teil ihre Integrität bestimmt. Ihre bäuerliche Herkunft und ihr ständiger Kontakt mit den Menschen aus dem Volk erklären auch das tiefe Verständnis der Herren über das Gesetz für die Leute, für die sie verantwortlich sind.

Der Trimpon war nicht bloß ein Vertreter der Gerechtigkeit, von Recht und Ordnung, er war selbst diese Gerechtigkeit, dieses Recht und diese Ordnung. Alle Institutionen sind in seiner Person vereinigt, und da Moral und Gesetz in Bhutan eins sind, erwartet man von ihm auch, dass er die Tugend und das Gute in Person ist, so wie wir im Westen von einem Richter erwarten, dass er unparteiisch und moralisch ist.

Ich erklärte dem Trimpon, dass ich vorausgegangen war und meine Leute zurückgelassen hatte, weil ich an dem Fest teilnehmen wollte. Er war erfreut, machte sich aber Gedanken, wo ich schlafen und was ich essen sollte. Als wir unseren Tee getrunken hatten, Dämmerung den Dzong einhüllte und ein kalter Nebel aus dem Tal zu unseren Füßen aufstieg, erhob sich der Trimpon und führte mich wieder in sein Haus. Die Versammlung hatte sich zerstreut, mit Ausnahme des betrunkenen Lamas, der noch immer dasaß, grölte und den Dienern grobe Worte zurief. Ich war sehr erleichtert, als der Mönch sich schließlich zurückzog. »Welch eine Schande«, sagte der Trimpon. »Er ist völlig betrunken und trinkt die ganze Zeit. Wie traurig für einen so bedeutenden Lama!«

Leider sollte ich diesen Mönch nicht zum letzten Mal gesehen haben.

Dann stellte mir der Trimpon Fragen über mein Land. Ich beantwortete sie, so gut ich konnte. Ich kam mir vor, als spräche ich von einem anderen Planeten. Es gab nicht viel, worüber ich berichten konnte, weil so viel von dem, was unsere Welt ausmacht, außerhalb unserer komplexen westlichen Gesellschaftsstrukturen trivial oder einfach bedeutungslos ist.

Später stellte der Trimpon mich seiner Tochter vor, einer hübschen Sechzehnjährigen, deren kurzer Haarschnitt ihr ein so modernes Aussehen verlieh, dass ich beinahe das knöchellange Kleid aus kariertem Stoff vergaß, das ihren Körper umhüllte und an den Schultern von zwei silbernen Zierspangen zusammengehalten wurde, und mich der Illusion hingab, sie müsse mit allen Dingen vertraut sein, die den jungen Leuten im Westen lieb und teuer sind. Und doch hatte sie nie ein Auto gesehen oder Radio gehört, kannte nichts von dem, was uns selbstverständlich ist. Sie würde nie bei der Geburt eines Kindes die Hilfe einer Klinik oder eines Arztes in Anspruch nehmen können, ahnte nicht, dass es Zeitschriften für Frauen gab und Länder, in denen die Mode sich über Nacht wandelte. Trotzdem unterschied sie sich in ihrem Auftreten, ihren Eigenheiten und ihren Ansichten nicht oder nur sehr wenig von einem gleichaltrigen Mädchen in einem westlichen Land. In ihrer und ihres Vaters Gesellschaft wurde mir wie bei den meisten anderen Bhutanesen voll bewusst, wie wenig die Technik und all die Errungenschaften der Zivilisation doch in Wirklichkeit die menschliche Natur verändert haben. Die Leute in Bhutan reagieren genauso wie die in Europa. Was ich amüsant fand, amüsierte auch sie; was hier im Westen Mitleid erregen würde, erregte auch dort dasselbe Gefühl. Zwanglose Unterhaltungen gleichen sich überall auf der Welt. Im Westen neigen wir zu dem Glauben, dass die Geräte, deren wir uns bedienen, uns verändert haben, doch was war denn wirklich der Unterschied, so fragte ich mich, zwischen diesem jungen bhutanesischen Mädchen und ihren Geschlechtsgenossinnen in Europa oder Amerika? Hatten sie nicht dieselben Ideale? Sie wollten sich ein schönes Leben machen, hübsch sein, lieben und geliebt werden, gut essen, sich mit ihrem Freundinnen unterhalten und Eindruck auf sie machen. Was machte es aus, was für ein Kleid die junge Bhutanesin trug? Was machte es aus, dass sie ihr Essen auf einem Holzfeuer kochte anstatt auf einem Gasherd, dass sie Chilis anstelle von Ketchup aß, dass die Kleider, die sie trug, kariert waren statt gestreift, dass ihre Musik von Instrumenten anstatt vom Tonband kam? Nie musste ich nach Worten suchen, um mich in Bhutan verständlich zu machen, und genauso wenig wunderten sich offenbar die Leute über meine Art zu denken. Wenn es hoch kam, fragten wir nach der Qualität der Stoffe, ich nach der Seide ihrer Kos, sie nach dem Terylene meiner Hosen. Aber wir fragten uns nie, worüber wir lachten oder was uns glücklich oder traurig machte. Wo, so fragte ich mich, lag jener Fortschritt, der uns angeblich zu besonderen Menschen gemacht hatte? Wo waren die Merkmale, die mich als das Produkt einer höher entwickelten Zivilisation ausgewiesen hätten? War es mein Wissen, dass Silbernitrat lichtempfindlich ist oder dass raffiniertes Erdöl eine explosive Lösung ist, dass Turbinen schneller sind als Kolben, dass Penicillin andere Mikroorganismen angreift – zeichneten solche Einzelheiten mich vor anderen Menschen aus? Ich hätte mir gewünscht, sagen zu können, wir im Westen hätten das Heilmittel gegen das Unglücklichsein entdeckt und einen höheren Sinn des Lebens gefunden, der alle Fragen und Zweifel beantwortet, die die Menschen in Bhutan genauso bedrängen wie die im Westen.

Doch vor dem Herrn über das Gesetz war ich nur ein Kind, und blass schien das Wissen, das ich in Oxford, Harvard und an der Sorbonne erworben hatte. An diesem Abend teilte ich mit dem Trimpon ein bescheidenes Mahl aus Reis und Chili-Schoten, und ich sah, dass sein Leben, abgesehen von den seinem Rang gemäßen Privilegien, sich kaum von dem der einfachen Leute unterschied und überdies noch den Härten der halb klösterlichen Disziplin im Dzong unterworfen war.

Besorgt um mein Wohlergehen, trug der Trimpon einem Diener auf, mich mit einigen seiner eigenen Decken und einem Teppich zu einem kleinen Haus über dem Dzong zu begleiten, wo ich beim Licht einer Harzfackel auf dem Fußboden mein Bett machte und vor Erschöpfung augenblicklich in Schlummer fiel.

Bei Tagesanbruch schob ich die Läden vor den kleinen Fenstern meines Zimmers zurück und schaute auf eine Rasenfläche mit zwei riesigen Trauerzypressen hinaus, auf der ein rechteckiges, schneeweißes Chalet stand, mit Balken, die in geschmackvollen Farben gestrichen waren. Das war die Residenz des Königs, wenn er nach Tongsa kam, und hier, so hatte man mir berichtet, war er 1925 geboren worden. Unter mir führte ein Steilabfall zu dem schmalen Grat, der die Festung mit der Flanke des Berges verband. Die Festung erstreckte sich über die ganze Länge dieses Grates und endete in einem frei stehenden, halbkreisförmigen Turm. Überragt wurde dieses gewaltige Mauergewirr von einem zweiten Bauwerk, das als *ta Dzong* (Wachtfestung) bezeichnet wurde. Dieses war ein V-förmiges Gebäude mit einem zentralen Turm und vier kleinen, runden Verteidigungsbastionen an den Enden der Arme des V, die einen umgekehrten Keil bildeten, der jeglichen Angriff auf die Festung vom Berg her unmöglich machte. Der Dzong und die Wachttürme waren an den Außenwänden blendend weiß getüncht, und ein breites rotes Band lief unter den Dächern entlang, die wie ein Feld aus Holzschindeln wirkten, beschwert mit Tausenden von runden Steinen.

Ich hatte in einem der beiden sehr kleinen Bungalows geschlafen, die auf dem Rasen errichtet worden waren, auf dem auch die Residenz des Königs neben einer hübsch bemalten Gebetsmühle stand. Während ich mich fragte, wie wohl Tensing und Wangdu allein zurechtkommen mochten, machte ich mich auf zur Residenz des Trimpon. Dort fand ich eine große Menschenmenge vor. Manche saßen in der Nähe des Herrn über das Gesetz, andere standen und schauten, während wieder andere sich in dem engen Vorzimmer drängten. Man gab mir Tee, und der Trimpon erklärte mir, in einer Stunde würde das dreitägige Fest beginnen. Er hatte dieses Fest anberaumt, um die Eröffnung eines Marktes in Tongsa zu feiern. Dieser Markt war Bestandteil des königlichen Plans, Bhutans Wirtschaft so zu reformieren, dass das Geld als Tauschmittel eingeführt werden konnte; der Markt wurde eingerichtet, um die Bauern zu veranlassen, sich gegenseitig ihre überschüssigen Produkte zu verkaufen. Aus diesem Anlass hatte der Herr über das Gesetz reisende Händler aus fernen Gegenden eingeladen und Stände aus Bambusmatten für sie errichtet. Die Nachricht

Kind mit silbernem Bierkrug

von diesem Jahrmarkt hatte sich über den ganzen Distrikt von Tongsa verbreitet, bis in die höchsten Täler hinauf und zu all den einsamen Klöstern und Dörfern, und um noch mehr Leute anzulocken, hatte man beschlossen, die heiligen *chams* aufzuführen, die Neujahrstänze, in denen die Taten der Geister der Verstorbenen und der Sieg über das Böse durch die ersten Prediger der Lehre in Bhutan dargestellt wurden. Nach zwei dem Tanz gewidmeten Tagen sollte ein großer Wettkampf im Bogenschießen stattfinden, an dem die besten Schützen des Lands, einschließlich der hohen Beamten des Tongsa-Dzong, teilnehmen würden. Schon kamen Hunderte von Bhutanesen in die Festung geströmt, die Männer in ihren schönsten Kos, die Frauen in leuchtenden Seidenblusen und eleganten engen Gewändern, die von kunstvollen türkisgeschmückten Silberspangen zusammengehalten wurden. Munter strömten sie durch den schmalen Durchlass zwischen dem Dzong und dem kleinen Haus des Herrn über das Gesetz, um zu dem Platz hinaufzusteigen, der für den Markt vorgesehen war. Auch Ponys mit Glöckchen und roten Wollbüscheln zogen vorbei, auf denen ältere Leute oder jeweils zwei oder drei Kinder ritten. Hier und da entdeckte ich in der Menschenmenge raue, verwegene Nomaden, die geblendet waren vom Putz der Bauern, denn sie selbst trugen nur grobe Gewänder aus selbstgesponnener Wolle. Alle hatten sie ein langes Messer im Gürtel stecken.

Nachdem er ungezählte Tassen Tee getrunken hatte, gab der Herr über das Gesetz das Signal zum Abmarsch. Umgeben von der Menge, begaben der Herr über das Gesetz, der Hofmarschall, mehrere Lamas und ich selbst uns an einer Gruppe großer Häuser vorbei zu einem flachen Feld, an dessen Rand Tongsas neues Schulhaus stand.

Als wir kamen, bildeten die Bauern, die sich dort versammelt hatten, eine Gasse, um uns durchzulassen. Mit dem Trimpon an der Spitze begaben sich die Honoratioren zu den kleinen Ständen des neuen Marktes. Tibetische Händler, das lange Haar geflochten und mit roten Bändern geschmückt, erhoben sich, um die Herren zu begrüßen und ihnen und mir ihre Waren anzupreisen. Der erste Stand war ein Getränkestand, an dem ein Händler uns *chang* in Tassen zu probieren gab. Der Herr des Gesetzes lehnte ab, doch der Hofmarschall und ich nahmen an. Wir setzten uns für ein paar Minuten, und der Herr über das Gesetz holte unterdessen Süßigkeiten aus den Falten seines Kos und verteilte sie an die Kinder der Händler. Dann setzten wir uns alle zusammen wieder in Bewegung, um die anderen Stände, zehn insgesamt, zu besichtigen. Ich kam mir vor, als befände ich mich im Gefolge eines venezianischen Fürsten, während ich diesen mittelalterlichen Markt inspizierte, dessen Stände mit handgewebter Seide aus Bumthang, Pfeilen und Bogen aus dem Süden, Nadeln aus Indien und tibetischem Ziegeltee voll gestapelt waren.

Neben den Ständen waren drei besonders schöne weiße tibetische Zelte aufgeschlagen worden, von denen eines mit einer roten Borte gesäumt war. In diesen Zelten saßen auf Teppichen die Äbte und Mönche ferner Klöster, die zum Fest nach Tongsa gekommen waren. Zu ihnen gesellten sich bald etwa hundert Mönche aus dem Tongsa Dzong.

Ansteckende Feststimmung herrschte überall. An einem Ende des Platzes waren Männer damit beschäftigt, lange Streifen hellgrünen, orangefarbenen und roten Stoffes an dünnen Bambusstangen zu befestigen und die so entstandenen Fahnen vor dem Podium aufzupflanzen, von dem aus die Honoratioren den Tänzen zuschauen würden. Ein kleines Zelt hinter den Fahnenstangen barg einen Tisch, auf dem ein Porträt des Königs Wangchuk stand, teilweise verhüllt mit einer Zeremonialschärpe. Neben diesen Fahnenstangen waren zwanzig kleine Bäume angepflanzt worden, die den Beamten Schatten spenden sollten.

In einer entfernten Ecke stand eine kleine Hütte, um die das Volk sich drängte; es war der Ankleideraum der Tänzer.

Der Trimpon kam auf seinem Rundgang überall vorbei und verteilte Ratschläge, nahm ehrerbietige Grüße entgegen, gab Befehle und verlieh dem Fest den Anschein eines wichtigen Ereignisses. Kleine Kinder rannten überall herum, während die Eltern ihre Ponys auf den Abhängen an Pflöcke banden. Rings um uns ragten die dunklen, zackigen Berge auf, ein eindrucksvoller Hintergrund für die bunte Szenerie. Bauern zogen mit großen Augen von Stand zu Stand, als die Festlichkeiten in Gang kamen.

Ich wurde aufgefordert, links neben dem Herrn über das Gesetz Platz zu nehmen. Zu seiner Rechten saß der Nyerchen, ein großer, kräftiger Mann in einem gelb und grün gemusterten Ko.

Die beiden Oberhäupter des Dzong boten einen eindrucksvollen Anblick in ihren leuchtenden, fließenden Roben, mit den in der Morgensonne blitzenden Schwertern und den mit Quasten geschmückten Patronentaschen, die sie an der Seite trugen. Ich schämte mich jetzt ganz besonders meiner schäbigen Kleider, die ich ja nicht hatte wechseln können, und konnte mich nicht des Gedankens erwehren, dass wir im Westen die Kunst, uns festlich zu kleiden, verlernt haben. Wie schäbig sind doch unsere tristen Anzüge im Vergleich zu den flammenden Gewändern der Bhutanesen.

Ich saß kaum, als schon eine Gruppe junger Tänzerinnen auftrat; hübsche Mädchen mit kurz geschnittenem Haar, die mit gedämpfter Stimme sangen, sich im Kreis drehten und rhythmisch die Arme schwangen. Die Leute strömten herbei und setzten sich auf die Erde. Der Tag hatte begonnen. Männer verließen die Taverne, die Händler kamen herbei, um zuzuschauen. In diesem Augenblick stolperte der trinkfreudige alte Lama, das geistliche Oberhaupt des Ortes, berauschter denn je zu den jungen Tänzerinnen hinauf und fing an, ihre Bewegungen nachzuahmen und mitzutanzen. Es war eine peinliche Szene, aber niemand wagte es, einen so hohen Kleriker zurückzuhalten, nicht einmal der Herr über das Gesetz. Schließlich nahm ein junger Mönch es auf sich, ihn mit sanfter Gewalt auf seinen Platz zurückzubringen. Tee wurde allen Honoratioren gereicht, und da die Bauern den Herren Pfirsiche angeboten hatten, bekam auch ich einen. In der Erinnerung an meine Kost während der letzten sieben Tage ließ ich ihn mir schmecken.

Der Schall zweier langer silberner Hörner und das Dröhnen von Becken ließ plötzlich das Gemurmel ersterben. Aller Augen richteten sich auf den Ankleideraum. Eine Trommel begann einen dumpfen Rhythmus zu schlagen. Der erste Tanz konnte beginnen.

Einem Irrwisch gleich schoss eine weiße Gestalt aus der Hütte hervor, gefolgt von drei weiteren. Starres Schweigen senkte sich über die Menge. Der Tod war erschienen, bedrohlich, schauerlich, schrecklich und majestätisch. Der Trommelschlag war wie ein langsamer Puls, der die maskierten Monstren zum Leben erweckte.

So begann die Erzählung des *cham*. In gewisser Weise sind diese Tänze, was für die Menschen im Mittelalter die Passionsspiele waren, voller Tragik und religiöser Bedeutung, rituelle Tänze der Geister der Verstorbenen, die darstellen, was heilige Lamas geschaut haben, wenn sie vor Scheiterhaufen saßen. Was wir sahen, waren vier Männer in losen weißen Gewändern, deren Ärmel in überdimensionale, handschuhartige Finger ausliefen, die lose baumelten, als die wirbelnden Skelette mit ihrem tranceartigen Tanz begannen. Diese Tänzer boten wirklich einen grausigen Anblick, denn sie trugen schreckliche, überlebensgroße Todesmasken, Schädel mit hohlen Augen und entblößten Zähnen, gekrönt von einer Tiara aus fünf kleineren Schädeln. Sie drehten sich vor uns in langsamer Bewegung, wobei die Totenköpfe auf unnatürliche Weise wackelten, weil die Tänzer durch den Mund, nicht durch die Augen ihrer Masken schauten. Zum Klang der Becken und der Trommel stellten sie die Furcht und den Schrecken dar, wie sie alle Anwesenden nach ihrem Tod erleiden würden. Die Furcht der Seelen vor ihrer Reinkarnation, in einer der sechs Höllen, durch die der Geist sich durcharbeiten muss, in Erwartung jener Vervollkommnung und Vereinigung mit dem Absoluten, die Nirwana heißt. Denn nur das Nirwana kann den infernalischen Zyklus des Menschenlebens im Rad der Existenz unterbrechen, das vom Gott des Todes angehalten wird. Nur von Tod zu Tod schreitend kann der Mensch hoffen, seine Befreiung zu erlangen.

Über eine Stunde lang setzte sich das ständig anwachsende Dröhnen der Trommel fort, und die Zuschauer verharrten in gebanntem Schweigen. Normalerweise werden solche Tänze nur einmal im Jahr aufgeführt. Die heiligen Masken und prächtigen Kostüme werden zu diesem Anlass aus den Kapellen der Kriegsgötter geholt, den *gung khangs*, geheimen Kammern, in denen all die finsteren Symbole des Todes verwahrt werden.

Denn »Leben ist Leid«, hatte der Buddha gesagt, und für die tantrischen Buddhisten Tibets und die alte »Rotmützen«-Sekte im Lande des Drachen stammt dieses Leid von den bösen Geistern, die sich dem Menschen an die Fersen heften, jeden seiner Schritte beobachten, ihn sein Leben lang bespitzeln und auf seinen Tod warten, um ihm für immer zu folgen; das heißt, bis zuletzt durch die Anhäufung guter Taten und die späteren Leben als Mensch, Tier oder Dämon in der Hölle der Höllen das Leid eines Tages überwunden, die Illusion der Sinne gemeistert werden können. Erst dann wird der Mensch seine irdischen Fesseln zerbrechen, wenn er jene Vervollkommnung erreicht, die charakteristisch ist für den Buddha, jenes Nirwana, in dem das Individuum seine sinnenhafte Identität verloren hat, die der Grund allen Leids ist.

Der erste Tanz war zu Ende. Mädchen und junge Männer bevölkerten den Platz, tanzten in zwei Kreisen und sangen die sehnsüchtigen Lieder Bhutans. Unterdessen besichtigte ich die Hütte, in der sich die Tänzer auf den nächsten Tanz vorbereiteten. Dieser sollte fröhlicher werden, und nicht weniger als fünfunddreißig Männer legten ihre Kostüme an, Röcke, die aus Hunderten lebhaft orangefarbener, roter, blauer und grüner Tücher bestanden, die mit einem Ende in einen Gürtel gesteckt wurden. Sie würden barfuß tanzen, den Oberkörper nur mit einem kunstvoll gearbeiteten

Umhang bedeckt. Was ich in jenem Augenblick noch nicht wusste, war, dass diese Tänzer *zaps* waren, Leibeigene oder Sklaven, die den Dzongs gehörten, Abkömmlinge von Kriegsgefangenen, die bei Angriffen auf Tongsa gemacht worden waren, oder Männer, die als Geiseln entführt worden waren auf jenen winterlichen Raubzügen, bei denen die Bhutanesen aus ihren hohen Bergen bis in die Randgebiete der Duars von Assam vorgedrungen waren. Mit der Peitsche hatte man diese Männer Tag für Tag gelehrt, die Tänze ihrer siegreichen Feinde aufzuführen.

Heute war ihr Ruhmestag. Was ich zu sehen bekommen sollte, war das Ergebnis monatelanger Einübung, der Erfolg einer langen, harten Ausbildung, während der sie zahllose Schläge von der Peitsche des Oberaufsehers der Leibeigenen hatten hinnehmen müssen. Dieser »Sklaventreiber« war ein hart wirkender Mann, der jetzt die Tänzer vom Ankleideraum aus überwachte. Mund und Kinn der Schauspieler waren mit einem langen weißen Tuch verhüllt, da sie unter den Masken hervorschauten, deren Mundöffnungen in einer Höhe mit den Augen der Männer waren. Diese Masken stellten schreckliche Dämonen mit blutunterlaufenen Augen und Kronen aus Menschenschädeln dar.

Sie sprangen hinaus ins Sonnenlicht, und wieder senkte sich Stille über die gebannt schauende Menge. Stundenlang wirbelten sie zu der eigenartigen Musik herum, kämpften mit ihren hölzernen Schwertern gegen die Dämonen, bückten sich und richteten sich auf und hüpften auf einem Bein, während sie so herumwirbelten unter dem Rauschen ihrer seidenen Röcke, die in einer Explosion von Farben aufflammten.

Trotz des dünnen Schattens der Bäume brannte die Sonne unbarmherzig durch die Fahnen auf uns herab, während ich den kreiselnden Figuren dieser Horde von Dämonen zuschaute, die unter ihren Masken schwitzten, den Staub aufwirbelten und das kurze Gras mit bloßen Füßen niedertraten.

Der Tag verging schnell, aufgelockert von gelegentlichen Besuchen bei den tibetischen Bierständen. Gegen vier erschien Tensing mit der Nachricht, dass alles gut gegangen und die Ausrüstung in den Bungalow nahe beim Dzong gebracht worden sei und Wangdu darauf warte, entlohnt zu werden.

Bevor wir an diesem Abend auseinander gingen, wandte sich der Herr über das Gesetz an die Versammelten und gab seiner Hoffnung Ausdruck, dass alle vierzehn Tage die Händler in immer größerer Zahl erscheinen und die Dörfler alle Waren bringen würden, die sie zu verkaufen hatten.

Am nächsten Tag stand ich in der Morgendämmerung auf und begab mich mit Tensing zum Dzong, um unsere Vorräte aufzufüllen. Wir fanden den Nyerchen unten in dem kleinen Tal am Fuße des Dzong. Wir betraten die Festung durch den Seiteneingang und stiegen vier Treppen hinauf zu einem dunklen Korridor, der unter dem Dach lag. Hier lagen die Räume, in denen die von allen Bauern des Distrikts entrichteten Steuern in Form von Getreide gelagert wurden. Der Nyerchen erbrach das Siegel an einer dieser Türen, und wir traten in einen Raum voller großer Holztruhen von sechs Meter Länge und anderthalb Meter Höhe. Mit einem Schlüssel, der wie ein Tschorten geformt war, öffnete der Nyerchen das Schloss einer dieser Kisten. Aus dieser ließ Tensing sich sechs *bre*, sechs ordentliche Maß Reis geben, die zum Singsang eines der Bedienten in den mitgebrachten Sack rannen. Der Nyerchen ging dann an eine andere Kiste, die Reis von minderer Qualität enthielt. Aus dieser wurden fünfzig Maß in eine hölzerne Tonne abgefüllt, die von zwei Mönchen abgeholt wurde. Das war die Tagesration für das Kloster des Dzong. In einer Ecke lag ein großer Klumpen Butter. Wie ein Schulmeister kontrollierte der gesetzte, würdevolle Nyerchen die Mönche, als sie einzelne Portionen herunterschnitten und mit Hilfe eines Steingewichts abwogen.

Aus dem Kornspeicher begaben wir uns in andere Lagerräume, deren Türen mit einem Band aus Baumwollstoff verschlossen waren, dessen Enden der Nyerchen mit dem silbernen Stempel, der von seinem Gürtel hing, versiegelte. Über eine steile Leiter gelangten wir in das Büro des Nyerchen hinab, einen Raum mit orangefarbenen Blumenmustern auf gelb gestrichenen Wänden. Die geschnitzten Deckenbalken und Stützpfeiler waren prächtig mit Mustern in Rot, Blau und Gelb verziert. Eine der Wände wurde von einem kunstvoll gearbeiteten Altar eingenommen, einem großen, schrankartigen Gebilde mit mehreren Stufen, auf denen schöne Kupferbildnisse von Lamas standen. Der ganze Schrank leuchtete von aus Gold getriebenen Blumen und Dra-

Ein gefesselter und ins Joch gelegter Sträfling – eine Warnung an alle, dass das Verbrechen sich in Bhutan nicht lohnt

chen. Der Nyerchen verbeugte sich vor dem Altar und setzte sich mit untergeschlagenen Beinen auf einen Teppich vor einem niedrigen Tischchen. Einer seiner Gehilfen zog eine Rolle braunen Papiers aus den Falten seines Kos und trug darauf ein, wie viel Reis dem Kornspeicher entnommen worden war. An der Wand im Rücken des Nyerchen hingen sechs schöne Schwerter in silbernen Scheiden, die mit goldenen Ornamenten geschmückt waren. Einige der Schwerter wurden durch helle Seidenhüllen geschützt. Neben ihnen hingen drei Peitschen, eine aus Lederriemen, die in drei lange, dicke Stränge geflochten waren, die andere mit einem ähnlich geflochtenen Stiel, der in einen flachen, breiten Lederlappen wie bei einer Fliegenklatsche auslief, und die dritte ein fester Stock mit einem Silberknauf. Ich dachte an meine Internatszeit in England und schauderte ein wenig. Der Nyerchen nahm eines der Schwerter und erläuterte, er müsse sich für die Tänze fein machen.

Diese sollten erst im Laufe des Vormittags beginnen, weshalb ich mich mit Tensing aufmachte, den Dzong näher zu besichtigen. Im Haupthof herrschte rege Betriebsamkeit. In einer Ecke tanzten dreißig Männer in gewöhnlichen Kleidern zum Klang eines kleinen Beckens. Sie probten für die Aufführung dieses Tages. In einem anderen Hof gab einer der Ramjams einem Grüppchen Bauern Anweisungen, die auf dem Boden saßen und ihre Werkzeuge umklammerten oder sich an große Flechtkörbe lehnten. Im Gänsemarsch zog eine Prozession von Trägern über den Hof, gebeugt unter der Last dicker Balken, die sie vor vier Männern, Zimmerleuten, niederließen, die dann diese Balken mit der Axt zu dünnen Brettern spalteten. Sie waren dabei, eine der Kapellen zu restaurieren. Der Dzong war von Leben erfüllt, überall liefen Männer herum, mit Trommeln, Säcken voll Reis oder Bündeln von Heu.

In einer entfernten Ecke saß eine sonderbare Gestalt, ein Mann, der gleich einer monströsen hölzernen Halskrause ein schweres, kreisförmiges Brett um den Hals trug. Er war ein Verbrecher, ein gut aussehender Mann, der Lächerlichkeit preisgegeben durch diesen grotesken Holzkragen, aus dem sein Kopf hervorschaute, als läge er auf einer Servierplatte. Als er sah, dass ich ihn anstarrte, stand er auf, und ich bemerkte, dass seine Füße an den Knöcheln von einem schweren Stahlband aneinander gefesselt waren. Langsam drehte er uns den Rücken zu und schlurfte davon, und der Kragen wippte an seinem Hals auf und ab.

Ein Mitleid erregender Anblick, der umso tragischer wurde, als ein kaum drei Jahre altes Mädchen hinter dem Mann herlief. Wahrscheinlich war sie sein eigenes Kind. Bald gesellte sich ein Soldat zu dem Sträfling, nicht, um ihn zu bewachen, sondern weil er mit dem Mann befreundet war. Der Mann im Block, so erfuhr ich, war selbst ein Soldat, den man beim Stehlen ertappt hatte. Alles in allem war seine Bestrafung, so sehr sie ihn erniedrigte, recht milde, wenn man bedachte, dass in Tibet Räubern die Augen ausgestochen oder günstigenfalls die rechte Hand abgehackt wird. Trotzdem wurde ich durch den Anblick dieses Mannes, dessen Kopf in einem hölzernen Block gefangen war, eindringlich daran gemahnt, dass Bhutan auf dem Gebiet der Justiz Jahrhunderte zurück war.

Dies war nur einer der raueren Aspekte des Lebens in Bhutan, die mich aus der Fassung bringen sollten. Während ich zuschaute, wie die Tänzer im Hof probten, sah ich, wie der Tanzlehrer mit seiner schweren Peitsche vortrat, sich bis auf Armlänge einem der Sklaven näherte und die Peitsche zweimal mit voller Wucht auf den Rücken des armen Kerls niedersausen ließ. Dumpf hallten die Schläge über den Hof, dann stellten sich, als sei nichts geschehen, der Gezüchtigte und die anderen Tänzer wieder auf und fuhren fort, sich im Kreis zu drehen und leichtfüßig zu springen, vielleicht ein bisschen leichtfüßiger als zuvor. Ich war schockiert, denn obwohl ich schon früher manchmal mit angesehen hatte, wie erwachsene Männer zur Strafe für kriminelles Vergehen ausgepeitscht wurden, war es etwas ganz anderes, Zeuge zu werden, wie jemand geschlagen wurde, damit er besser tanzte.

Ich erfuhr viel über die Sozialstruktur Bhutans vom Herrn über das Gesetz von Tongsa. In Bhutan sind alle Menschen gleich, oder, um ein geflügeltes Wort aus dem Westen zu zitieren, alle sind gleich, aber manche sind gleicher als die anderen. In Bhutan gibt es keine Kaufmanns- oder Künstlerschicht, jeder ist im Grund ein Bauer. Abgesehen von der königlichen Familie gibt es nicht einmal einen Adel.

Diese klassenlose Gesellschaft ist jedoch in drei Teile geteilt. Die Bauern, die Grund und Boden besitzen, *tre-ba* (Steuerzahler) genannt, diejenigen, die Land bestellen, das den Klöstern gehört, *traba* genannt, und drittens diejenigen Kinder dieser zwei Arten von Bauern, die nicht die Privilegien des Vaters erben, sondern in einen religiösen Orden eintreten oder in den Dzongs als »Staatsdiener« arbeiten.

Die Angehörigen der ersten Bauernklasse, die Tre-ba, besitzen große Häuser und eigenen Grund und Boden und entrichten Steuern in Form eines Prozentsatzes ihrer Ernte und von Dienstleistungen an den Dzong, die in zwei bis drei Monaten Arbeit bestehen können. Diese Tre-ba stellen die große Mehrheit der Bevölkerung Bhutans, und sie sind es, die die Dorfoberhäupter wählen, welche ihrerseits die Ramjams wählen, die dann schließlich vom König für die hohen Ämter des Trimpons und Nyerchen bestellt werden.

Die Bauern ohne Grundbesitz, die Tra-ba, haben Häuser, bestellen aber bestimmte Felder, die den Klöstern gehören, und zwar nicht den Klöstern innerhalb der Dzongs, sondern den zahllosen kleineren Klöstern, die über das ganze Land verstreut sind. Sie können ihren Grund nicht verkaufen, bestellen ihn aber, als sei es ihr eigener, und entrichten dem Kloster einen Pachtzins, der aus einem großen Teil ihrer Ernte besteht. Sie unterstehen nicht unmittelbar der Autorität des Dzong, sondern schulden nur dem Kloster Dienst, zu dem sie gehören. Die dritte Gruppe bilden diejenigen, die weder Haus noch Grund und Boden besitzen, die jüngeren Söhne, die nicht den Besitz ihrer Väter erben, der stets dem ältesten Sohn zufällt. Diese jungen Männer treten entweder als Mönche in ein Kloster ein oder nehmen eine Stellung im Dzong an.

Wie die Gerechtigkeit es gebietet, schuldet der reichste Bauer, also der Tre-ba (Steuerzahler), dem Staat am meisten. Steuerschuldner ist nicht der Einzelne, sondern der Haushalt. Die Dienstleistungen und Naturalsteuern (denn Geld ist praktisch unbekannt) sind mannigfaltig. Neben einem bestimmten Prozentsatz seiner Reis-, Gersten- und Buchweizenernte liefert der Haushalt des Tre-ba auch viele Wagenladungen Holz an den Dzong ab, Holz, das in den großen Wäldern geschlagen wird, die alle dem Staat gehören. Außerdem müssen die Haushalte drei Traglasten »Herd-Erde« abliefern, eine Mischung aus gebranntem Lehm und Asche, die als Rückstand an den Feuerstellen gesammelt wird. Diese »Herd-Erde« wird bei der Herstellung des Papiers verwendet, auf das die heiligen Bücher gedruckt werden. Außerdem müssen sie für den Dzong eine festgesetzte Menge einer bestimmten Rindenart sammeln und abliefern, die ebenfalls für die Papierherstellung benötigt wird. Über den Butterlampen in jedem Haus hängt ein flacher Stein, auf dem sich Ruß ansetzt. Einmal jährlich muss der Tre-ba ein volles Maß von diesem Rußstaub an den Dzong abliefern; dort wird daraus Tinte hergestellt. In manchen Gegenden müssen sie auch Butter abliefern, doch in der Regel stammt diese von den Nomaden, zu deren besonderen Steuern Milch, Fleisch und andere Nebenprodukte der Viehwirtschaft wie zum Beispiel Häute gehören. Zu diesen Steuern, die von Tal zu Tal und je nach der Größe des Haushalts verschieden sind, kommt noch der schon erwähnte Ulag, die Verpflichtung des Bauern, den Herren des Landes Last- und Reittiere zur Verfügung zu stellen.

In Bhutan gibt es keine hauptberuflichen Handwerker und keine eigene Klasse von Kaufleuten, so dass alle handwerklichen Erzeugnisse wie Kleider, Werkzeuge, Papier, Schwerter usw. von den Bauern hergestellt werden. In jeder Familie spezialisiert sich der Bauer neben seiner landwirtschaftlichen Tätigkeit noch auf ein bestimmtes Handwerk. So sind manche Bauern nebenbei noch Schreiner, andere Anstreicher, Maurer, Schmiede, Holzschnitzer usw. Einmal im Jahr muss jeder Haushalt einen Mann für handwerkliche Arbeiten in den Dzong schicken. Als Bezahlung erhalten die Männer dafür nur ihr tägliches Essen. Diese Zwangsarbeit als spezialisierter Handwerker kann bis zu drei Monaten dauern und ist die unbeliebteste Form der Steuer. Durch diesen Arbeitsdienst werden die Bauern gezwungen, Festungen zu bauen oder Klöster zu vergrößern, Brücken zu errichten oder für den Staat Häuser anzustreichen.

In Bhutan ist es Brauch, dass das älteste Kind den gesamten Besitz des Vaters erbt. Wenn jedoch die jüngeren Söhne die älteste Tochter eines Tre-ba heiraten, die einmal den väterlichen Besitz erben wird, so können sie schließlich doch noch Tre-ba werden; oder sie können auch, falls ihnen das zusagt und der Bruder einverstanden ist, dessen Frau heiraten und als Zweit-Ehemann im Hause bleiben. Dieser Brauch der Polyandrie ist in Tibet weit verbreitet, in Bhutan dagegen nicht ganz so beliebt. Gerechtfertigt wird er durch wirtschaftliche Überlegungen. Obwohl der ältere Bruder seine Frau mit einem jüngeren Bruder teilt, bleibt er der Haushaltsvorstand. Die Kinder, die solchen Dreierverbindungen entstammen, nennen ihren älteren Vater »Vater« und ihren jüngeren Vater »Vateronkel«, selbst wenn dieser offensichtlich ihr tatsächlicher Vater ist. Neben der Polyandrie findet man in Bhutan gelegentlich auch Polygynie, also Männer mit zwei oder sogar drei Frauen.

Auf den ersten Blick gleicht die bhutanesische Familienordnung (abgesehen von der Polyandrie) weitgehend der des europäischen Mittelalters: der zweite Sohn wird ein Mann der Religion, der dritte und weitere Söhne werden Soldaten oder Staatsdiener. Bei genauerem Hinsehen entdeckt man jedoch, dass das bhutanesische System viel demokratischer ist, und zwar deshalb, weil keine der drei Arten von Bauern jemals ihre persönliche Freiheit verliert. Vorausgesetzt, sie entrichten ihre Steuern, können sie frei über sich und ihr Eigentum verfügen, während die Fronpflichtigen und Leibeigenen des Mittelalters nicht mit ihrem Land und nicht einmal mit sich selbst tun und lassen konnten, was sie wollten, da sie mit Leib und Seele an den Feudalherrn gebunden waren. Die Bauern (Tre-ba und Tra-ba) in Bhutan entrichten Naturalsteuern und schulden dem Staat Dienstleistungen, genau wie wir in unserer modernen Welt Steuern zahlen, aber sie behalten die Freiheit, über ihre Felder und Ernten und auch über ihr eigenes Leben nach Gutdünken zu verfügen. Wenn sie wollen, können sie aus einem Kloster oder dem Dienst im Dzong auch wieder austreten. Nirgends sind sie kraft eines Erbvertrages an einen Fürsten gebunden. Weiterhin werden sie nicht von Einzelnen, sondern vom Dzong als einem Apparat des Staates beherrscht, der, wie wir gesehen haben, aus Männern besteht, die von den Bauern gewählt wurden und selbst alle bäuerlicher Abstammung sind.

Aus diesem Unterschied zwischen den Bauern im Europa des Mittelalters und den Bhutanesen erklärt sich, weshalb man trotz der hohen Steuern bei der Bevölkerung Bhutans keine Ressentiments gegenüber den Herrschern und kein Gefühl der Unterdrückung feststellen kann. Dieser Tatsache verdanken es die Regierungssysteme Bhutans und Tibets, dass sie sowohl eigenständig als auch frei von Problemen des Klassenkampfes sind. Man sollte auf keinen Fall übersehen, dass Bhutan, so sehr es in seiner sozialen Organisation dem mittelalterlichen Europa ähneln mag, auf ganz anderen Fundamenten ruht. Die Herrschenden verfügen nicht nach Gutdünken über die Bauern und haben keinen Einfluss darauf, wie ein Mann sein Privatleben gestaltet. Ihr einziger Vertrag mit den Herrschern bezieht sich auf die Steuern, und das ist eine rein geschäftliche Angelegenheit und nicht ein Vertrag, dessen Gegenstand die Person des Bauern wäre, wie es bei den Lehensverträgen im Westen der Fall war.

Hierin sind Bhutan und Tibet nicht nur dem feudalistischen Europa voraus, sondern auch den meisten Feudalsystemen im heutigen Asien, um nicht zu sagen in der ganzen Welt. Alle Bhutanesen sind freie Menschen, die selbst darüber entscheiden können, wie sie leben möchten, natürlich innerhalb der Grenzen ihrer finanziellen und intellektuellen Fähigkeiten. Ausnahmen sind die »Zaps« oder »Kus«, wie die Sklaven auch genannt werden. Zap kommt von *za-pa* und bedeutet »Die Arbeitenden«. Sie entsprechen den Sklaven, oder besser den Leibeigenen des Mittelalters und bilden eine verschwindende Minorität. Sie sind überwiegend Nachkommen von Kriegsgefangenen, Männern, die von den jeweiligen Dzongs gefangen genommen wurden, in jenen gar nicht so lange zurückliegenden Tagen, als jedes größere Tal feudale Kleinkriege führte, ähnlich jenen Kriegen, die mich in meinen Träumen dazu veranlassten, liebreizende Jungfrauen zu erretten, die man in die Verliese der zahllosen kleinen Dzongs von England, Frankreich und Spanien geworfen hatte. Viele Zaps stammen auch aus den Duars, jenen Gebieten Indiens südlich von Bhutan, wo beinahe jedes Jahr von den bhutanesischen Fürsten entsandte Truppen einfielen, um Gefangene zu machen oder Güter zu rauben, um die man die Bewohner der Niederungen beneidete. Das waren die Raubzüge, die trotz Sir Ashley Edens sowie Boileaus und Pembertons Ärger und dem Zorn der britischen Krone ungesühnt blieben.

Viele Zaps erkennt man, da sie aus Indien stammen, sogleich an ihrer dunklen Haut und dem kleineren Wuchs als Angehörige der Assam-Stämme.

Sie werden nie gekauft oder verkauft, denn sie gehören nicht Einzelnen, sondern dem Staat und dem Dzong. Sie haben Häuser und Familien und bekommen zu essen, ob sie nun gut oder schlecht, krank oder gesund sind. Jedes Jahr bekommen sie einen neuen Ko. Tatsächlich geht es ihnen in materieller Hinsicht nicht besser und nicht schlechter als jedem Staatsdiener oder Mönch.

Der einzige Unterschied ist, dass sie nicht weglaufen können. Obwohl ihre Situation also nicht gerade beneidenswert ist, sind sie ebenso selbstbewusst wie die freien Bhutanesen. In Bhutan konnte ich mich des Gedankens nicht erwehren, wie relativ der Begriff der Freiheit ist. Vor langer Zeit verkaufte der moderne Mensch, nachdem er das Joch seiner mittelalterlichen Unterdrücker abgeschüttelt hatte, seine Freiheit den Arbeitgebern und dem Staat, während beinahe die ganze Bevölkerung Bhutans, sobald die Steuern bezahlt sind, tun und lassen kann, was sie will, ohne dass sich jemand in ihr Privatleben drängt und ihr Vorschriften macht, was sie denken oder wie sie handeln soll. In Tongsa dachte ich an die Autobahnen, die Verkehrsstaus, die Terminpläne, die Diktatur der Lochkarten und Stempeluhren, die Gehaltskonten und die Arbeitslosigkeit in Europa, Amerika und der übrigen Welt. Wieder sah ich die Tausende von Körpern in den Gossen Kalkuttas liegen, am Straßenrand, vor den Fabrikmauern, sah die ausgezehrten Gesichter der Verhungernden, die blicklos starrenden Augen Indiens, die sich so wenig von denen jener Menschen unterschieden, die sich jeden Morgen in der »Metro«, der »Tube« und der »Subway« durchrütteln lassen, in Paris, London und New York. Ich hörte das peitschenähnliche, dumpfe Schlagen der Dampfhämmer über die Fabrikhöfe hallen, während die grauen Ameisen sich immer wieder vorsagen: »Ich bin frei.« Nicht drei Schläge, sondern tausend, hunderttausend gehen auf die Arbeiter in den meisten Ländern der freien Welt nieder, während sie sich über die Fließbänder beugen; Schläge, die teilweise hingenommen werden, weil jeder Mann sich zum Trost sagen kann. »Ich bin kein Sklave. Ich bin kein Sklave.« Nein, bei uns im Westen sind die Massen nicht wie jene Zaps, die, in prächtige Brokatgewänder gehüllt, am zweiten Tag meines Aufenthalts in Tongsa auf dem grünen Rasen tanzten, unter einer Sonne, die die umliegenden Berge in ihrer ganzen Schönheit leuchten und die Vögel singen ließ, während die Mönche, die Beamten, der Herr über das Gesetz, die Tra-ba, die Tre-ba, die kleinen Kinder, die alten Männer und Frauen und ich voller Bewunderung zuschauten.

Attara, der Clown, mit seinem roten Gesicht und seiner westlichen Nase, tanzte zwischen ihnen herum, machte lustige Gesten, verspottete die Götter, schalt den Herrn über das Gesetz, kam zu mir herauf und zog mich zum Gaudium aller an meiner langen Nase. Aber würde es so bleiben? Bei all den Blumen und all dem Lächeln, bei allem Glitzern in den Augen einer Rasse, deren natürliche muskulöse Schönheit nicht ihresgleichen hat, bei aller Fröhlichkeit, die mich umgab, entgingen mir nicht die Scheinwerfer über den kleinen Marktständen und ein riesiger Ballon mit einer wehenden Fahne daran, die bellenden Lautsprecher, die von monströsen Bulldozern aufgerissenen Felder, die zermalmten Bäume. Die Worte »Geld« und »Sparen« kam mir immer wieder in den Sinn. Der Trimpon sah mich an und lächelte. Ich glaubte, das Wort »Supermarkt« gehört zu haben, doch er hatte nur »Markt« gesagt und irgendetwas über die Vorzüge einer auf Geldumlauf beruhenden Wirtschaft. Ich schaute wieder nach vorne, und auch heute waren, wie am Vortag, die Gesichter des Todes vor uns, und die Sklaven tänzelten und nickten unter den Schädeln kosmischer Schrecken. Vielleicht, so dachte ich, sind Fegefeuer, Himmel und Hölle nicht von dieser Welt. Insgeheim hoffte ich, der Versuch des Herrn über das Gesetz würde fehlschlagen und dieser Tag möchte für Bhutan nicht den Beginn jener Konsumgesellschaft mit ihren Gossen und ihren Fabrikgebäuden markieren.

Wie in einer Shakespeare-Tragödie lösten die Spaßmacher die Spannung. Unbeholfen torkelten sie hinter dem pompösen Dämonen her, die mit den Masken grässlicher Tiere, wie gehörnte Adler, Schweine, Drachen und grünköpfige Hirsche, herausgeputzt waren und untereinander Scheinkämpfe ausfochten.

Sogar die hohen Herren gingen wohl oder übel auf die Späße der Narren ein, die all ihre Eigenheiten imitierten, ihren Gang, ihre Sprechweise, ihr Gehaben. Die Spaßmacher begannen den Tänzern die Schau zu stehlen, deren Aufführungen den Dörflern allmählich langweilig wurden. Sie inszenierten ein Begräbnis und holten dann eine alte Frau aus dem Publikum, um mit ihr zu tanzen; sie verhöhnten den Trimpon, gingen hinter ihm her und machten jede seiner Gesten nach. Alles lachte. Die Tänze gingen zu Ende. Die Schulkinder begannen zu singen, und es gab ein paar Spiele, unter denen ich, nicht ohne Wehmut, auch ein Schubkarren-Rennen erkannte. Alle schauten höchst verwundert zu, denn niemand hatte je eine Schubkarre gesehen, und für mich waren das die ersten bedauerlichen Übergriffe unserer Zivilisation. Der Schullehrer hatte zusammen mit seinen Englischkenntnissen das Schubkarren-Rennen in ein Königreich gebracht, in dem man das Rad nicht kannte. Umwälzungen kündigen sich in unwichtigen Einzelheiten an.

Ich dachte an die Cargo-Kulte und fragte mich, wie viele der Todestänze wohl nichts weiter als falsch verstandene Nachahmungen trivialer Spiele und Tätigkeiten höher entwickelter Kulturen der Vergangenheit sein mochten, die zu einem von dunklem Symbolismus erfüllten Ritual verwandelt worden waren. Für mich war das Schubkarren-Rennen von Symbolismus erfüllt. Für die Bhutanesen war es nur ein weiterer Grund zum Lachen.

Noch lauter lachten alle, als der Herr über das Gesetz, der Hofmarschall, vier weitere Würdenträger und ich genötigt wurden, einen bhutanesischen Tanz aufzuführen. Ich trug meinen bhutanesischen Ko und meine bei Morisson und Tuttle erstandenen Stiefel.

»Sie sollten den Ko nicht tragen«, meinte Tensing, als ich ihn fragte, ob ich ihn anziehen solle.

»Werden die Leute sich gekränkt fühlen?«, fragte ich.

»Nein, überhaupt nicht. Sie werden es gern sehen, dass Sie bhutanesische Kleider tragen.«

»Warum soll ich ihn dann nicht tragen?«

»Weil Sie«, entgegnete Tensing ohne Umschweife, »ein hoher Herr sind und Ihr Ko zu billig und zu kurz ist.« Diesen Einwand wollte ich nicht gelten lassen. Vielleicht würde man sich denken, dass ich ihn so kurz gekauft hatte, weil ich nicht wusste, dass die Länge der Kleider in Bhutan ein Zeichen für Rang ist. Ich wagte Tensing nicht zu gestehen, dass ich es mir zu dem Zeitpunkt nicht leisten konnte, einen schönen Ko gleich denen der Honoratioren zu kaufen, die besten Kos aus Bumthang, aus dicker *endi*-Seide gewebt und so warm wie ein Pelzmantel, von denen einer so viel wie ein Maultier kostete, rund hundertfünfzig Dollar. Eine Frau brauchte mehr als sechs Monate, um diese feinen Streifen aus hellgelber, roter und grüner Seide zu weben, mit dem eingearbeiteten weißen Hakenkreuzmuster (einem Symbol der Langlebigkeit).

Im Anschluss an unseren Auftritt führten die Händler tibetische Tänze auf, die bei allen Zuschauern Beifall, bei Tensing dagegen Heimweh hervorriefen; der Herr über das Gesetz hatte sie darum gebeten, denn er war darauf bedacht, dass sie sich wohl fühlten, damit sie später wiederkamen und der Markt von Tongsa ein Erfolg wurde.

Die Nacht senkte sich über die uns umgebenden Berge, und es wurde Zeit für den letzten Tanz, ein Glücksritual, an dem alle anwesenden Mädchen und jungen Männer teilnahmen. Ein kleiner Tisch wurde in die Mitte der Tanzwiese gestellt und darauf ein Holzkübel voll Gerstenbier. Um den Kübel wurden vier Gurkenscheiben gelegt. Gurken wachsen reichlich in Bhutan, und man isst sie wie etwa bei uns Süßigkeiten. Den ganzen Tag hatte der Herr über das Gesetz Gurkenscheiben an die kleinen Kinder verteilt, die sich, unbeeindruckt vom Protokoll, um die Ehrentribüne gedrängt hatten.

Diese Gurkenscheiben rings um den Bierkübel repräsentierten die Butterstückchen, die man in Bhutan als Zeichen der Achtung auf den Rand der Tassen hoch gestellter Gäste steckt. »Butterbier des Glücks« nennt man das. Die jungen Männer tanzten und sangen dabei eine sanfte Weise, der die Mädchen antworteten, dann wurden drei Tropfen aus einem kupfernen Gießlöffel für die Götter auf die Erde geschüttet und der Gießlöffel zum Herrn über das Gesetz gebracht, dessen Kopf mit dem Stiel des Löffels berührt wurde, bevor ihm in die Handfläche gegossen wurde, damit er das Getränk probieren konnte. Dann wurde an alle Anwesenden Bier ausgeschenkt; zuerst kamen die Tänzer an die Reihe, und dann wurde das Publikum aus anderen Chang-Kübeln bewirtet. Es war fast finster, als das letzte Lied verklungen war. Ponys und Maultiere bevölkerten jetzt die Wiese und wurden von ihren Besitzern weggeführt, die sich vergnügt auf den Heimweg machten. Aller Augen waren auf den Herrn über das Gesetz gerichtet, als auch er aufstand und sich auf den Weg zum Dzong hinab machte.

Es war ziemlich dunkel, und nur wenige Leute hatten Kienspan-Fackeln mitgebracht, um den Weg zu erleuchten. Der Herr über das Gesetz hatte eine starke indische Paraffinlampe und wies seine Diener an, sie recht hoch zu halten. Der Abstieg war sehr steil und nur schlecht zu erkennen. Mit väterlicher Umsicht achtete der Trimpon darauf, dass die kleinen Kinder nicht hinfielen oder verloren gingen, und bemühte sich trotz seiner Festbekleidung um Kinder, die für einen Augenblick von ihrer Mutter getrennt worden waren; ich begriff plötzlich, dass der große Dzong, die mächtigen Fürsten und die langen scharfen Schwerter keine Instrumente des Terrors oder des Krieges waren, sondern die beruhigenden Symbole des Friedens, die die Ängste aller Menschen besänftigen, in den kalten Nächten, wenn die Berge unter dem Mond auf einmal bedrohlich erscheinen und der Mensch sich angesichts der Unendlichkeit des Universums seiner Winzigkeit bewusst wird.

Der Morgen brach an, als wir, fünf Tage nach meiner Ankunft in Tongsa, mit drei struppigen Ponys und vier Trägern einen Schritt weiter zurück in die Vergangenheit taten, auf dem Weg nach Bumthang, die hunderttausend Ebenen, das Herz von Bhutan. Nebel umhüllte die Berge, als wir langsam den Hang über dem massigen

Dzong hinaufstiegen, vorbei an der »Wachtfestung«, und Tongsa schon bald unseren Blicken entschwand.

Den ganzen Vormittag und noch einen Teil des Nachmittags keuchten wir den Dong-la hinauf, einen weiteren von Bhutans hohen Pässen. Es regnete, und die Stufen des Pfades verwandelten sich oft in eine Kaskade herabrollender Steine und gelben Schlamms, so glatt wie Eis. Der Pass mit seinen Gebetsfahnen kam wie eine Erlösung. Stunden des Schweißes hatten mich, so schien es, eine neue Seite Bhutans aufschlagen lassen. Vor mir erstreckte sich, so weit das Auge reichte, ein Meer runder Berggipfel, einer hinter dem andern, die wie Eis in die hohen, flachen Täler abschmolzen. Verschwunden waren die ausgewaschenen, canyonartigen Schluchten der Gegend um Tongsa. Wir hatten das Hochland erreicht, und vor mir breiteten sich Alpentäler aus, wo Dschungel unbekannt war, ein Land des Schnees und der langen Winter. Hinter den Tälern ragten abweisende Berge auf, die von unserer Karawane überquert werden mussten. Ich fühlte mich einen Moment lang entmutigt durch ihre Größe, als ich nach Zentralbhutan hineinschaute und am fernen Horizont die gezackten Gipfel der ersten Gebirgszüge Ostbhutans sah.

Es dämmerte bereits, als ich mit Tensing den Eingang eines breiten Tales erreichte, das von drei weißen Klöstern hoch über den kleinen Rauchfahnen von fünf Weilern beherrscht wurde. Wir näherten uns dem ersten dieser Dörfer, sechs großen, stabilen Holzhäusern, die sich um eine massive, turmartige Kapelle scharten.

Als wir die ersten Häuser erreicht hatten, hörte ich Schreie und Rufe, die sich in einen sehnsüchtigen Singsang verwandelten. Wie ein dünner Schleier stieg der Nebel aus den großen, rosafarbenen Buchweizenfeldern auf. In der Ferne sahen wir eine Schar von vielleicht hundert Männern, die, in einer Ecke vorrückend, den Boden pflügten und Erdklumpen zerschlugen und dabei sangen. Das waren die Leibeigenen eines der königlichen Privatgüter, dessen weiße Mauern und vergoldete Türmchen in der Ferne durch den Nebel schimmerten. Das Tal lag rund 2700 Meter hoch, und hier war nichts von den Reis- und Terrassenfeldern zu sehen, die in Westbhutan das Bild der Landschaft prägen. Nirgendwo sonst war die Landschaft meinen Vorstellungen vom mittelalterlichen Europa näher gekommen als hier. Ochsen zogen hölzerne Pflüge, angetrieben von den Peitschen rau gekleideter Männer, die bei der Arbeit sangen und zottige Bärenfelle auf dem Rücken trugen. Kühe wateten in ihrem Dung in den Höfen der Häuser, als Tensing und ich hoffnungsvoll von einem zum anderen zogen, um eine Unterkunft für die Nacht zu finden.

Frauen schauten von den hölzernen Balkonen ihrer Häuser auf uns herab, die man nur über einen mit Kerben versehenen Baumstamm erreichen konnte; diese Leitern konnten in der Nacht hochgezogen werden, so dass aus jedem Haus eine Festung wurde. Die Frauen mit ihren Häubchen und schmutzigen Kleidern starrten uns an, ein paar alte Männer schickten uns von einem Haus zum anderen, bis schließlich eine weise alte Frau sich bereit erklärte, den »vornehmen Herrn«, wenn er es wünsche, bei sich aufzunehmen.

Nach und nach wurden die Gesänge der Leibeigenen lauter, als sie über den Acker kamen; in ihre Lieder mischten sich Spottrufe und Lachsalven, und ihre Stimmen kündeten von einer raueren Rasse als die im Westen. Im Handumdrehen hatten die Leibeigenen ein ganzes Feld gerodet und gepflügt, und jetzt trennten sie sich und gingen, noch immer singend, in ihre Weiler zurück, von denen einige weiter unten im Tal lagen. Man konnte nur ihre Oberkörper über den bodennahen Nebelschwaden sehen, und wie ein lärmender Konvoi kleiner grauer Boote entschwanden sie unseren Blicken.

Es war ziemlich kalt, und umso wärmer schien uns das Bauernhaus, in das wir nun eintraten. Aus drei Löchern des irdenen Herdes schlug prasselndes Feuer, das die alte Frau schürte. Die rotgelben Flammen erhellten den Raum, eine große, von Balken getragene Halle, und die an zwei Wänden aufgereihten irdenen Töpfe und Kupferkessel, hölzernen Schöpflöffel und fassartigen Eimer. Lederbeutel mit Schafsfett hingen von der Decke, und auf der Milch in den offenen Eimern neben der Tür schwammen Fliegen. In einer Ecke lagen ein paar Bärenfelle, die gleichen dunkelbraunen, länglichen Pelze, die die Frauen auf dem Rücken trugen, als Schutz gegen die Kälte und auch gegen die schweren Lasten – Wasser aus dem Fluss, Milch von den Feldern, Holz aus den Wäldern und Getreide zur Mühle.

Jeder Gegenstand in dem Haus war betrachtenswert, die kleine irdene Butterlampe, der kreisförmige Stein, auf dem sich der Ruß für den Dzong ansetzte, die zahllosen, hinter die Balken gesteckten spitzen Stöckchen, die Pflugschare dieser Bauern, die es nicht zuließen, dass Stahl den Boden säuerte. Nachdem sie uns vorsichtig gemustert hatte, schien die Frau, die uns eingelassen hatte, befriedigt. Der »junge Herr«, sagte sie, könne im Vorratsraum schlafen, nicht aber Tensing und meine Träger, deren Ponys jetzt vor der Tür ihre Glöckchen erklingen ließen. Meine Leute brachten das Gepäck herein, die Blechkiste und die Reisesäcke. Als Nächstes kamen der hölzerne Packsattel und die Satteldecken. Auf ihnen würden die Träger schlafen.

»Wohin wollt ihr?«, fragte die alte Frau.

»Nach Tashigang«, entgegnete ich stolz. Ich begann allmählich zu glauben, dass wir schließlich doch noch ganz Bhutan durchqueren würden. Die Alte schaute uns voll Bewunderung an.

»*Ona*«, sagte sie. »Das ist ein weiter Weg.«

Mit den Trägern sprang sie nicht gerade freundlich um; sie führte sie in dunkle Winkel, wo sie schlafen konnten. Dann ging sie mit mir in die Vorratskammer. Sie nahm einen Schlüssel, ein flaches Stück Metall mit vielen Kanten und Ecken, steckte ihn in einen Schlitz im unteren Teil eines Schlosses und zog ihn der Länge nach durch den Metallkasten, wodurch die Federn zurücksprangen, die die Tür verschlossen hielten.

Ich stand in einem dunklen Raum. Zwei Schiebeläden wurden aufgemacht, und kaltes Licht sickerte in das Zimmer. Der Raum war leer bis auf drei große, runde Bambusfässer, die Getreide enthielten. Die Wände waren dunkel, mit Ruß bedeckt und mit unheimlichen weißen Abdrücken menschlicher Hände übersät.

»Wozu sind diese Handabdrücke da?«, fragte ich.

»*Ona*«, entgegnete die Alte, »das ist bei uns der Brauch. Als mein Mann krank war, hat der *pau* (Zauberer) verlangt, dass sie angebracht werden, um die Dämonen fernzuhalten.«

Da sie mir wohl nicht ganz traute, suchte die Frau ein paar Sachen zusammen und öffnete dann mit einem anderen Schlüssel ein kleineres Nebenzimmer, die Speisekammer des Hauses. Hier kramte sie herum, inmitten von Hunderten von Fleischstücken, die von der Decke herabhingen. Darunter standen Truhen für die Feiertagsgewänder, die angelegt werden, wenn ein Fest die Bauern von ihrer Arbeit weg in die Höfe des Dzong oder an die Tore der Klöster ruft. Außerdem wurden hier Salz und Beutel mit Fett aufbewahrt.

»*Ama*«, rief Tensing, »verkauf uns ein paar Eier.«

»Ich hab' keine Eier«, kam die Antwort. »Ich bin eine arme Bauersfrau. Frag doch im Dzong.«

»Aber nein, *ama*«, neckte Tensing die alte Frau, »du bist doch so reich, dass du eines Tages an all dem Zeug ersticken wirst.«

Die Alte murmelte etwas vor sich hin. »Ich hab' ein paar Kartoffeln«, sagte sie schließlich und brachte eine Hand voll an. Tensing gab ihr eine bhutanesische halbe Rupie. Die Frau lächelte und kam mit Eiern wieder; »für den jungen Herrn«, sagte sie und knallte die Tür zu. »Also, du Früchtchen«, sagte sie, »du und deine Leute, ihr schlaft nebenan.« Als ich wieder in dem geheizten Raum war, wärmte ich meine Hände.

»Die Lasten sind verdammt schwer«, sagte Dawa, einer der Träger, als er sich auf die Satteldecken fallen ließ, um in der ausgebauchten Tasche seines Kos zu kramen. Er holte eine Holzschüssel heraus: »*Chu*«, sagte er zu der alten Frau.

»Hol's dir selber«, entgegnete sie. »Das Wasser ist draußen unter dem Balkon.« Der Träger rührte sich nicht vom Fleck. Einer der anderen Männer nahm seine Schüssel und füllte sie mit Wasser. Unterdessen hatte Dawa einen schmutzigen Tuchbeutel aufgemacht, und nachdem er ein weißes Mehl, das wie Tsampa aussah, in das Wasser gerührt hatte, begann er, diesen eiskalten Brei aus gemahlener gerösteter Gerste zu essen. Mit seinen schmutzigen Fingern rollte er den Teig zu kleinen Kugeln, die er sich in den Mund schob. Einer der Träger, der die Pferde auf die Weide geführt hatte, kam zurück.

»*Yapu du?* Alles in Ordnung?«, fragte er lächelnd und fuhr fort: »Morgen haben wir das Schlimmste hinter uns. Noch einen Pass, und wir sind am Nachmittag in Jakar.«

»Wasch die Kartoffeln, dann den Topf, tu ein bisschen weißes Zeug ins Wasser, dann zerschneide die Kartoffeln und stell sie aufs Feuer«, instruierte ich Tensing. »Die Eier brate ich selbst.«

»Gibt es denn keinen Reis?«, fragte Tensing.

»Nein«, sagte ich, froh über diese erste Abwechslung in unserer eintönigen Kost.

»Was? Kartoffeln essen und sonst nichts?« Tensing schien enttäuscht. Er zog Reis vor, der in Tibet ein Luxus ist, und mir wurde klar, dass in seinen Augen unsere Kost ein einziges Festmahl war.

Die alte Frau fachte das Feuer an, bis es prasselte und kleine Flammen durch die Topflöcher schlugen. Hufgeklapper und das Geklingel von Glöckchen zeigten an, dass der Mann der alten Frau gekommen war. Er trieb die Tiere in den Stall unter dem Haus, kam verärgert über die Leiter heraufgeklettert, verbeugte sich ehrerbietig, als er mich sah, und ging durch den Vorratsraum zu einer Tür, die ich nicht bemerkt hatte und die auf eine hölzerne Galerie führte, auf der in einer Ecke ein einfacher Altar stand. Das war die Kapelle des Hauses. Hier schlug er auf eine große Trommel und verneigte sich vor drei Statuen.

Ich war todmüde, doch es gab so viel zu sehen und zu bewundern, von den weißen Handabdrücken an der dunklen Wand meiner Kammer bis hin zum kleinsten Topf, alles Produkte tausendjähriger, unbekannter Traditionen, die sich hier am Rande von Bumthang ungebrochen fortsetzten, Traditionen, die nirgends aufgezeichnet und dazu verurteilt sind, eines Tages, vielleicht schon bald, zu verschwinden, mit der Einführung der Aluminiumtöpfe. Die Schönheit all dieser Details beruht sicherlich auf der Summe der Liebe, die die Handwerker auf sie verwandt haben, Männer, die ihre Kunst wie eine Religion weitergeben, bis die Formen und Muster zu einem Ritual werden, nicht diktiert von der Zweckmäßigkeit, dem Maßstab unserer unromantischen Welt, sondern von Händen gestaltet, die einen Ritus vollziehen. Bogen schnitzen, Holzlöffel drehen, Töpfe hämmern – das waren alles handwerkliche Überlieferungen, die mit den Gesängen und der Geschichte dieser Menschen in Einklang standen. Das ganze Haus schien in dieser Nacht von all diesen Gesängen zu summen, und diese sonderbaren Weisen aus einer fernen Vergangenheit, die so poetisch und geheimnisvoll gewesen war wie die Gegenwart, weckten Echos in mir. Es schien mir, als seien Monate vergangen, seit ich Thimbu verlassen hatte, und Jahre, seit ich aus Europa abgereist war, und doch hatte ich noch nicht die Hälfte der Strecke zurückgelegt, die ich gehen musste, um ans Ziel meiner Reise zu gelangen. Ich war gequält von Sorgen aller Art über die unmittelbare Zukunft und den Ausgang meiner einsamen Wanderung.

Aufgewachsen in einer Welt der Terminkalender und Telefone, der Statistiken und aktuellen Nachrichten, fiel es mir nicht leicht, mich an die Ungewissheit zu gewöhnen, die das Leben in einem mittelalterlichen Land kennzeichnet. Telegramme, ausführliche Landkarten und Bücher haben in unserer Welt das Ungewisse auf ein Minimum reduziert. Dagegen ist die Ungewissheit ein wesentliches Merkmal des Lebens in Bhutan. Wenn ein Mann auf die Reise geht, weiß er weder, wann er ankommen, noch, wann er heimkehren wird, wo er schlafen, was er sehen wird. Für diese

Menschen hat der Gedanke an das Morgen immer etwas leicht Beklemmendes. In Bhutan gibt es keine Lebensversicherung, keine Krankenkassen, keine dieser ausgeklügelten Einrichtungen, mit deren Hilfe wir es lernen, die wenigen Risikoelemente abzuschwächen, die in unserem schon allzu gut geplanten Leben noch zu finden sind. Permanente Unsicherheit herrscht dagegen in Ländern wie Bhutan, wie vor Zeiten auch in unserem Land, eine philosophische Einsicht, die mir anfangs nur schwer in den Kopf wollte. Einmal hatte mir ein Tibeter nach einer Englandreise gesagt, was ihn am meisten erstaunt habe, sei die Selbstverständlichkeit gewesen, mit der wir alle so taten, als wüssten wir, was in einem Jahr sein würde. Die Leute sprächen über die Zukunft, als sei sie Vergangenheit. Und er hatte Recht. Wir haben die Ungewissheit weitgehend aus unserem Leben verbannt, und das ist meines Erachtens die Hauptursache für den Lebensüberdruss vieler Menschen im Westen und vermindert außerdem unsere Fähigkeit, mit dem Unerwarteten fertig zu werden, so dass beinahe alle größeren Krisen uns unvorbereitet finden. Unsere übertriebene Zuversicht hat zur Folge, dass wir oft die Beherrschung verlieren, womit wir der Frustration Luft machen, die sich zwangsläufig einstellt, wenn man immer alles im Voraus plant. Unter Frustration haben die Menschen in Bhutan kaum zu leiden, weil sie im Gegensatz zu uns nur selten bestimmte Erwartungen in die Zukunft setzen und deshalb kaum wissen, was Enttäuschung ist. Andererseits genießen sie den Augenblick stärker als wir, indem sie die Feste feiern, wie sie fallen, und jeden glücklichen Zufall zu nützen trachten. Mehr als alles andere, so fand ich heraus, trennt uns diese Frage der Unsicherheit von vielen anderen Rassen. Deswegen missverstehen wir oft die Reaktionen anderer, wenn diese auf der Annahme beruhen, die Zukunft sei nicht vorhersehbar. Obwohl ich dies wusste, gelang es mir in Bhutan nicht, mir keine Sorgen zu machen, und ich versuchte ständig, Hindernisse zu überwinden, bevor sie auftauchten, ja ich erfand sie in meiner Vorstellung, in dem verzweifelten Versuch, das Unvorhersagbare vorherzusagen. Aber niemand konnte mir etwas darüber sagen, welche Mühsal ich noch würde auf mich nehmen müssen, bevor ich mein Ziel erreichte.

Eine kleinere Unannehmlichkeit bestand darin, dass ich am folgenden Morgen nach dem Aufstehen feststellen musste, dass unsere Lasttiere verschwunden waren. Drei Stunden lang suchten meine vier Männer die ganze Gegend ab und beschrieben ihre Pferde den Bauern, doch die schüttelten nur die Köpfe.

Ich nutzte die Gelegenheit, um das Dorf zu besichtigen, in dem wir übernachtet hatten. Die Häuser überraschten mich alle durch ihre Größe, und wieder fiel mir auf, wie sehr alle Dinge um mich herum jenen ähnelten, die man in den kleinen Gebirgsdörfern in den Alpen sieht. Jetzt begriff ich, dass die Erzeugnisse von Menschenhand, die wir für Produkte unserer Kultur halten, in Wirklichkeit nur Produkte unserer Umgebung sind. In Bhutan hatte der Mensch dieselben landwirtschaftlichen Werkzeuge, Töpfe, Fässer und Bauwerke erfunden, die man in den klimatisch ähnlichen Gegenden Europas antrifft. Wäre ich ein Asiate aus Indien oder China gewesen, so hätte ich gestaunt über den Melkschemel, die Holzeimer, die Hausdächer, die Türangeln, die langstieligen Spaten und Rechen, die Form der Pflüge, den Dung in den Höfen, in dem Kühe herumtrampelten, die so ganz anders aussahen als die Buckelochsen und Wasserbüffel Indiens und Südchinas. So aber waren mir all diese Dinge vertraut. Und doch hatte es in der Vergangenheit nie irgendwelche Kontakte zwischen Bhutan und dem Westen gegeben, und zwischen den Alpen und Bhutan lagen ungeheure Entfernungen und exotische Länder, Indien, Turkestan, Persien und der Vordere Orient. All diese Länder unterscheiden sich sehr von Bhutan und von Europa, selbst in den winzigsten Einzelheiten. Man sagt schon seit langem, dass Klima und Ökologie eine Zivilisation prägen, aber nirgends hatte ich je einen überzeugenderen Beweis für diese Behauptung gefunden als hier in Bhutan.

Man ist versucht, sich zu fragen, ob nicht in dem, was wir Intelligenz nennen, auch ein instinktives Element liegt und ob nicht alles, was wir herstellen, all die Segnungen unserer Technik, eher die unbewussten Produkte dieses Instinkts sind als Erfindungen des Geistes. Ich hatte den Eindruck, dass Bhutan, sich selbst überlassen, schließlich seine eigenen Newtons hervorbringen, das Auto neu erfinden und die ganze westliche Zivilisation im Laufe seiner eigenen natürlichen Entwicklung rekonstruieren würde, genauso wie es Spaten und Pflüge, Schindeldächer und Türangeln erfunden hatte, die denen im Westen aufs Haar glichen. Man muss sich doch fragen, warum man in Bhutan Spaten mit langen Stielen antrifft, die genauso aussehen wie unsere eigenen, während in ganz Asien die Bauern kurzstielige Werkzeuge benutzen, die nichts mit bhutanesischen und europäischen gemein haben. Diese Vergleiche treffen auch auf viele politische und soziale Institutionen Bhutans zu, denn diese sind viel enger mit denen Europas verwandt als in irgendeinem anderen asiatischen Land. Nirgendwo sonst in Asien hatte ich mich so zu Hause gefühlt. Hier fand ich nichts von jenen Eigenheiten und Einstellungen, die für die meisten Orientalen charakteristisch sind. Die Leute hier waren freundlich und reagierten in vorhersehbarer Weise auf Freud und Leid. Hier waren die Schranken gefallen, die die meisten Asiaten von den Europäern trennen. Hier begegneten sich Ost und West, nur wurde niemand Zeuge dieser Begegnung.

So sehr ich den Reisenden verachte, der ständig alles, was er sieht, mit dem vergleicht, was er schon kennt, konnte ich mich doch dem Gefühl nicht entziehen, dass ich in Bhutan nicht so sehr ein fremdes Land besuchte und studierte, sondern vielmehr einen neuen Eindruck von meinem eigenen Land bekam, so wie es vor jenen gewaltsamen Eingriffen war, die seit der Jahrhundertwende unsere Institutionen erschüttert, unsere Landschaften zerstört und unsere überlieferten Denkweisen umgestoßen haben. Nicht dass ich jemals etwas gegen die vielen Wunder unserer Zeit gehabt hätte, im Gegenteil, jenseits von Kalkutta betrachte ich mich gerne als Fürsprecher der fortschrittlichsten Theorien und Ideen.

Was ich hier in Bhutan entdeckte und bewunderte, war jene Harmonie, die wir längst verloren haben, eine Welt, in der Sitten und Institutionen in Einklang standen mit dem Leben der Menschen, und dieses Leben wiederum mit dem Stand der Technik. Wir predigen den in unser technologisches Zeitalter hineingeborenen Kindern noch immer die moralischen und ethischen Werte aus einem Zeitalter des Ackerbaus. Die jungen Leute, die gegen unsere Gesellschaft protestieren, reagieren in Wahrheit nicht anders, als es ein Bauer im Mittelalter getan hätte, von dem man über Nacht und ohne Erklärung verlangt hätte, er solle Transistoren herstellen, nachdem ihm sein ganzes Leben gesagt worden war, dass nur das Bestellen der Erde des Herrn sich lohne und göttliche Zustimmung finde.

Als die Pferde schließlich gefunden waren, durchwateten wir einen schmalen Bach, zogen in nördlicher Richtung weiter und kamen auf dem Anstieg zu den Kiefernbäumen an zwei schönen Tschorten vorbei. Als wir Höhe gewannen, erstreckte sich das Tal zu unseren Füßen nach Südosten, rosa und grün, mit ordentlichen, klar begrenzten Feldern, die sich in Wellen bis an den dunklen Wald hinaufzogen, der die unteren Hänge der uns umgebenden Berge bedeckte.

Schweiß, schmerzende Beine und Atemnot, meine ständigen Reisebegleiter, stellten sich wieder ein, als wir unseren dritten Pass erklommen, der von hohen Zedern, zweifellos den stattlichsten aller Bäume, gekrönt war. Nachdem wir eine Weile die Passhöhe entlanggegangen waren, erblickte ich zum ersten Mal das Tal von Bumthang.

6

Durchs Fegefeuer und weiter

Es war drei Uhr, als wir aus dem Wald auf die Almwiesen hinaustraten, von wo aus man einen ungehinderten Ausblick über das Haupttal von Bumthang und die Festung des »Weißen Vogels«, Jakar, hatte. Erbaut um die Jahrhundertwende auf den Ruinen einer abgebrannten älteren Festung, ist sie ein typisches Beispiel für die bhutanesische Militärarchitektur. Sie steht auf einem schmalen Rücken, der aus dem relativ flachen Talboden aufragt, und verfügt über einen mächtigen, halbkreisförmigen Turm, dessen abgerundete Mauer die verwundbarste, dem Berg zugewandte Seite der Festung schützt. Von diesem Turm aus erstreckt sich der Dzong in drei Abschnitten über eine Länge von nahezu zweihundert Metern. Der erste Abschnitt ist ein von zwei symmetrischen Häusern, den Residenzen des Herrn über das Gesetz und des Hofmarschalls, umgebener Hof, und von hier aus gelangt man durch eine schwere Tür in einen weiteren Hof, der in einem rechteckigen, vierstöckigen Turm endet, dem *uchi* mit seinen Kapellen. Geht man unter diesem Turm durch, so erreicht man einen dritten Hof, der den Mönchen vorbehalten ist.

Am Nordende des Dzong zieht sich eine mit Zinnen versehene Mauer den steilen Abhang hinunter wie eine Miniaturausgabe der Chinesischen Mauer, skandiert von vier Türmen. Dies ist der befestigte Zugang zu der Wasserstelle des Dzong, einem Brunnen im Tal. Gerüchte hatten mich gewarnt, der Trimpon dieses Dzong sei ein »schwieriger Mann, der gern trinkt und sich mehr um das Bogenschießen als um Recht und Gesetz kümmert«. Diese abschätzige Bemerkung hatte mich neugierig gemacht. Ich war fasziniert von dem Gedanken, einen Schurken kennen zu lernen, doch der gut aussehende Mann nahm mich sofort für sich ein, obwohl seine strengen Züge und seine reservierte Art mich ein wenig enttäuschten. Ich hatte gehofft, in ihm einen komischen, betrunkenen Rohling zu finden, der sich ein lustiges Leben machte. Um die Wahrheit zu sagen, er trank wirklich gern – aber das tue ich auch. Er war ausgesucht höflich und gar kein so schlechter Herrscher, nach der Art zu urteilen, in der er vor meinen Augen einen Streit zwischen zwei Bauern schlichtete. Die beiden waren offenbar außer sich vor Wut und schrien sich an, als sie vor dem Herrn über das Gesetz standen, der ruhig und gefasst blieb und aufmerksam zuhörte. Sein Ramjam und ein Diener waren zugegen, um ihn zu beraten, während er die beiden einem langwierigen Kreuzverhör unterzog. Er ging in aller Ruhe die Einzelheiten des Falles durch, und am Schluss gelang es ihm, nach den Gesichtern der beiden Männer zu urteilen, die Streithähne zu versöhnen; das nahm ich jedenfalls an, denn ich verstand den Dialekt von Bumthang nicht, der sich stark von dem Westbhutans unterscheidet. In Jakar eignete ich mir einen großen Wortschatz in dieser Sprache an, die sich anscheinend aus dem Idiom jenes rauen Volksstammes entwickelt hat, der dieses Gebiet bewohnte, bevor bhutanesisches Recht und tibetischer Glaube eingeführt wurden. Möglicherweise war dieser Stamm mit jenem verwandt gewesen, die einst Assam bewohnt hatten. In Bumthang stieß ich dann zum ersten Mal auf die Legenden von dem rätselhaften König Sindhu Raja, der, so wurde allgemein behauptet, aus Assam stammte und im Tal von Bumthang eine neunstöckige eherne Festung errichtet hatte. Dieser Sindhu Raja hatte irgendwann im neunten Jahrhundert gelebt, aber sein Andenken war noch immer lebendig, und sein Bild zierte die Wände der kleinen Kapelle, die auf den Ruinen seiner Wolkenkratzer-Festung steht. Er hatte geholfen, so geht die Sage, den Buddhismus in Tibet einzuführen, und den großen Lama Urgyen Rimpoche mit Papier aus seinen Besitzungen in Bumthang beliefert, auf das dann die heiligen tibetischen Bücher geschrieben wurden.

Bumthang liegt höher als jedes andere Tal, das ich bis dahin besucht hatte, und bildet einen scharfen Kontrast zu den westlichen Regionen Bhutans. Die das Tal umschließenden Berge sind runder, nicht so sehr durch Erosion zerfurcht. Trotz der Legenden von Sindhu Raja und der eigentümlichen Sprache ähnelte das Tal Tibet, dessen Grenze nur ein paar Kilometer entfernt und von Bhutan aus leicht zu erreichen war; Lhasa lag nur 220 Kilometer weit nördlich. Zweimal im Jahr war das Tal Schauplatz eines großen Marktes gewesen, zu dem Tibeter in großer Zahl herbeiströmten und von dem aus Hunderte von Bhutanesen nach Norden zogen, mit Reis für den Hof des Dalai Lama sowie den berühmten Decken und Seidenstoffen, die in dieser Gegend gewebt werden. Das kühle, wohlhabende Tal von Bumthang erkor der erste König von Bhutan zu seiner persönlichen Residenz, und unterhalb und oberhalb des Dzong standen stattliche Häuser, die der königlichen Familie gehörten.

Schon bald nach meiner Ankunft besichtigte ich das höher gelegene von diesen Häusern, Lame Gumpa, ein großes, dreistöckiges Bauwerk aus dunklen Balken, das einen gepflasterten Hof umschloss, in dessen Mitte sich der massive, viereckige Block mit den Kapellen und Bibliotheken befand. Wie bei den meisten bhutanesischen Gebäuden stand die strenge Außenfassade in scharfem Gegensatz zu der Pracht der Innenausstattung. Es gab nicht eine Wand oder Tür, die nicht Zeugnis abgelegt hätte für die sorgfältige Arbeit von Handwerkern, die jeden Balken und jedes Paneel des Palastes geschnitzt, vergoldet und bemalt hatten. Ich war ohne Einladung zu dem Palast hinaufgegangen und wurde an der Tür von kichernden Mädchen und strengen Dienern begrüßt. Im Hof begegnete ich einem sehr gut aussehenden jungen Mann, der zu meiner Überraschung Englisch sprach. Es war der Hausherr, ein

Verwandter des Königs. Er war dreiundzwanzig Jahre alt, hatte Indien besucht und in Kalimpong studiert. Sein Auftreten war höflich, wenn auch durch jene kühle Arroganz gekennzeichnet, die charakteristisch für alle bhutanesischen Adligen ist. Er bat mich, mit ihm Tee zu trinken. »Westlichen Tee«, erläuterte er stolz, während er mich über eine schmale Treppe in einen reich ausgeschmückten Raum führte, der mit leuchtend bunten Teppichen ausgelegt war und mit einem vergoldeten Altar prunkte.

Der »westliche Tee« wurde von einem schweigenden, ungepflegten Diener zusammen mit einer Silberschale voller Pfirsiche hereingebracht. Bei diesem Anblick lief mir das Wasser im Munde zusammen, und mein Gastgeber nötigte mich, so viele zu nehmen, wie ich essen konnte. Während ich die samtige Haut abzog, hörte ich zu, wie mein Gastgeber begeistert über seinen eigenen Stammbaum sprach, über seine Hoffnung, einen Posten in der Armee des Königs zu erhalten, und über seine Liebe zu Bumthang, seinem Heimattal. Im 17. Jahrhundert, so erzählte er, war das Tal Schauplatz einer blutigen Schlacht gewesen, als die Bhutanesen sich einem tibetischen Heer entgegenstellten. Im Laufe seiner Geschichte musste Bhutan sich oft gegen Invasionen aus dem Norden zur Wehr setzen, immer dann, wenn Krieger im Namen der Dalai Lamas und Pantschen Lamas versuchten, die reichen und abgeschiedenen Täler Bhutans in ihre Hand zu bekommen. Die erste dieser Invasionen aus dem Norden war jedoch unkriegerischer Natur. Vor sechs Jahrhunderten kamen die ersten Mönche aus Tibet in die Täler von Bumthang, Paro und Thimbu und Punakha, brachten die Lehre Buddhas, so wie sie in Tibet verbreitet wurde, ihre Gebetsfahnen und Gebetsmühlen, ihre prächtigen roten Gewänder und ihre Kunst mit und ließen sich in Bhutan nieder, um die Menschen zu bekehren. Anfangs hatten diese Mönche Schwierigkeiten gehabt, diese Bergstämme zu überzeugen, und es ist ihnen (wie in Bumthang) nie ganz gelungen, deren angestammte Sprache oder ihre heimischen künstlerischen und handwerklichen

Fähigkeiten als Jäger, Pfeilschnitzer und Weber von Bambusmatten ganz zu verdrängen. Fertigkeiten, die in Tibet gänzlich unbekannt sind, sich in Bhutan jedoch als Erinnerung an das Waldleben der uralten Volksstämme erhalten haben. Die gründliche Kenntnis der Pflanzen und giftigen Wurzeln, der Papier liefernden Rinde und der Kunst des Bogenschießens ist ein charakteristisches Merkmal der Bhutanesen, das sie von ihren jagenden Vorvätern aus dem 17. und 18. Jahrhundert geerbt haben. Diese Stämme nahmen nach und nach den tibetischen Glauben an. Die ersten Klöster wurden in Bumthang und im Tal von Paro errichtet. Schließlich scharte sich eine kleine Gruppe von Konvertiten um diese Klöster, die *Chu-je* (die Religiösen), eine Elite, die später den Grundstock für eine Aristokratie bilden sollte. Da sie von den Klöstern abhängig waren, bauten sie diese schon bald zu Herrschaftssitzen aus, die an Größe und Macht zunahmen, bis aus ihnen allmählich geistige Festungen und die heutigen Dzongs wurden. Der Vorgang vollzog sich überall auf ähnliche Weise, doch bewahrte jedes Tal seine charakteristischen Eigenarten, schuf sich seine eigenen Heiligtümer und bevorzugten Gottheiten, seine eigenen großen Lamas und vornehmen Familien und schließlich seine eigenen Krieger, die von Tal zu Tal einander bekämpften und zusammen mit den großen Lamas Intrigen und Gegenintrigen spannen, um Bhutan zu vereinigen. Aber trotz dieser Fehden und Streitigkeiten trug das Land den unverwischbaren Stempel der Einigkeit in seinen Bauwerken, seiner Religion und den meisten seiner Bräuche. Die Kriegsherren riefen niemals das Ausland zu Hilfe. Schon damals waren die Bhutanesen, wie auch heute noch, zu stolz, um auf den Gedanken zu kommen, ihre Streitigkeiten mit Hilfe von Außenstehenden zu schlichten.

Als ich im Lame-Gumpa-Palast saß, konnte ich nicht umhin, über die Art zu staunen, in der es diesem Land gelungen war, all seinen mittelalterlichen Glanz unverfälscht bis in die Gegenwart herüberzuretten. Unsere westliche Welt schien so weit entfernt von diesem großen Herrenhaus mit seinen barfüßigen Dienern, Sklaven und Gefolgsleuten, die sich bewegten wie in einem historischen Schauspiel aus Elisabethanischen Zeiten. Doch es war kein Schauspiel, und der junge Adlige in seinem feinen roten Ko war ernst, todernst, als er mir eine eigenartige, in Bumthang gefundene Pflanze beschrieb, die zugleich Pflanze und Wurm sei und auf Feldern wachse, die sich von selbst ausbreiteten. Zum Beweis holte er ein getrocknetes, wurmartiges Gebilde hervor, aus dessen Kopf ein Blatt hervorwuchs. Es war ihm auch ernst mit dem Vorschlag, ich solle eine typische Delikatesse der Bumthang versuchen. Der Diener brachte daraufhin eine große Schüssel Puffmais, der, wie ich später herausfand, tatsächlich eine Spezialität dieser Gegend war. Der junge Adlige sprach mit großem Ernst von der Bedrohung durch die Chinesen und fingerte dabei an seinem Schwert herum – es war ihm nicht bewusst, dass selbst der beste Bogenschütze des Tals oder die schärfste Klinge im ganzen Königreich des Drachen wenig oder gar nichts auszurichten vermochte gegen eine Nation von siebenhundert Millionen, die ihre erste Wasserstoffbombe zur Explosion gebracht hatte. Doch was konnte das in Bumthang schon bedeuten? An diesem Tag beteten die Mönche, wie seit Jahrhunderten jeden Tag, vor den gigantischen Buddhas, und von meinem Platz im Lame Gumpa aus konnte ich durch das Fenster auf das zeitlose Bild zweier vor einen hölzernen Pflug gespannten Ochsen hinabschauen. Ich folgte meinem Gastgeber nach unten, wo ich ein Dutzend im Dienst des jungen Adligen stehende Mädchen sah, die miteinander schwatzten, während sie leuchtend bunte Kos und andere Kleider webten; die Näherinnen des Hauses, erklärte mein Gastgeber. Sie arbeiteten für Kost und Unterkunft, genau wie die Silberschmiede und anderen Handwerker in diesem Haus, die an Silberschatullen und Amuletten arbeiteten, die von den Soldaten als Zaubermittel gegen böse Geister um den Hals getragen wurden. Er zeigte mir auch unter den Dachsparren die tödlich giftigen Wurzeln der blauen Blume, die im Notfall die Spitzen der schönen

Pfeile vergiften konnte, die von schlanken Bogen abgeschossen wurden, Bogen, die von anderen Handwerkern aus geraden Bambusstangen geschnitzt wurden, mit Messern, in deren Hefte die Symbole Buddhas eingraviert waren.

Dieses Haus war eine Welt für sich; nicht eine sterbende Welt oder ein totes Überbleibsel, sondern ein summender Bienenstock, so jung und vital wie sein junger Herr, der genauso dynamisch und ehrgeizig war wie jeder junge Mann im Westen. Ich konnte in seiner Denkweise nichts entdecken, was altmodisch gewesen wäre oder in irgendeiner Weise ein geringschätziges Lächeln oder gar Verachtung gerechtfertigt hätte.

»Ich muss in den Dzong, um eine Botschaft an die Glückliche Festung der Religion abzuschicken«, sagte der junge Mann und vertraute mich einem Verwalter an, der mich weiter in dem prächtigen Haus herumführen sollte. Als ich beobachtete, wie er seidenumflattert davongaloppierte, schön wie James Dean und wahrscheinlich genauso verwegen, fragte ich mich, in welcher Weise wohl Autos, Telephone, Fernsehen und Schreibmaschinen für die Größe des weißen Mannes sprachen. Unsere hässlichen kleinen Drahtmaschinen, wahrscheinlich mit weniger Geschick zusammengebaut, als nötig war, die Filigranverzierungen auf dem Schwertknauf des Daschos anzufertigen! Als der junge Mann meinen Blicken entschwunden war, fühlte ich mich wieder ein wenig gedemütigt; ich hatte nie zu glauben gewagt, dass im Mittelalter meiner Träume niemand wirklich auf mich wartete, dass ich so wenig zu sagen habe und so wenig Aufmerksamkeit erregen würde.

Beim Mittagessen in unserem kleinen Haus in der Nähe der Festung informierte mich Tensing: »Das gelbe Zeug ist verloren gegangen.«

Während ich den mit Senfmehl bestreuten Reis hinunterwürgte, dachte ich an die Pfirsiche und den Puffmais und daran, wie köstlich diese Spezialitäten Bumthangs waren, aber als ich am Nachmittag welche kaufen wollte, erfuhr ich, sie seien nur für die

Herren. Da wusste ich plötzlich, worin der Unterschied zwischen dieser mittelalterlichen Welt und meiner eigenen lag. »In Frankreich«, sagte ich Tensing, »haben wir das beste Essen der Welt.« Vielleicht hatte ich Recht, vielleicht war das einer der wichtigsten Unterschiede. Doch, so überlegte ich, was ist schon besser als ein reifer Pfirsich – aus Puffmais hatte ich mir noch nie etwas gemacht.

Die meiste Zeit während meines Aufenthalts in Bumthang verbrachte ich mit der Besichtigung von Klöstern. Seit meiner Ankunft in Bhutan hatte ich mehr Klöster, Kapellen und Bethäuser, Schreine und Altäre gesehen, als man in einem einzelnen Land erwarten würde. In Italien und in Europa überhaupt sind im Allgemeinen unsere Dorfkirchen, die ländlichen Klöster und die Kathedralen in den Städten die wichtigsten öffentlichen Kunstdenkmäler, doch so zahlreich sie sein mögen, es sind wenige im Vergleich zu den Klöstern in Bhutan. Jedes Dorf hat mindestens zwei oder drei Klöster und ein Dutzend Kapellen, die alle beredtes Zeugnis ablegen von der Begabung bhutanesischer Maler, Maurer, Tischler, Gold- und Silberschmiede, die durchwegs aus Bauernfamilien stammen. Aus diesen Bauwerken spricht hohe Kultur. Im Gegensatz zu unseren Kirchen sind sie nicht die stummen Zeugen einer großen geistigen und künstlerischen Vergangenheit, sondern Zeichen eines Glaubens und einer Kunst, die unglaublich vital sind. Überall sah ich, wie neue Klöster gebaut, Kapellen renoviert und neue Götterbilder aus Kupfer oder Silber getrieben oder gehämmert wurden.

Ich besichtigte diese Bauwerke wie das Atelier eines Künstlers. In den meisten Teilen Asiens, um nicht zu sagen der ganzen Welt, sind die Gebäude und Kunstgegenstände, zu denen man pilgert, nur tote Überbleibsel längst vergessener Meister, Erinnerungen an alte Zeiten, da die Kunst noch der lebendige Ausdruck einer Lebensart war. Einige der Klöster Bhutans stammten aus dem 16.

Jahrhundert oder aus noch früherer Zeit; aber sie werden immer wieder ausgeschmückt, neu gestrichen, renoviert, vergrößert und verschönert. In Bhutan gibt es keinen Antiquitätenhandel, weil die Vergangenheit gegenwärtig ist, und Kunst ist weniger Ausdruck eines einzelnen Künstlers als vielmehr Abbild einer kollektiven Geisteshaltung. Bauwerke und Gemälde sind unsigniert, weil weder der Architekt noch der Maler auf die Idee kommen würde, er leiste etwas Bemerkenswertes, denn das Hervorbringen schöner Dinge ist das Ziel aller, von der Frau, die ein buntes Tuch webt, bis hin zu dem Bauern, der einen irdenen Krug formt. Jeder versucht, Schönheit in seinen Alltag zu bringen, so wie wir im Westen versuchen, uns das Leben durch Komfort zu verschönern. Glück und Schönheit sind eins in Bhutan und werden oft mit demselben Wort bezeichnet. Wir im Westen jagen dem Glück nach, aber wir vergessen, dass Schönheit ein Teil des Glücks ist, deshalb haben wir das Hervorbringen schöner Dinge wenigen Spezialisten übertragen, einer Hand voll gefeierter Individuen, die wir Künstler nennen. Aber alle Picassos und all die schönen Gemälde unserer modernen Welt werden niemals die Hässlichkeit verdecken können, die uns allenthalben umgibt.

Drei Tage lang durchstreifte ich mit Tensing das Tal von Bumthang, besichtigte die alten Klöster, machte den Äbten meine Aufwartung und scherzte mit den jungen Mönchen, die sich, sobald sie mich erblickten, um mich scharten und meine Kleider und mein seltsames Gesicht bestaunten und sich an die eigene Nase fassten, während sie meine anschauten. Ich machte mir Aufzeichnungen und versuchte möglichst viele von diesen Wundern in mich aufzunehmen, Angaben zur Geschichte und Hinweise auf die Organisation der Klöster.

In den meisten dieser Klöster leben die jüngeren Söhne von Bauernfamilien, die im Alter von neun Jahren eintreten. Ganz im Gegensatz zu den strengen Mienen der Dämonen und buddhistischen Gottheiten hallen die Klöster wider vom Geschrei und Gelächter boshafter, lachender Knaben, die rund um die Säulen der Versammlungshallen Fangen spielen, die steilen Leitern hinaufklettern, von den Balkonen herunterspähen, über die Höfe rennen, sich um kleine Hunde drängen oder zahme Tauben auf dem Arm herumtragen. Glänzende kleine Gesichter, kleine, rotgekleidete Gestalten, die selbst wie Statuen wirken, wenn ihr Ausdruck jenen plötzlichen Ernst annimmt, der für Kinder charakteristisch ist.

In Jakar musste ich mich entscheiden, ob ich meinen Marsch gen Osten fortsetzen oder umkehren wollte. Siebzehn Tage waren vergangen, seit ich Thimbu verlassen hatte. Mir kam es vor, als sei es schon mehrere Monate her, und ich verspürte allmählich jene Müdigkeit, die sich unweigerlich einstellt, wenn man schlecht isst, im Kalten schläft und anstrengende Fußmärsche zurücklegt. Trotzdem zog es meinen Blick unaufhaltsam nach Osten: dort lag der unbekannte, der unzugänglichste Teil Bhutans. Doch immer wenn ich mich schon zum Weitergehen entschlossen hatte, meldete sich mein Gewissen mit hundert beunruhigenden Argumenten. Würde ich, nur von Reis lebend, noch drei Wochen Bergsteigen überstehen? Es regnete, und der Monsun war noch nicht vorbei. Die Beschreibungen der vorgesehenen Route waren alles andere als ermutigend. Blutegel, hohe Pässe, Kälte, Regen und weggerissene Brücken – all das stand mir noch bevor. Jetzt, so erfuhr ich von allen Seiten, würde ich in das schwierigste und raueste Gebiet Bhutans vordringen. Als ich all diese Fakten beim Licht meiner kleinen Petroleumlampe abwog, schien Bhutan auf mich einzudringen. Ich malte mir aus, wie ich noch weitere Pfade hinaufklimmen würde, auf dem Weg zu Festungen, die nicht in meiner Karte eingezeichnet waren. Eigenartige Namen, die mir der Herr über das Gesetz und der alte Nyerchen von Jakar genannt hatten. Es gab Momente, da ich aus bloßer Ermüdung geneigt war, aufzugeben und mich damit zu begnügen, mehr von Bhutan gesehen zu haben als die meisten anderen Ausländer. In solchen Augenblicken der Niedergeschlagenheit traten mir wieder jene magischen Namen vor Augen, und mit ihnen die Erinnerung an meine Albträume. Nein, sagte ich mir dann, ich muss mich zusammenreißen und jeden Winkel dieses dunklen Flecks auf der Landkarte sehen, der mich so lange verfolgt hatte.

Vier Tage nach unserer Ankunft in Jakar schickte ich Tensing zum Herrn über das Gesetz, um ihn zu bitten, er möge uns drei Pferde und vier Träger beschaffen. Kaum hatte ich meinen Entschluss gefasst, begann ich mich vor den Folgen zu fürchten, aber diese Befürchtungen konnte ich mit niemandem teilen. Seit ich aus Kalkutta aufgebrochen war, hatte ich ständig ein sonderbares Gefühl der Einsamkeit verspürt, das mich nun mehr denn je bedrückte. Als ich am nächsten Tag aus dem Dzong kam, wo ich mir von dem fetten, lustigen Nyerchen zwei Dutzend Eier hatte geben lassen (die meisten davon waren schlecht), fand ich die Träger vor, die der Herr über das Gesetz mir besorgt hatte. Es waren insgesamt fünf. Eine vierschrötige alte Jungfer von fünfunddreißig Jahren mit einer lauten, dröhnenden Stimme führte offenbar das Kommando. Außerdem war da ein nettes Mädchen im Backfischalter, mit einem hübschen Gesicht und einem entwaffnenden Lächeln. Sie nestelte an ihrem bunten Kleid und sah weiß Gott nicht so aus, als sei sie im Stande, eine schwere Last zu tragen. Begleitet war sie von ihrem Freund, einem jungen Mann mit einem boshaften Glitzern in den Augen, und einem Knaben. Außerdem war da noch ein junger Mann um die dreißig, ein kräftiger Junggeselle aus einem abgelegenen Kloster, den die stattliche alte Jungfer, wie ich bald merkte, gleichzeitig einschüchterte und faszinierte.

Kaum hatte ich diese Leute gesehen, da wusste ich, dass sie entweder unwillig oder unfähig sein würden. Sie hatten ein kleines Pony, oder besser gesagt ein Fohlen mitgebracht und verkündeten, das sei mein Reittier. Ob sie einen Sattel hätten, fragte ich. Nein, aber sie könnten einen in einem Dorf bekommen, das an unserem Weg lag, einen Tagesmarsch vom Dzong. Es war offensichtlich, dass das Pony nie geritten worden war, weshalb ich den boshaften jungen Mann aufforderte, vor meinen Augen auf ihm zu reiten.

»Reiten Sie es doch«, entgegnete er. Als ich darauf bestand, dass er sich auf den Rücken des Tieres setzte, weigerte er sich und gestand lachend, dass es tatsächlich noch nie geritten worden war. Das versetzte mich in helle Wut.

»Beschafft mir ein anderes Pferd«, befahl ich, aber der junge Mann sagte, das ginge nicht, denn es gebe keine Pferde im Tal, sie wären auf den Almen. Obwohl ich mich mittlerweile nicht mehr scheute, zu Fuß zu gehen, wollte ich doch lieber ein gesatteltes Pferd oder Maultier haben, denn wir würden mindestens fünf, vielleicht sechs Tage brauchen, um nach Lhuntse zu gelangen, der nächsten Festung, die hinter einem Pass lag, von dem man mir gesagt hatte, er sei noch höher als alle, die wir bisher überquert hatten. Deshalb schleppte ich den boshaften jungen Kerl ganz gegen seinen Willen zum Dzong hinauf und stürmte in die Residenz des Herrn über das Gesetz.

»Ich brauche unbedingt ein Reitpferd«, erklärte ich gereizt. Der Herr über das Gesetz schenkte mir ein nichts sagende Lächeln, das mich an Pasang erinnerte, den ungefälligen Verwalter des königlichen Gästehauses in Thimbu. Da ich wusste, dass nur die Drohung mit dem Zorn des Königs den Trimpon aus der Ruhe bringen würde, machte ich ihm klar, es sei der Wunsch der königlichen Familie, dass mir jede Art von Unterstützung zuteil werde. Der Trimpon schien ungerührt. Als der boshafte junge Mann merkte, dass ich bei den höheren Stellen nichts ausrichten konnte, grinste er schadenfroh.

Zu guter Letzt erklärte ich dem Herrn über das Gesetz, ich würde nicht aufbrechen, bevor nicht ein Reittier bereitstand. »Geben Sie mir eines der Maultiere des Dzong«, sagte ich, als ich mich der wundervollen großen Tiere entsann, die ich in der Umgebung der Festung gesehen hatte.

»Das sind die Maultiere des Königs«, sagte der Herr über das Gesetz, was heißen sollte, das käme überhaupt nicht in Frage. »Ich werde für morgen etwas arrangieren«, sagte er schließlich, aber ich war überzeugt, dass er nicht das Geringste unternehmen würde. Erwartungsgemäß tat sich am nächsten Morgen nichts, weshalb ich zum Dzong hinaufstapfte und den Herrn über das Gesetz antraf, wie er mit einem jungen Mann Bier trank; bei diesem handelte es sich um den Ramjam des Distrikts, den ich auf meinem fünftägigen Marsch nach Osten durchqueren würde.

Als das Bier meinen Zorn abgekühlt hatte, wurde schließlich vereinbart, dass ich auf dem Pony des Ramjam reiten sollte. Er würde mich zu Fuß begleiten und am Ort unserer ersten Übernachtung ein Pferd requirieren. Befriedigt schickte ich die Träger mit Tensing voraus und setzte mich wieder, um noch ein paar Becher Bier zu trinken. Eigentlich war es dafür noch ein bisschen früh, denn die Sonne war kaum aufgegangen, und das Tal war noch halb in Nebel gehüllt, durch den schwach die massigen Konturen der Festung schimmerten.

Der Ramjam besann sich, er wolle lieber doch reiten, und beschaffte sich eines der »Pferde des Königs«. Gegen zehn ritten wir beide in flottem Trab los, während ein Diener hinter uns herlief.

Gleich hinter dem Dzong kamen wir in den heiligen Hain, der sich bis auf den Talgrund hinabzog. Hier hielten wir an, denn ich wollte die kleine Papierfabrik fotografieren, die ich tags zuvor besichtigt hatte.

Eine niedrige Hütte aus Bambusmatten stand an einem Bach, und hier stellten zwei dienstverpflichtete Bauern Papier für den Dzong her. Die Papierherstellung ist, obwohl sie in der Umgebung aller größeren Festungen von Bhutan praktiziert wird, eine echte Spezialität von Bumthang; tatsächlich wird in Bhutan und insbesondere in Bumthang ein Großteil des Papiers produziert, das von Darjeeling bis nach Ulan Bator verwendet wird, sowie das gesamte Papier, auf dem mit hölzernen Druckstöcken die heiligen und weltlichen Bücher der Buddhisten Tibets und der Mongolei gedruckt werden.

Dieses Papier ist von hellbeiger Farbe. Seine seidige Oberfläche kann kaum über sein fleckiges Aussehen hinwegtäuschen, aber seine Eigenschaften werden von unseren modernen westlichen Papiersorten kaum übertroffen. In Europa verwendeten wir noch jahrhundertelang Pergament aus Eselshaut, als in Bhutan schon das erste Papier aus Holz und Zellstoff erfunden war.

Das Papier wird aus der Rinde eines kleinen Strauches hergestellt, der überall in den Bergen Bhutans wächst. Die Rinde wird von den Bauern im Rahmen ihrer Dienstleistungen an den Dzong von den Sträuchern geschält.

Zur Herstellung des Papiers wird die Rinde zunächst in einem Bach eingeweicht. Sodann wird sie geschält, um die dunkle Oberschicht zu entfernen. Diese geschälte Rinde wird dann in großen Kesseln gekocht, die mit Wasser gefüllt sind, das durch »Herd-Erde« gefiltert wurde, jenes Gemenge aus Erdstaub und Asche, von dem jeder Bauer drei Lasten an den Dzong abliefern muss.

In Wasser aufgelöst, bleicht diese »Herd-Erde« das Papier. Durch das Kochen wird die Rinde weich und breiig. Die Klumpen werden dann mit hölzernen Schlegeln geklopft, wodurch sich die Fasern lösen und die Rinde zu einer Pulpe zerquetscht wird, die dann in einem großen Wassertrog verdünnt wird.

Über diesem Trog sitzend, dessen Inhalt von Zeit zu Zeit mit riesigen hölzernen Paddeln umgerührt wird, schöpfen die Papiermacher mit einem viereckigen Schilfsieb eine dünne Schicht Pulpe ab; diese Siebe sehen aus wie chinesische Jalousien aus zusammengenähten Bambusstöckchen.

Die so geschöpfte Pulpe wird auf ein breites, dickes Brett gelegt, wo sie sich von dem mattenartigen Sieb löst. Über diese weiche Schicht werden auf ähnliche Weise noch eine Anzahl weiterer Schichten gelegt. Wenn dreißig solcher Schichten übereinander liegen, bilden sie einen breiigen, rechteckigen Block, der mit Steinen beschwert wird. Diese primitive Presse entfernt das Wasser, und wenn das Ganze getrocknet ist, bildet es nicht, wie ich erwartete, einen kompakten Klumpen, sondern einen geschichteten Papierblock, von dem die einzelnen Bogen abgelöst werden können.

Neben anderen Vorzügen hat das bhutanesische Papier die Eigenschaft, vor Wurmfraß sicher zu sein, denn die zur Herstellung des Papiers verwendete Rinde enthält ein Insektizid. In Bhutan und Tibet sind Bücherwürmer von der Spezies der Insekten unbekannt.

Die fertigen Bogen werden an Mönche und Gelehrte in ganz Bhutan und Tibet versandt. Dort, in den Klöstern, werden sie auf verschiedene Art nachbehandelt. Sie werden zurechtgeschnitten und durch Reiben mit Steinen satiniert, manchmal auch schwarz oder dunkelblau gefärbt, um mit Gold- oder Silbertinte beschrieben zu werden. Meistens jedoch werden sie in drei Zoll breite und siebzehn Zoll lange Streifen geschnitten, um von beiden Seiten mit hölzernen Druckstöcken bedruckt zu werden, die mit Butter und rußschwarzer Farbe eingerieben werden.

Als wir die Papiermacher verlassen hatten, ritten wir an einem kleinen Dorf am Fuße des Dzong vorbei und über ein Buchweizenfeld bis ans Ufer des großen Flusses, der den Talboden hinabfloss. Hier spannte sich eine freitragende Brücke in einem über zwanzig Meter langen Bogen zum anderen Ufer. Sie war nicht überdacht, und obgleich wir abstiegen, war es erstaunlich, dass die Pferde ohne Zögern hinübergingen.

Auf der anderen Seite der Brücke ritten wir auf der Haupt-Handelsroute weiter, die von Norden her aus Tibet kommt und zum Haupttal von Bumthang weiterführt. Um mein Fernziel zu erreichen, Tashigang, eine große Festung, die den äußersten östlichen Teil Bhutans beherrscht, hatte ich die Wahl zwischen zwei Routen. Die am meisten begangene war die südliche. Sie war auch die bequemere von beiden. Sie führte in dem niedrigeren Tal von Bumthang zu der Festung Mongar und folgte auch weiter diesem Tal, das dann einen Knick nach Südosten machte, um schließlich über zwei Gebirgsausläufer Tashigang zu erreichen. Auf dieser Route hätte ich meinen Zielort in neun Tagen erreichen können. Ich hatte mich jedoch gegen diesen Weg entschieden, der mir zu leicht schien, denn die nördliche Route würde mich in zwölf oder dreizehn Tagen über die einsamen Festungen Lhuntse und Tashi Jangtse nach Tashigang bringen. Man hatte mich gewarnt, dies sei der unwegsamste und gefährlichste Teil Bhutans. Um nach Lhuntse zu gelangen, würde ich den Ruto-la überschreiten müssen, einen an die 3750 Meter hohen Pass, und dann noch zwei ähnlich hohe Pässe, um Tashi Jangtse zu erreichen, von wo aus ich, wenn alles gut ging, in drei Tagen nach Tashigang kommen konnte.

Wir bogen also jetzt von der Hauptroute auf einen kleinen Fußweg ab, der langsam die steilen Osthänge hinaufstieg, die das Tal von Jakar einschließen. Wir mussten schon bald absteigen, trotz des tibetischen und bhutanesischen Sprichworts, das da lautet: »Ein Pferd, das einen Mann nicht bergauf tragen kann, ist kein Pferd, und ein Mann, der ein Pferd bergab reitet, ist kein Mann.« Nach einer Stunde angestrengten Steigens erreichten wir den Gipfel des Gebirgszuges, der uns von dem höher gelegenen Tal von Bumthang Thang trennte, der »Ebene der hunderttausend Ebenen«. Dieses Hochtal, das sich zu unseren Füßen in nordöstlicher Richtung erstreckte, war hier und da mit kleinen Häusergruppen gesprenkelt. Diese waren von rosa Buchweizenfeldern umschlossen, die von Kiefern gesäumt und gelegentlich mit Weideflächen durchsetzt waren. Am oberen Ende des Tales konnte man das königliche Gut Urgyenchuling erkennen, ein Besitz, der dem Ehemann der zweiten Schwester des Königs gehörte. Alle Einwohner dieses schönen, abgeschiedenen Tales entrichteten ihre Steuern entweder an den Dzong von Jakar oder an dieses königliche Gut.

Als wir den Pass erreicht hatten, wurde der junge Ramjam gesprächig und beschrieb mir die zahllosen Steuern, die einzutreiben seine Aufgabe war – Weizen und Buchweizen, Holz und Ruß, Papierrinde und Herd-Erde. Wir holten schon bald die Träger ein, welche scherzten und lachten, während sie unter Lasten schwitzten, die auf weniger abgehärteten Gesichtern jedes Lächeln hätten ersterben lassen.

Der Nebel hatte sich gelichtet, und die Sonne schien jetzt auf massive, zerklüftete Berge, die vor uns aufragten, eingehüllt in dunkle, geheimnisvolle Kiefernwälder. Als ich nach Norden schaute, konnte ich einen flüchtigen Blick auf die verschneiten Gipfel werfen, die die kaum fünfzehn Kilometer entfernte Grenze Tibets markierten.

Ein Stück weiter unten stießen wir auf die ersten Weiler, Gruppen von drei oder vier großen Häusern, die auf kleinen, felsigen Erhebungen über dem Talboden erbaut waren. Die Tatsache, dass der Ramjam uns begleitete, lockte die Einheimischen herbei, die zu unserer Begrüßung mit Kupfer- und Silberkrügen voll *arak* aus ihren Häusern kamen.

Ich tat mich an diesen Ehrengaben gütlich, schlürfte das herzerwärmende Getränk, während die Bauern dem Ramjam einige ihrer Probleme schilderten, die Gründe für die verspätete Entrichtung von Steuern oder Beschwerden über die uneinsichtigen Forderungen der Regierung.

Die meisten dieser Dörfer waren von Tre-ba bewohnt, jener Bauernklasse, die an den Dzong Steuern entrichtet.

Langsam stiegen wir in einer schräg zum Hang verlaufenden Linie in den Talgrund hinab, wo wir in einem kleinen Dorf Eier kauften, während der Ramjam erneut *arak* trank. Es wurde schon Abend, als wir in einem großen Haus an einem grasbewachsenen Flussufer für die Nacht einkehrten.

Am nächsten Tag verließ uns der Ramjam, nachdem er mir ein prächtiges Pferd besorgt hatte. Dagegen schloss sich uns ein junges Paar an, das sich ein paar Tage Urlaub erbeten hatte, um mit uns den gefürchteten Ruto-la zu überqueren. Um sechs Uhr morgens hielten wir kurz in einem kleinen Weiler aus drei befestigten Häusern, hoch über einer Schlucht, an deren jäh abfallende Felswand sich ein rosa gestrichenes Kloster klammerte, unter dem die schäumenden Wasser eines großen Flusses tosten. Das sollte der letzte von Menschen bewohnte Ort sein, den wir für mehrere Tage zu sehen bekamen.

Die Träger, die man mir zugeteilt hatte, erwiesen sich als das lustigste Völkchen, das ich je kennen gelernt hatte. Die tief dröhnende Stimme der alten Jungfer, das Gekicher des jungen Mädchens, die Scherze ihres Freundes und die Possen des Junggesellen sollten uns für die nächsten fünf Tage die Bergeinsamkeit erträglicher machen. Tensing trug mit seinem treffsicheren Witz zur allgemeinen Erheiterung bei. Pfiffe und Sticheleien wechselten ab mit Liedern und Scherzen, während wir endlos bergan keuchten, Zoll für Zoll, Meter für Meter, Kilometer für Kilometer. Als wir in eine trostlose Gegend kamen, wo von allen Seiten zerklüftete Berge auf uns eindrangen, wurde mir klar, dass diese Lustigkeit nicht bloß purer Freude entsprang. Vielmehr spielte auch eine seltsame Art von Furcht mit, eine Furcht, gegen die wir uns zu wappnen suchten, indem wir auf das Gelächter der anderen hörten. Im Weitergehen betraten wir eine Welt, die immer feindlicher wurde, einen düsteren Forst, Furcht erregender und unheimlicher als die weiten, offenen Wüsten Tibets. Der Ruto-la stand in einem schlechten Ruf, und während er für mich nur Einsamkeit und Geheimnisse barg, war er für meine Gefährten einer jener Landstriche, die von zahllosen bösen Geistern und Dämonen bewohnt sind, die für sie genauso real waren wie der Erdboden, auf dem wir gingen. Wir drangen in das Reich der Lus vom Ruto-la ein, der Dämonen der Felsen, Bäume und des Wassers, die über die zu dem Pass führenden Höhenzüge herrschten. Von diesem großen Berg, auf dem weder die Nomaden noch irgendwelche anderen lebenden Seelen sich niederzulassen wagten, ging eine lautlose Bedrohung aus, die nach einem Gegenangriff verlangte; diesen fanden wir in unserem Gelächter, so als wollten wir den bösen Geistern vorspiegeln, dass wir keine Angst vor ihnen hätten. Doch alle meine Gefährten wussten, dass der Tod schon so manchen Wanderer ereilt hatte, der sich vor uns in diese einsamsten Teile Bhutans gewagt hatte. Meine Träger ließen nicht nur ihr Dorf und ihre Provinz hinter sich, sondern brachen in Regionen auf, die bisher jenseits der Grenzen ihres Universums gelegen hatten. Der Glaube an ihre Götter hatte in ihnen einen genauso starken Glauben an die bösen Geister erzeugt, und wenn von Zeit zu Zeit ihre Stimmen und ihr Gelächter verstummten, umfing uns eine unheimliche Stille, bevölkert von all diesen unsichtbaren Wesen aus der Unterwelt, die uns begleiteten, uns belauschten, während wir uns langsam auf gewundenem Pfad in dieses Niemandsland hinaufkämpften.

Gegen Mittag wurde der dunkle Wald dichter und verschlang uns im düsteren Schatten schleimigen Mooses. Hier hallte jedes Knacken eines Zweiges wie Kanonendonner, und wir dämpften unsre Stimmen, als fürchteten wir, jene zu beleidigen, welche die eigentlichen Herren dieses unbewohnten Landes waren. Die Hänge waren zu steil zum Reiten, und ich ging hinter dem keuchenden Pony her und trieb es mit jenem bisschen Energie an, das mir der schwierige Anstieg übrig ließ. Man durfte nicht zurückbleiben. Alle paar Minuten drehten wir uns um und schauten nach dem anderen, schweigend jetzt, und suchten in seinem Auge die Bestätigung, dass keiner allein war in seinen Anstrengungen. Hier gab es keine Tschorten, die den Pfad geheiligt hätten, nicht ein Zeichen, das uns an den Menschen und seinen Glauben erinnert hätte. Selbst die Mönche Bhutans, die ansonsten so darauf bedacht sind, ihre Klöster an den höchsten und einsamsten Stellen zu erbauen, hatten die großen Hänge dieses Berges gemieden, die neun Monate im Jahr tief verschneit lagen.

Es war noch recht früh, als wir auf eine kleine Lichtung kamen, wo sich Gras schüchtern aus der Erde hervorwagte, die wohl die meiste Zeit des Jahres unter einer Schneedecke begraben lag. Auf allen Seiten war unser Horizont von Wald umschlossen, der eine so dichte, abweisende Palisade bildete, dass man sich wundern

Essenszeit. Der Autor mit Trägerinnen und Trägern am Ruto-la-Pass

musste, wie es uns gelungen war, durch sie hindurch auf diesen offenen Platz zu gelangen. Über dem Waldgürtel ragten auf allen Seiten die gezackten Gipfel der Berge auf, von denen manche über 5000 Meter hoch waren.

Unverzüglich gingen wir daran, das Lager aufzuschlagen. Die Träger errichteten mein Zelt gegenüber ihrem eigenen und spalteten große Holzscheite, um ein Feuer zu machen, auf dem wir unsre erste und einzige Mahlzeit des Tages kochen und mit dem wir auch die Bären abschrecken konnten, die hier eine genauso reale, Furcht erregende Bedrohung sind wie die Dämonen der Nacht. Die Männer fällten zwei kleine Kiefern und pflanzten sie vor meinem Zelt auf, um dieser provisorischen Siedlung den Anschein von Beständigkeit zu geben. Wir wurden aus unserer Arbeit durch ein schreckliches Knacken von Ästen aufgestört, als plötzlich aus dem dunklen Wald mit Gebrüll zwei riesige wilde Gebirgsjaks hervorbrachen. Große, zottige Tiere, doppelt so groß wie alle Jaks, die ich bisher gesehen hatte, größer als die mächtigsten Stiere Spaniens und genauso riesig wie der große Bison, mit dem diese Rasse verwandt ist. Ihr schwarzes, schmutzverklebtes Haarkleid bedeckte sie völlig, und ihre mächtigen Hörner sahen gelinde gesagt gefährlich aus. Diese gefürchtetsten Bewohner der großen tibetischen Hochebenen und der dunklen Wälder des nördlichen Bhutan sind sehr wild, denn sie können nur überleben, wenn sie gegen die Wölfe bestehen. Der wilde Jak ist das einzige große Tier, das in diesen Wäldern zu finden ist. Wie mir die Träger sagten, gehen alle anderen größeren Tierarten an den giftigen Blättern eines bestimmten Rhododendron-Busches zugrunde.

Ich kannte die Jaks von meinen früheren Expeditionen her und wusste, dass ihre gewaltige Größe und ihr ungeheures Gewicht nur über ihre erstaunliche Wendigkeit und Schnelligkeit hinwegtäuschen, die man am besten mit der eines Widders vergleicht, eines Widders von über zwanzig Zentnern Lebendgewicht. Als sie uns sahen, schnaubten die wilden Jaks und standen wie angewurzelt. Wir drängten uns alle um das Feuer, bis sie sich wieder in den Wald zurückzogen, wo man sie gleich Bulldozern durch das Unterholz brechen hörte. Die Ponys waren nahe bei den Zelten angepflockt, und als die Nacht sich über unsere einsame Lichtung senkte, scharten wir uns alle um die züngelnden Flammen, die gegen die eisige Kälte ankämpften.

Die Frauen begannen Buchweizenmehl mit Wasser zu mischen, formten aus dem Teig große Kugeln, die sie dann zu runden Laiben plattdrückten und zum Rösten in die glühende Asche legten. Das war ihr einziges Essen – Buchweizen, die am schwersten verdauliche Getreidesorte. Kein Mensch in Tibet oder Bhutan isst gern Buchweizen, denn man weiß, dass er nicht bekömmlich ist, aber meine Leute waren arm, und diese jungen Menschen wussten seit langem, dass Armsein auch bedeutete, dass man die schlechten

Träume ertragen muss, von denen die schmerzhafte Verdauung von Buchweizenkuchen begleitet ist.

Als wir mit dem Essen fertig waren, versammelten wir uns in dem Zelt der Träger, einer einfachen Plache, die über eine Stange gelegt war. Da es an beiden Enden offen war, bot es wenig oder gar keinen Schutz vor der Kälte, und da die Plane an den Seiten nicht bis auf den Boden reichte, waren diese seitlichen Lücken notdürftig mit meinem Gepäck gefüllt worden.

Langsam und mit leiser Stimme fing das schüchterne junge Mädchen zu singen an. Ich konnte ihr Gesicht nicht sehen; tatsächlich konnte keiner von uns die anderen im Dunkeln sehen, obwohl wir zusammengedrängt Schulter an Schulter saßen. Vers um Vers erklang die lange Ballade, traurig und zurückhaltend, lullte uns alle ein und brachte uns einander näher. Als das Lied schließlich zu Ende war, umfing uns frostige Stille, und ich bin sicher, die anderen schauderten alle genauso wie ich, und atmeten erst auf, als der Junggeselle seinerseits mit einer zittrigen, ungeübten Stimme zu singen begann, die uns alle wieder wärmte.

In dieser Nacht fühlte ich mich einsamer als je zuvor, obwohl seit einem Monat die Einsamkeit meine ständige Gefährtin gewesen war. Es war nicht physische Einsamkeit, unter der ich litt, denn ich war ja ständig von Menschen umgeben, erforschte ihre Kultur und ihre Art zu denken. Es war auch nicht Mangel an Freundschaft. Mit Tensing verband mich bereits eine tiefe Zuneigung, und der Umstand, dass wir Seite an Seite die Mühsale eines gemeinsamen Pfades ertragen mussten, hatte mich auch den meisten Trägern näher gebracht, die mich begleitet hatten. Nein, es war nicht diese Art von Einsamkeit, die mich bedrückte. Eine sonderbare Leere begann mich zu erfüllen, und ich wurde mir selbst ein Fremder. In der Nacht konnte ich nicht mehr in mir selbst nach einem Echo auf meine Gedanken suchen. Und auf einmal schien alles vergeblich, sogar die Gründe für mein Hiersein, sogar das Wesen all dessen, was ich gewesen war, in Wirklichkeit und in meiner Vorstellung.

Am folgenden Morgen hüllte uns Nebel ein, und es begann zu regnen, als wir die Zeltpflöcke aus der Erde zogen, die Säcke packten und aufbrachen. Im Fortgehen schaute ich zurück. Nichts erinnerte mehr daran, dass hier eine Nacht lang Menschen gegessen, gesungen und geschlafen hatten, und doch hatte eben diese Nacht in mir Spuren hinterlassen, die die Zeit niemals würde verwischen können.

Schweigend gingen wir durch den Regen. Der Pfad war eine enge Rinne, durch die kleine Bäche eiskalten Wassers den Berg hinabplätscherten. Fünf Stunden später erreichten wir, bis auf die Haut durchnässt, oberhalb der Baumgrenze einen gigantischen Steingarten, ein Gelände, in dem lockere Steine gefährliche Fallen für die Hufe der Ponys darstellten. Die Luft war dünn, und jeder Schritt bedeutete eine Kraftanstrengung. Die Bhutanesen führen die Auswirkungen der Höhe auf Gase zurück, die der Erde entströmen. Hochgebirgsblumen lugten schüchtern aus dem Moos hervor, das die Steine bedeckte.

Schließlich erreichten wir den Gipfel des Passes, wo, gespenstisch in Wind und Nebel, zahlreiche Gebetsfahnen von den langen Stangen flatterten, die von Reisenden hier heraufgeschleppt worden waren, Wanderern, die gleich uns tagelang unter dem Bann des großen Berges gestanden und auf diese Weise ihren Kriegsgöttern für den Schutz gegen all die physischen und geistigen Gefahren gedankt hatten, denen sich unweigerlich alle jene aussetzten, die es wagten, die Natur herauszufordern. Dies war der höchste Pass, den ich in Bhutan überquert hatte, und bisher der schwierigste, nicht nur der Reise, sondern aller Reisen, die ich bis dahin im Himalaja unternommen hatte, obwohl er nur etwa 3900 Meter hoch war. (Meines Wissens hat noch niemand seine genaue Höhe festgestellt.) Doch mit unserer Ankunft auf dem Gipfel hatten wir erst die fügsamere Seite des Berges überwunden. Nun begann ein Abstieg, wie ich ihn noch nirgends im Himalaja gesehen hatte, über eine Steilwand von vollen 2700 Metern. Wir brauchten anderthalb Tage, um auf der Westseite den Fuß des Ruto-la zu erreichen. Mir fehlen die Worte, um den haarsträubenden Ziegensteig zu beschreiben, den wir hinunterkletterten. Von Mittag an, der Stunde unserer Ankunft auf dem Pass, bis sechs Uhr abends stiegen wir eine einzige senkrechte Treppe hinunter, die aus der blanken Felswand gehauen war. Immer wieder mussten wir mit der Hand die Hufe der Ponys an die richtige Stelle setzen, damit sie sich nicht zu Tode stürzten, und während des gesamten Abstiegs hielten die Männer die Tiere an den Schwänzen gefasst. Es regnete den ganzen Tag, so dass der Fels glitschig war, was unsere Mühsal noch erschwerte. Durch den Nebel sahen wir dann und wann einen Felsbrocken ins Leere stürzen, hinunter in den Abgrund, dem wir zustrebten. Die Szenerie hatte ihren alpinen Charakter verloren und war ein Albtraum aus den sonderbarsten Felsgebilden geworden, die allen Gesetzen der Schwerkraft trotzten und den gequälten Phantasien chinesischer Künstler entsprungen zu sein schienen.

Bei Einbruch der Dämmerung gelangten wir an ein kleines verlassenes Haus auf einem Felsvorsprung über zwei Schluchten, und hier blieben wir für die Nacht, erschöpft und durchfroren in all der Kälte und Nässe. Am nächsten Tag kletterten wir weitere sechs Stunden abwärts, bis wir in einen Tropenwald kamen, in dem mit Blutegeln bevölkerten Schlamm neue Schwierigkeiten bot. Zu guter Letzt ließ sich Wasserrauschen vernehmen, und gegen drei Uhr erreichten wir, noch immer im strömenden Regen, eine schmale Brücke, die zu einem elenden kleinen Dorf führte. Wir gingen daran vorbei und erreichten über eine zweite, größere Brücke einen Bergrücken, auf dem die ersten bestellten Felder des Dorfes lagen. Es waren Weizenfelder, und auch meine Proteste konnten die Träger nicht davon abhalten, sich ein paar Ähren zu holen, denn Weizen war für sie ein exotischer Luxus, weil er in ihrem hochgelegenen Tal nicht wuchs. Die Männer schnitten sich auch ein paar Halme ab und schälten sie, um so wie beim Zuckerrohr das süße Mark auszusaugen. An diesem Abend schlugen wir die Zelte auf einem kleinen, flachen Absatz auf. Währenddessen verkündeten Glöckchen die Ankunft einer Karawane. Um eine Pfadbiegung kam ein untersetzter Bhutanese mit einer Flinte, gefolgt von einem schönen Maultier, das mit leuchtenden orangefarbigen, roten und blauen Decken behängt war. Die Verzierungen und Schnallen am Sattel waren aus Silber und Elfenbein. Hinter dem Maultier ging ein vornehm gekleideter alter Mann, gefolgt von sechs Trägern mit schweren Lasten auf den gebeugten Rücken. Der alte Mann war der Herr über das Gesetz von Lhuntse, dem einsamen Dzong, zu dem wir unterwegs waren. Ich ging zu ihm, um ihn zu begrüßen, und zeigte ihm am Straßenrand meinen Kashag. Er erklärte mir, der König habe eine Versammlung aller Herren über das Gesetz im Paro Dzong angeordnet, und er sei zu diesem Durbar unterwegs. Er bedauerte, dass er mich deshalb nicht in seiner Festung empfangen könne, sagte mir aber, dass der Ramjam, der ihn vertrete, sich um all unsere Wünsche kümmern werde. Dieser betagte Herr über das Gesetz war offenbar ein feiner Mensch. Durch unvorhersehbare Umstände, die der Regen herbeiführte, sollten wir einander noch einmal begegnen, und bei dieser Gelegenheit bekam ich zu sehen, welche Wunderdinge die Lasten enthielten, die seine Träger schleppten. Er brachte dem König als Geschenk und als Tribut die Felle der schönsten Leoparden, die in seinem Distrikt erlegt, und die schönsten bestickten Tücher, die von den Frauen seiner einsamen Provinz gewebt worden waren.

Wir wünschten ihm eine gute Reise und schauten ihm nach, wie er hinter seinem bewaffneten Wächter den Pfad hinunter entschwand. Insgeheim tat mir der alte Mann Leid, weil er den Pass vor sich hatte, über den wir gekommen waren. Nicht für alles Gold der Welt wäre ich denselben Weg noch einmal gegangen.

Schlechtes Wetter auf dem Pass und eine Fehlkalkulation meiner lustigen Träger machten den Marsch des folgenden Tages zum

Die einsame Festung Lhuntse und (rechts unten) der Bogenschießplatz mit einer der Schießscheiben auf einer kleinen Plattform

längsten meiner Reise. Wir brachen im Morgengrauen auf. Es hatte aufgehört zu regnen, und der Nebel hatte sich gelichtet. Die Landschaft, die sich unseren Blicken nun darbot, war ganz anders als irgendeine Gegend West- oder Zentralbhutans. Kilometerweit zogen wir an einem tiefen Tal entlang nordwärts, während unter uns ein breiter Fluss rauschte. Um uns herum erhoben sich gewaltige Berge, bedeckt von dichten Wäldern, aus denen hie und da große Steinblöcke und Felsnasen aufragten. Der Hang, den wir entlanggingen, war dicht mit Gras und mit verstreuten blassgrünen, buschigen Kiefern bewachsen, die ich nie zuvor gesehen hatte und nicht bestimmen konnte. Seit wir tags zuvor den Fluss erreicht hatten, hatte unser Pfad sich nordwärts gewandt. Gegen Mittag gelangten wir auf einen niedrigen Sattel, von dem aus wir in die steile Schlucht des Flusses Kuru hinabschauen konnten, eines gewaltigen Wildwassers, das aus Tibet herabkommt und sich als einziger bhutanesischer Fluss seinen Lauf durch den Himalaja bahnt. Diese Schlucht war ähnlich wie das obere Tal des Ma-chu trockener als das uns umgebende Gelände. An diesem Tag marschierten wir fünfzehn Stunden, kamen schließlich an Dörfern vorbei und gingen auf einem überhängenden Vorsprung hoch über dem Fluss weiter, wo die Schlucht sich zu einer Furcht einflößenden Klamm zwischen zwei hohen Bergen verengte. Die Träger fielen zurück, mein Pony begann zu lahmen, und das andere, kleine Tier, das bisher eine ansehnliche Last getragen hatte, musste von seinem Gepäck befreit werden, das wir dann auf die Träger aufteilten. Stundenlang stolperten wir weiter und hofften ständig, der Dzong würde auftauchen und das Ende unserer Strapazen ankündigen. Fünf Tage waren vergangen, seit ich Jakar verlassen hatte. Das hohe, kühle Tal von Bumthang schien wie ein ferner Traum aus der Vergangenheit.

Es dunkelte bereits, und wir waren noch immer nicht angekommen. Ich glaubte schon, wir würden Lhuntse nie mehr erreichen, und ging allein vor, wobei ich mir mühsam meinen Weg durch das schwierige Gelände bahnte und mir die Knöchel an Steinen anschlug, die ich kaum sehen konnte.

Schließlich bog ich um einen Vorsprung, und Lhuntse kam in Sicht. Seine massiven weißen Mauern glänzten gespenstisch zwischen den schwarzen Konturen der Schlucht. Die Festung stand auf einem steilen Vorsprung, der unvermittelt an der engsten Stelle der Schlucht neben dem Fluss aufragte. Es war kein Dorf zu sehen, die Festung war ein einsamer Posten, der diesen engen Durchlass bewachte. Eine halbe Stunde lang schlitterte ich auf allen vieren im Dunkeln den Pfad hinunter, der zum Dzong führte. Sicherlich würden es die Träger, so überlegte ich, heute nicht mehr schaffen, doch man konnte kaum von ihnen erwarten, dass sie neben dem Pfad übernachteten, denn wir hatten seit Stunden keinen Tropfen Wasser zu Gesicht bekommen. Als ich mich dem Dzong bis auf ein paar hundert Meter genähert hatte, hörte ich wildes

Rufen und Kriegsgeschrei. Ein festlicher Bogenschieß-Wettkampf ging zu Ende.

Völlig erschöpft stolperte ich auf eine kleine Plattform unterhalb der Festung. Hier saß unter abgeschnittenen Ästen im Licht einer Fackel der Ramjam, von Dienern umgeben, und betrachtete die wilden Tänze von fünfzig Bogenschützen, die um eine der Zielscheiben herumsprangen und dabei die Bogen über ihren Köpfen schwenkten. Ein paar Minuten später saß ich neben dem Ramjam, trank Chang aus einer Tasse mit Silberrand und erklärte ihm, ich brauche ein paar Männer, die mir helfen könnten, meine Träger herzuholen, die irgendwo unterwegs liegen geblieben seien. Der Ramjam, ein recht schlichter, derber Mensch, sagte, er werde dafür sorgen, dass jemand geschickt werde, sie zu holen, und dann zeigte er mir eine Kapelle, in der ich, »wenn ich nicht rauchte«, die Nacht verbringen könne. Sehr zu meiner Überraschung trafen nur wenig später meine Träger ein. Ermattung hatte das gewohnte Lächeln von ihren Gesichtern gewischt, als sie einer nach dem andern die Steinstufen der Kapelle heraufkletterten, ihre Lasten fallen ließen und zu Boden sanken. Ich ließ ein wenig *arak* vom Ramjam holen, und nachdem sie etwas getrunken hatten, erwachten ihre Lebensgeister wieder, und sie schnürten die Gepäckstücke auf. Das junge Mädchen schlief auf der Stelle ein, ihr Freund brachte die Energie auf, einen Scherz zu machen, und der Junggeselle murmelte ein paar Gebete vor dem Altar, unter dem wir nach einem hastigen Abendessen alle zusammen in unseren schweißnassen Kleidern einschliefen.

Als ich am Morgen erwachte, hatte ich etwas Fieber und einen bösen Husten. Insgeheim hatte ich mir gewünscht, für zwei oder drei Tage noch weiter nach Norden gehen zu können, zur tibetischen Grenze hinauf in einen Distrikt, der Kurteu hieß, aber zum ersten Mal fehlte mir die Energie, und ich beschloss, mich zwei Tage lang in Lhuntse auszuruhen. Den ganzen Vormittag trödelte ich herum, dann entlohnte ich die Träger. Mittlerweile waren wir so gute Freunde geworden, dass sie mich nicht verlassen wollten und sich erboten, mit mir bis nach Tashigang zu gehen. Aber ich sah, dass auch sie am Rande ihrer Kräfte waren und ihr Pony lahmte. So Leid es uns tat, wir mussten uns trennen. Sie waren jetzt in einem fremden Gebiet, und hinter ihrem Wunsch, bei mir zu bleiben, meinte ich auch ein gewisses Unbehagen darüber zu entdecken, dass sie sich so weit von ihrem heimatlichen Tal entfernt hatten. Seit der Überschreitung des Ruto-la befanden wir uns in einer Gegend, deren Sprache sich von der in Bumthang unterscheidet, aber dem Tibetischen sehr ähnelt. Seltsamerweise war in dem Distrikt Kurteu oberhalb von Lhuntse die Sprache eine ähnliche, wenn auch nicht genau die gleiche wie in Bumthang.

Vom Dzong erstand ich größere Mengen Reis, die ich meinen Freunden gab, ein Geschenk, über das sie sich freuten, denn ich hatte erfahren, dass niemand etwas vom Dzong kaufen durfte. Für meine Freunde aus Bumthang war das ein großer Luxus, denn in Bumthang wächst kein Reis.

Am Nachmittag war ich beim Bogenschieß-Wettkampf zugegen. Seit meiner Ankunft in Bhutan hatte ich bereits mehrmals Turnieren dieses Nationalsports beigewohnt. Das von Tongsa war das größte gewesen, doch hier in Lhuntse war der Schießplatz grandioser als alle anderen, die ich bis dahin gesehen hatte. Der Dzong erhob sich drohend über einem steilen, breiten gepflasterten Stufenweg, der sich von der Kapelle, in der wir übernachtet hatten, den Berg hinaufzog, unter einem Tschorten hindurchführte und dann um zwei halbkreisförmige Türme herumlief. Diese vier Bauwerke bewachten sozusagen den steilen Zugang zum Dzong. Eine kleine Terrasse war in die Flanke des Felsens gehauen worden, auf dem der Dzong stand. Hier war eine der Zielscheiben aufgestellt worden, während die andere auf einem Absatz in der Nähe unserer Kapelle stand. Zwischen diesen Zielscheiben flogen die Pfeile über eine kleine Schlucht hin und her. Bogenschießen ist in Bhutan ein Mannschaftswettkampf. Jede Mannschaft steht hinter dem Ziel der Gegner; diese stehen rund 150 Meter entfernt – 101 Armlängen, um genau zu sein. Die Pfeile sind aus festem Schilfrohr gefertigt, das im Feuer geradegebogen wird. Bei den Wettkämpfen tragen sie Kupferspitzen, im Krieg eiserne Spitzen mit Widerhaken. Die Bogen werden aus einem gespaltenen Bambusrohr von einer besonders dicken, zähen Art geschnitzt, die in den Dschungeln Südbhutans wächst. Sie sind etwa einen Meter achtzig lang, und die Sehne wird aus den Fasern einer Abart unserer Brennnessel hergestellt. Diese Schnur, so fand ich später heraus, ist stärker als der beste gedrehte Nylonfaden von gleicher Dicke. Jeder Bogenschütze schießt zweimal auf das gegenüberliegende Ziel, und ein Pfeil, der die Zielscheibe trifft, zählt zwei Punkte, und jeder, der im Umkreis von einer Pfeillänge niedergeht, einen Punkt. Der Wettkampf kann einen ganzen Tag dauern.

Solche Wettkämpfe sind eine recht muntere Angelegenheit, denn jede Mannschaft hat eine eigene Claque, junge Mädchen, die während des ganzen Wettkampfes anfeuernde Lieder singen. Wenn ein Schütze das Ziel trifft, veranstalten die Gegner einen wilden Tanz, in dessen Verlauf sie ihre Bogen durch die Luft sausen lassen, mit ihnen den Boden kehren und wilde Schreie ausstoßen, um das Pech zu vertreiben. Diese Kriegstänze sind von seltsamer Wildheit und erinnerten mich daran, dass das Bogenschießen in Bhutan nicht einfach ein Sport, sondern eine Übung für den Krieg ist. Hier in Lhuntse, unter den gewaltigen, mit Schießscharten versehenen Mauern des Dzong, spürte ich, dass es von diesem Fest zum Krieg nur ein kleiner Schritt war. Da die Mannschaften einander gegenüberstanden, verletzten die Pfeile, wenn sie am Ziel vorbeiflogen, manchmal einen der gegnerischen Männer. Ich erlebte das zweimal, doch glücklicherweise wurde kein ernsthafter Schaden angerichtet, dank der weiten Kos der Wettkämpfer, die sie vor schwereren Verletzungen schützten.

Während ich neben dem Ramjam saß und den Bogenschützen zuschaute, spürte ich immer deutlicher, dass, wie Boileau gesagt haben würde, »meine menschliche Konstitution die wunderbare Fähigkeit verlor, sich den ganz anders gearteten Bedingungen atmosphärischen Einflusses anzupassen«. Mit anderen Worten, ich fühlte mich ausgesprochen schlecht. An einem anderen Ort oder zu anderer Zeit hätte mich das weniger beunruhigt, doch hier in Lhuntse, einer Festung, die auf keiner Landkarte zu finden war, bekam ich es mit der Angst zu tun. Der nächste Arzt war sechzehn Tagesmärsche entfernt, und um mein Ziel zu erreichen, musste ich noch zwei weitere Pässe von beträchtlicher Höhe überwinden, von denen der eine, wie man mir jetzt abermals sagte, der schwierigste in ganz Bhutan war. Da man das bisher von beinahe jedem Pass behauptet hatte, den ich überquert hatte, war ich skeptisch geworden. Nach der Überschreitung des Ruto-la glaubte ich, das Äußerste dessen gesehen zu haben, was die Natur an Hindernissen in einem Land hervorbringen konnte, von dem man weiß, dass es die abweisendsten Berge der Welt besitzt.

Als ich so in der kalten Kapelle unter den wilden Gottheiten lag, konnten wir für meine körperliche Verfassung nicht mehr tun, als eine Butterlampe anzuzünden, was Tensing auch gleich tat, um meine Genesung zu fördern. Eine bessere Lösung wurde von allen vorgeschlagen, als aus einem benachbarten Dorf ein junger Pau eintraf, einer der Zauberer Bhutans, die ihre Macht, Krankheiten zu heilen, nicht von den Lamas, sondern von uralten Geheimlehren herleiten, die auf der alten, vorbuddhistischen Religion beruhen. Ich freute mich, diesen Mann kennen zu lernen, weniger wegen meiner eigenen Leiden, sondern weil ich darauf brannte, etwas über die Geheimnisse seiner Zauberkunst zu erfahren. Diese, so erfuhr ich jetzt, verdankte er weitgehend den Geistern der Erde, des Wassers und der Bäume. Der Pau machte mich mit einigen faszinierenden Details seiner Kunst bekannt. Trotzdem bat ich ihn nicht, seine magischen Riten auf mich anzuwenden, und erst später sollte ich miterleben, wie ein solcher Pau in seine Furcht erregende Trance verfiel, eine aus Menschenschädeln gefertigte Trommel schlug und die Befehle herausschrie, die ihm von dem Dämon diktiert wurden, der in seinen Körper gefahren war.

Da ich nicht abergläubisch bin und vielleicht auch ein bisschen Angst hatte, lehnte ich es ab, meinen Fall vor den örtlichen *tsipa* zu bringen, den offiziellen Wahrsager des Distrikts, der mir hier und jetzt meinen Tod oder meine Genesung hätte weissagen können. Ich hielt mich lieber an Aspirintabletten und hoffte inständig, dass ich mir nicht Lungenentzündung, Lepra, Typhus, Cholera oder eine andere jener Krankheiten zugezogen hatte, die meine Freunde und Verwandten in Europa mir prophezeit hatten, wo sie sich mit Husten und Schnupfen herumplagen mochten, jenen weniger Furcht einflößenden Plagen der Menschheit in den gemäßigteren Regionen.

Trotzdem machte ich dem Abt des Klosters im Dzong meine Aufwartung, einem alten und sehr weisen Mann. Er bot mir Tee an, als ich meine Verbeugung gemacht hatte, und ich überreichte ihm eine Zeremonialschärpe sowie den letzten von dem Dutzend Füllfederhalter, die ich als Geschenke für Äbte und Trimpons mitgebracht hatte.

Der ehrwürdige Lama von Lhuntse musste wohl meinen Füller für ein recht dürftiges Geschenk ansehen, denn es verblasste neben den Seidenstoffen, die er ein paar Minuten später von einem Mönch erhielt, der aus einem nahegelegenen Kloster gekommen war, um ihm seine Aufwartung zu machen. Trotzdem erfuhr ich interessante Einzelheiten über die Geschichte der Gegend und das Leben tugendhafter Lamas, von denen einer besonders berühmt war, weil er in ganz Tibet und Bhutan stählerne Hängebrücken gebaut hatte.

Mehr als alle anderen Dzongs, die ich bisher gesehen hatte, wirkte Lhuntse wie ein Brückenkopf der bhutanesischen Zivilisation in diesem von Natur aus so wilden Landstrich. Hinter dem rauen und militärischen Äußeren des Dzongs verbargen sich ein paar schöne alte Kapellen, deren goldgeränderte Fresken im flackernden Licht der Butterlampen glänzten oder schwach im Halbdunkel der Innenräume glommen. Wie in den anderen Dzongs gab es auch hier einen in Ketten gelegten Verbrecher, einen jungen Mann, der eine sinnreiche Erfindung gemacht hatte, die ihn in die Lage versetzte, sich trotz des Eisenblocks, der seine Knöchel umschloss, mit erstaunlicher Geschwindigkeit fortzubewegen. Er hatte ein Seil um diesen Block gebunden, so dass er ihn mit den Händen hochhalten konnte; es war erstaunlich und zugleich schmerzlich anzusehen, wie er die zweihundert Stufen, die zu dem Dzong führten, auf und ab trippelte. Zwei Tage lang regnete es, und das konnte zwar den Bogenschützen nicht die Freude an ihren Wettkämpfen verderben, trug aber auch nicht zur Besserung meines Gesundheitszustandes bei, denn die Höflichkeit gebot, dass ich stundenlang im Regen neben dem Ramjam ausharrte, ungemütlich nahe an einer der Zielscheiben. Ich schaute ängstlich jedem Pfeil entgegen, wie er, so schien es, genau auf mich zugeflogen kam, um sich zum Glück im letzten Augenblick doch noch eines Besseren zu besinnen.

Als sie sich wieder erholt hatten, machten sich meine Gefährten aus Bumthang fröhlich auf den Heimweg, aus vollem Halse singend. Es war ein trauriger Abschied, und ich verlor mit ihnen wirkliche Freunde.

Wie der Zufall es wollte, traf am Tag nach ihrem Abmarsch eine Karawane mit zehn Maultieren aus der Festung Tashi Yantse ein, der nächsten Station meiner Wanderung. Diese Karawane wurde von einem gut aussehenden jungen Mann und einem vierzehnjährigen Jungen geführt. Die Tatsache, dass dieser gut aussehende junge Mann ein Gauner war, blieb mir verborgen, jedenfalls so lange, bis es zu spät war. Was für mich im Augenblick zählte, war, dass seine Maultiere sehr kräftig aussahen und er sich gleich wieder auf den Rückweg machen wollte. Tatsächlich sollte es schon am folgenden Tag losgehen.

Dank der Hilfe des Ramjams und der magischen Wirkung meines Kashags kam ich mit ihm überein, dass er mich samt meinem nunmehr reduzierten Gepäck nach Tashigang, meinem letzten Ziel, bringen würde. Dieser Ort war jetzt nur noch sieben Tagesmärsche entfernt, in denen ich allerdings noch zwei Pässe überwinden musste, von denen der eine, der Dong-la, laut Pemberton 3800 und der andere 3300 Meter hoch war; mit anderen Worten, zwei Pässe fast genauso hoch wie der Ruto-la, die wir von dem verhältnismäßig tief liegenden Lhuntse aus ersteigen mussten.

Eine detaillierte Beschreibung des nun folgenden Marsches wäre äußerst langweilig. In Geschichtsbüchern wird man später lesen können, dass es in jener Woche im September 1968 in Bhutan, in Assam und in West-Bengalen mehr regnete als je zuvor, und da es in Assam mehr regnet als irgendwo sonst auf der Welt… Die nächsten sieben Tage fiel mehr Regen auf mich mit der Krankheit Kämpfenden herunter als auf irgendeinen anderen Menschen, seit Noah all diese armen Menschen zurückließ. Um diejenigen aufzuklären, die vielleicht nicht an die Strapazen glauben wollen, die wir, im Regen hinter unseren Maultieren her über den Dong-la kletternd, auf uns nehmen mussten, möchte ich erwähnen, dass alle Eisenbahnen von Assam in jener Woche von den aus Bhutan herabkommenden Flüssen weggeschwemmt wurden und West-Bengalen zum Katastrophengebiet erklärt wurde. Die Straße nach Thimbu war an fünfundvierzig Stellen unterbrochen, die Brücke von Wangdu Photrang, die vier Jahrhunderte überdauert hatte, stürzte ein, die zwei Brücken von Thimbu wurden weggerissen und die Fundamente des neuen Dzong gerieten in Gefahr. In Indien wurde die Coronation Bridge unterhalb von Darjeeling, nahe Bhutans Westgrenze, eine der Großtaten britischer Ingenieure, die Verbindung zwischen Sikkim und Indien, beschädigt, nachdem sie über fünfzig Monsune überstanden hatte, während Jailpaguri eine Insel wurde und Tausende ihr Leben ließen. Zwei Monate lang war

Bhutan für kein Fahrzeug zu erreichen, und Gegenden wie Bengalen und Assam tauchten in den Schlagzeilen der Weltpresse auf. Natürlich machte sich niemand Gedanken darüber, dass ich währenddessen den Dong-la überqueren musste, den furchtbarsten unter den Pässen Bhutans.

Vier Tage lang watete ich knietief im Schlamm, verlor meine Schuhe und Teile meiner Ausrüstung, denn auch die Maultiere brachen zusammen und mussten mit Seilen wieder hochgezerrt werden, wobei wir ihnen jeden Huf einzeln aus dem Schlamm zogen. Wie ein senkrechter Hang sich in einen Sumpf verwandeln kann, ist ein Rätsel, das ich bis heute nicht gelöst habe. Nachts schlief ich in einem feuchten Schlafsack und kämpfte gegen eine Unmenge von Flöhen, die ich mir bei der ersten Übernachtung in einer Dorfhütte am Fuß des Passes geholt hatte. Manchmal schliefen wir im Zelt, das in einer Schlammpfütze schwamm, manchmal in einem Unterstand für das Vieh, wo der Dreck reichlich mit Fäkalien vermischt war. Dazwischen führte uns der Pfad ständig aufwärts. Wir überquerten eine Hängebrücke mit einer Spannweite von dreißig Metern, die aus zusammengedrehten Bambusseilen bestand, eine Konstruktion, die der ständigen Aufsicht von zwei Männern bedurfte, an jedem Ende einer, um dieses ungewöhnliche und wenig vertrauenswürdige Seil in brauchbarem Zustand zu halten. Das Schwanken in der Mitte einer solchen Brücke war mehr als eindrucksvoll. Um ein Haar hätten wir zwei Maultiere verloren, die gegen die Spielregeln stur versuchten, gemeinsam über die Brücke zu gehen, und schließlich in der Mitte in die Knie brachen und gefährlich über dem tosenden Abgrund schaukelten.

Reiten kam nicht in Frage, da die Maultiere auch so kaum vorankamen. Mein ganzes Leben war ich noch nie so nass und erschöpft, noch nie so nahe daran gewesen zu glauben, der Tod würde mich schließlich doch irgendwo in der dunkelsten Gegend Bhutans ereilen und so meine Befürchtungen in Thimbu wahr werden lassen.

Für mich war es ein Kampf ums nackte Leben, und so stapfte ich weiter und riss mir die Blutegel ab, während ich mir die Seele aus dem Leib hustete, hinauf zum Scheitel des Dong-la und dann nochmals aufwärts, zum zweiten, namenlosen Pass, der mit wildem Rhabarber bewachsen war. Ich aß ihn, als sei es Kaviar, sehr zur Verwunderung meiner Begleiter. Sie sagten, ich würde davon krank werden. Aber ich fühlte mich davon nicht schlechter, vielleicht nur deshalb, weil es mir kaum noch schlechter gehen konnte. Tensing sorgte sich, ich könnte sterben. Was den gut aussehenden jungen Mann anging, so fand ich ihn von Tag zu Tag angenehmer, doch er, ungerührt von meinem miserablen Zustand, nützte diese unglückliche Lage aus, um mir ein Paar Schuhe, ein Messer und einen meiner Pullover zu stehlen; am letzten Tag, nachdem ich ihm ein fürstliches Trinkgeld gegeben hatte, machte er sich dann mit einer meiner Kameras aus dem Staube.

Ich brauche wohl kaum zu betonen, dass unter solchen Bedingungen eine Woche sehr viel länger ist als sieben Tage, und sieben Tage Klettern sind schon eine Menge, besonders, wenn man bereits vierzig Tage unterwegs ist. Genauso unnötig ist es zu erwähnen, dass ich, während ich mich dahinschleppte, immer wieder an Düsenflugzeuge denken musste, an die Annehmlichkeiten meines Sportwagens, den Komfort in Cooks Schlafwagen und all die vielen anderen Arten, auf die man in anderen Ländern Hunderte von Kilometern mit einem Buch auf dem Schoß zurücklegen kann. Auch dachte ich unausgesetzt an Totengräber und die Totentänze von Tongsa, die jetzt für mich eine neue Bedeutung bekamen.

Trotz meiner angegriffenen Gesundheit weideten sich meine Augen an dem seltsamen, regentriefenden Land, in das wir eingedrungen waren. Hier gab es keine dreistöckigen Häuser mehr wie in Zentral- und Westbhutan. Wir kamen an winzigen Weilern mit ebenerdigen Häusern vorüber, die sich an die steilen Wände von Schluchten klammerten.

Hier lebten die Bauern, die die Wälder in Brand steckten und zwischen den verkohlten Stümpfen der Bäume, die sie niedergebrannt hatten, Getreide anpflanzten.

Auf der anderen Seite der zwei furchtbaren Pässe erreichten wir Tashi Jangtse, einen kleinen Dzong, der sich nicht eines Herrn über das Gesetz rühmen konnte, der aber, wie alle Festungen Bhutans, einen strategischen Punkt beherrschte, eine Brücke über den mächtigen Manas, die große Arterie Ostbhutans. Nach der Ankunft auf diesem Dzong brachte ich die Energie auf, den Manas ein Stück flussaufwärts in Richtung Tibet zu gehen, um ein ungewöhnliches Heiligtum, Du-rong Tschorten genannt, aufzusuchen, dessen Hauptmerkmal ein riesiger, in nepalesischem Stil erbauter Tschorten ist, der größte in ganz Bhutan. Der Name Du-rong bedeutet giftiges Tal, und tatsächlich ist der Oberlauf des Manas malariaversucht. In Du-rong sah ich einen Pau in Trance verfallen, wobei er einem Sterbenden die Namen der Dämonen aufzählte, die er beleidigt hatte. Die Zeremonie war voll der furchtbaren Tragik teuflischer Hexerei. Dem armen Opfer war es offenbar nicht vergönnt, in Frieden zu sterben. Der enge Raum, in dem der Mann lag, dröhnte von ohrenbetäubenden Trommelschlägen und dem grausigen Geheul des besessenen Pau. Als Anthropologe achtete ich auf alle Einzelheiten, aber als menschliches Wesen hoffte ich inständig, der Tod möge das Opfer von seinen Qualen erlösen.

Wie in den meisten Nächten während der vergangenen zwei Monate suchte mich auch in dieser Nacht wieder die Einsamkeit heim, die ständige Gefährtin meiner langen Reise, aber irgendwie begann ich jetzt, da ich mich meinem Ziel näherte, zu wünschen, dass ich nie ankäme. In diesem Zustand, kurz vor der Ankunft an einem Bestimmungsort, hätte ich für immer die Zeit anhalten wollen. Einen Monat lang hatte der Name Tashigang bei jedem Schritt meiner langen Pilgerfahrt quer durch Bhutan mitgeklungen und mich vorwärtsgetrieben; er hatte magische Dimensionen angenommen, und doch wusste ich jetzt, dass das, was ich gesucht hatte, der Weg gewesen war, nicht das Ziel, und plötzlich markierte

Tashigang, was ich schon seit längerem befürchtet hatte, das Ende der Wirklichkeit meiner Träume aus zehn Jahren.

Drei Tage lang gingen wir das Tal des Manas hinunter, und zweimal überquerten wir auf gefährlichen Seilbrücken diesen mächtigen Fluss, der bis zum Bersten angeschwollen war und jene Fluten sammelte, die noch in derselben Woche in den Tiefebenen Indiens Tausenden den Tod brachten. Die letzte Brücke führte an den Fuß eines Felsens, auf dem die prachtvolle Festung Tashigang stand, ein weiteres glänzendes Beispiel für die Kunst und den Genius eines Volkes, das auf unserem Planeten nicht seinesgleichen hat, eines der zweiunddreißig Juwelen in der Krone des Königs von Bhutan, dem Lande des Drachen.

Ich erklomm die letzten Stufen und trat durch die Tür des Dzong. Dort streckte mir ein Fremder die Hand entgegen, fasste die meine und schüttelte sie, ohne ein Wort zu sagen. An dieser einfachen westlichen Begrüßung erkannte ich, dass ich angekommen war. In diesem Augenblick übersprang ich die zeitliche Kluft und kehrte zurück in eine Welt, die, das fühlte ich, nicht mehr meine Welt war, denn ich hatte meine Seele an jenen Horizonten zurückgelassen, die ich jetzt mein eigen nennen konnte, in jenem verlorenen Paradies Bhutan jenseits des Fegefeuers der Ebenen.

Der Mann, der mir die Hand geschüttelt hatte, war ein indischer Straßenbauingenieur. Wir hatten beide das Ende unseres Wegs erreicht, die Grenzen unserer Welten. Für mich bedeutete Tashigang, dass ich nun endlich, müde und erschöpft, angekommen war. Trotzdem trennten mich noch 180 Kilometer gewundener, haarsträubender Straßen von dem fernen Grenzposten zwischen Bhutan und Assam. Und dort würde mich eine doppelt so lange Strecke, quer durch Assam, von Hassimara und der ersten Luftverbindung mit der Außenwelt trennen. Doch in Tashigang war die Geschichte Bhutans schon seit zwei Jahren mit Jeeps geschrieben worden und konnte mit der aller Grenzgebiete unserer Zivilisation verglichen werden. Wie meine Träger starrte auch ich auf die nicht hierher passenden Fahrzeuge, an denen meine Maultiere vorüberzogen, und als ich aus dem großen Tor des Dzong trat, wusste ich auf einmal, dass alles vorbei war. Auf die ragenden Gipfel und hohen Bergketten im Norden und Osten blickend, konnte ich jetzt aus der Ferne jene unwegsamen Regionen betrachten, die ich durchquert hatte, diesen dunklen Fleck meiner Alpträume, der jetzt eine angenehme Wirklichkeit geworden war, die meine Kindheitsträume noch übertraf. Dort, das wusste ich nun, lebten die Herren über das Gesetz und die großartigen, in rote Roben gehüllten Äbte in ihren reich geschmückten Festungen und kunstvollen Kapellen auf den steilen Felsen hoch über den Flüssen, an deren Wänden der schmale Pfad sich einen gewundenen Weg suchte. Ich hatte einunddreißig Tage gebraucht, um zu Fuß und auf Maultieren die Strecke von Wangdu Photrang nach Tashigang zu bewältigen. In diesem Zeitraum hatte ich über 600 Kilometer zurückgelegt und sechs Pässe von über 3300 Meter Höhe überquert. Trotzdem hatte ich, in Luftlinie gerechnet, nur eine Entfernung von 300 Kilometern überwunden. Seit meinem Besuch im Dugye Dzong im oberen Tal von Paro hatte ich Bhutan von einem Ende zum anderen durchquert. Betrübt dachte ich daran, dass ein Tag kommen wird, an dem all die Orte, die ich gesehen hatte, nur flüchtig durch die Windschutzscheibe auftauchen würden, doch bis dahin teilte ich mir mit Captain Pemberton das Privileg, einen der entlegensten Winkel unseres Erdballs besucht zu haben.

Jetzt wurde mir klar, was mich in den letzten zehn Jahren zu den Grenzen Bhutans gezogen hatte, was mich über die ausgefahrenen Geleise der Zivilisation hinausgebracht und dazu getrieben hatte, in unserem Zeitalter der Düsenmaschinen und der Raumfahrt die antiquierte Mühsal obskurer Maultierpfade zu suchen. Es war nicht nur die Verwirklichung kindlicher Träume, sondern die Suche nach dem, was unsere Welt nicht mehr zu bieten hat, eine Kultur, die dem einzelnen Menschen auf den Leib geschneidert ist, die verlorene Harmonie eines Landes, wo die Seelen der Menschen sich in all ihren Handlungen spiegeln, eine Welt, wo Schönheit der Maßstab des Glückes ist. Jenseits der neuen Horizonte, die ich in Bhutan als meine eigenen angesehen hatte, hatte ich neue Perspektiven in meinem Universum entdeckt. Ich würde nie mehr der Alte sein in den feuchten Niederungen der Ebenen.

In meinen zerrissenen und durchweichten Säcken brachte ich aber auch konkretere Schätze mit. Ich hatte zwei neue Sprachen und bislang unbekannte Stämme studieren können. Ich hatte außerdem viele der seit Jahrhunderten verborgenen künstlerischen und kulturellen Geheimnisse zu lüften vermocht, die tief in den unerforschten Tälern Zentral- und Ostbhutans verschlossen liegen. Außerdem hatte ich die ursprüngliche politische und soziale Organisation Bhutans studieren und als Erster dokumentieren können, und ich hatte mit leidlicher Genauigkeit die ethnische und linguistische Struktur der Bevölkerung ermittelt.

Doch neben der wissenschaftlichen Bedeutung Bhutans für den Sprachforscher und Anthropologen muss auch die bemerkenswerte Tatsache erwähnt werden, dass Bhutan das einzige Land der Welt ist, das völlig auf sich allein gestellt den komplizierten Prozess der Entwicklung und Modernisierung in Angriff nimmt. Das ist sicher eines der kühnsten Experimente unserer Zeit, das allgemein Anerkennung und Beifall verdient. Ich wusste jetzt, dass Bhutan ein Land stolzer und hochintelligenter Menschen war. Ich hoffe, dass die moderne Welt, von der es umgeben ist, seine Autonomie achten und lernen wird, die Tatsache zu bewundern und zu billigen, dass wenigstens ein Land der Welt sich bis heute von finanzieller und politischer Fremdherrschaft hat freihalten können. Wenn es den Anschein hat, dass Bhutan viele der Techniken und Theorien unserer modernen technisierten Welt verachtet, so sollten wir im Westen uns vor Augen halten, dass dies nicht im Namen rückständiger Traditionen, sondern aus der klugen EInsicht heraus geschieht, dass die Technologie nicht die Antwort auf alle

Probleme des Menschen gibt und oft Opfer verlangt, die sich nicht lohnen, zum Beispiel die Aufgabe des Stolzes und der Identität.

»Bhutan hat wenige Probleme«, hatte einer der Herren über das Gesetz mir mit Recht erklärt, »und keines, das es nicht selbst lösen könnte.« Durch die intelligente Maßnahme der Einführung einer modernen, freien Erziehung, durch die jetzt anlaufende Einrichtung von Sanitätsstellen in den entlegensten Gebieten des Landes und durch die geschickten, aber vorsichtigen Reformen in einigen Bereichen seiner Wirtschaft hat Bhutan bewiesen, dass es die Unzulänglichkeiten seines Systems kennt und dass alle Veränderungen nicht unvereinbar sind mit einer Lebensweise, die auf religiösen und sozialen Idealen und Methoden basiert und sich so stark von der der übrigen Welt unterscheidet. Gleichermaßen hat Bhutans jahrhundertealtes System auch seine Vorzüge unter Beweis gestellt; der Bauer in Bhutan hat, wie ich selbst feststellen konnte, einen Lebensstandard, der womöglich höher ist als der des Durchschnittsbürgers in irgendeinem Land Asiens und dem größeren Teil Afrikas und Südamerikas. Hungersnöte sind völlig unbekannt, und Wohlstand, Überschuss an Nahrungsmitteln, Gesundheit und Glück sind die hervorstechendsten Merkmale der Bevölkerung im Lande des Drachen.

Ich glaube im Grunde nicht, dass Bhutan der Welt irgendeine große Botschaft zu übermitteln hat, genauso wenig wie ich glaube, dass wir die Bhutanesen viel lehren können. Mein einziger Wunsch ist, dass der Bericht über diese Reise, die ich allein und ohne finanzielle Unterstützung, unaufgefordert und unerwartet unternommen habe, ein wenig jenen Nebel lichten wird, der uns den Blick trübt, wenn wir im Westen an jene fernen, unzugänglichen Länder der Fürsten und Lamas denken.

Cadaques 1970